Kognitive
Verhaltenstherapie

Grundprinzipien und angewandte Techniken zur Bewältigung von Angststörungen, Wut, Stress und Depressionen.

Greta Müller

"In der Dunkelheit der Herausforderungen und Unsicherheiten finden wir das Licht des Selbstvertrauens und der Stärke, um unseren eigenen Weg zu erleuchten."

"Ich werde niemandem erlauben, mit schmutzigen Schuhen in meinen Geist zu spazieren." - Mahatma Gandhi

Greta Müller

Rechtlicher Hinweis
Die Informationen in diesem Buch und deren Inhalte sind nicht als Ersatz für jegliche Form von medizinischer oder professioneller Beratung gedacht und sollen nicht die Notwendigkeit für medizinische, finanzielle, rechtliche oder andere Meinungen oder Dienstleistungen ersetzen, die möglicherweise erforderlich sind. Der Inhalt und die Informationen in diesem Buch dienen ausschließlich Bildungs- und Freizeitzwecken.

Der Inhalt und die Informationen in diesem Buch wurden aus Quellen zusammengetragen, von denen angenommen wird, dass sie verlässlich sind, und entsprechen nach bestem Wissen, Informationen und Überzeugungen des Autors der Wahrheit. Der Autor kann jedoch nicht für deren Genauigkeit und Gültigkeit garantieren und ist daher nicht für Fehler und/oder Auslassungen verantwortlich zu machen. Darüber hinaus werden in diesem Buch bei Bedarf regelmäßige Änderungen vorgenommen. Wenn es angebracht und/oder notwendig ist, sollten Sie vor der Anwendung von in diesem Buch vorgeschlagenen Mitteln, Techniken und/oder Informationen einen Fachmann (einschließlich, aber nicht beschränkt auf Ihren Arzt, Anwalt, Finanzberater oder einen anderen Fachmann) konsultieren.

Durch die Verwendung des Inhalts und der Informationen in diesem Buch erklären Sie sich bereit, den Autor von allen Schäden, Kosten und Ausgaben, einschließlich Anwaltsgebühren, freizustellen, die aus der Anwendung von Informationen in diesem Buch resultieren können. Diese Warnung gilt für jeden Verlust, Schaden oder Verletzung, der durch die Anwendung des Inhalts dieses Buches, direkt oder indirekt, bei Vertragsbruch, Fahrlässigkeit, Personenschaden, vorsätzliche Straftat oder unter anderen Umständen verursacht wird.

Sie erklären sich bereit, alle Risiken zu akzeptieren, die sich aus der Verwendung der in diesem Buch präsentierten Informationen ergeben.

Sie stimmen zu, dass Sie beim Weiterlesen dieses Buches, wenn es angebracht und/oder notwendig ist, einen Fachmann (einschließlich, aber nicht beschränkt auf Ihren Arzt, Anwalt, Finanzberater oder einen anderen Fachmann) konsultieren werden.

Inhalt

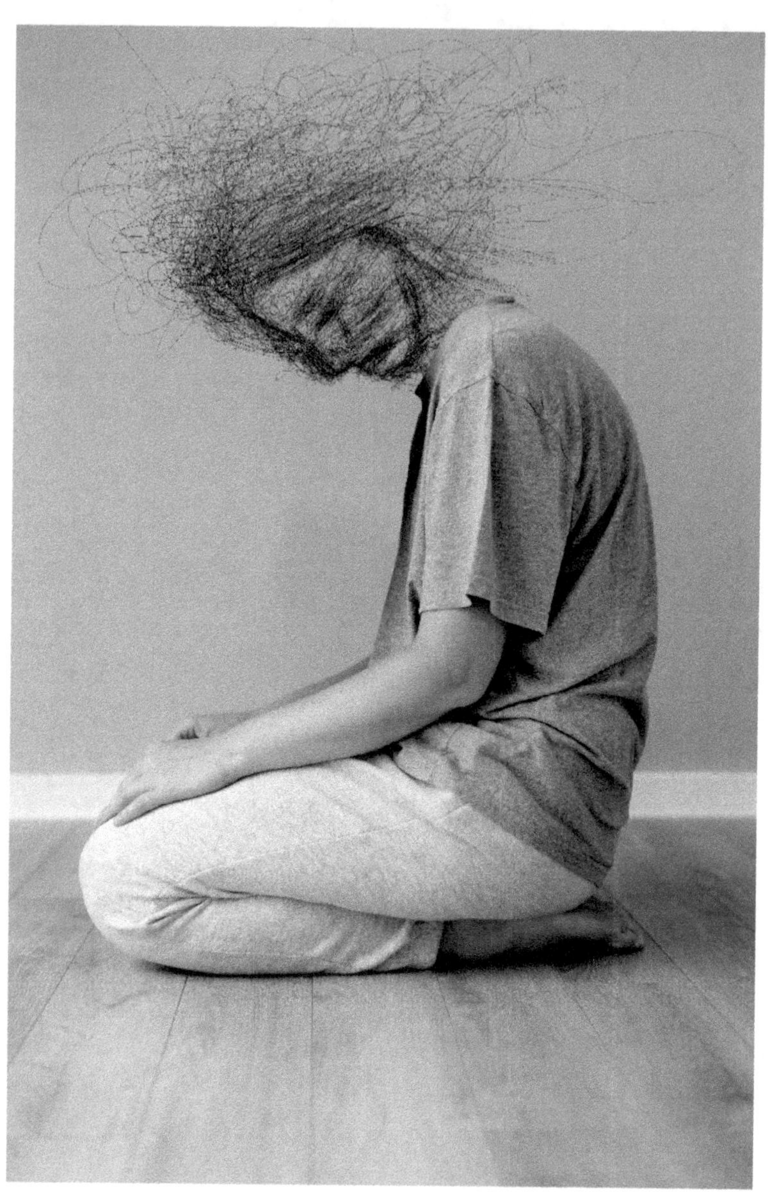

Einführung

Depression tritt bei Frauen häufiger auf als bei Männern und ist das direkte Ergebnis anhaltender Gedanken. Die Art und Weise, wie sie sich äußert, kann je nach Alter und Geschlecht der Person variieren. Bei Männern können sich Symptome wie Müdigkeit, Reizbarkeit und manchmal Wut zeigen. Männer neigen dazu, sich impulsiver zu verhalten, wenn sie depressiv sind, wie durch Drogen- oder Alkoholmissbrauch erkennbar. Diese Verhaltensweisen können oft als männlich angesehen werden, weshalb Männer weniger wahrscheinlich sind, Depressionen zu erkennen, und weniger bereit sind, Hilfe oder Behandlung zu suchen.

Depressive Frauen neigen eher dazu, traurig zu wirken und tiefe Gefühle der Wertlosigkeit und Schuld zu empfinden. Sie können zögern, an sozialen Aktivitäten teilzunehmen oder sich mit anderen, auch mit nahestehenden Menschen, zu engagieren. Selbst bei Kindern äußert sich Depression anders. Kleine Kinder können sich weigern, zur Schule zu gehen oder Anzeichen von Trennungsangst zeigen, wenn sich ihre Eltern trennen. Jugendliche neigen dazu, gereizter und unausgeglichener zu sein und geraten oft in Schwierigkeiten in der Schule. In extremen Fällen können Anzeichen von Essstörungen oder Drogenmissbrauch auftreten.

Was ist Angst?

Eng verbunden mit Depression ist Angst, die auf verschiedene Arten auftreten kann. Leichte Angst kann sich durch Schmetterlinge im Bauch vor einem wichtigen Ereignis, Sorgen um das Einhalten von Fristen oder Nervosität vor einer schon lange geplanten Veranstaltung manifestieren. Für die meisten Menschen ist es ausreichend, mit Angst umzugehen. Es ist ein normaler Teil des Lebens. Es gibt jedoch einige Arten von Angst, die von der

Norm abweichen. Einige Ängste können zu übermäßigen und irrationalen Phobien führen (Spinnen, Schlangen, Flugzeuge usw.). Viele Menschen haben Angst vor Schlangen, obwohl sie nie mit einer in Kontakt gekommen sind. Andere fürchten Hunde, obwohl sie keine schlechten Erfahrungen mit ihnen gemacht haben. Diese Art von Angst kann leicht zu einer Angststörung werden.

Um normale Angst von einer Angststörung zu unterscheiden, ist es zunächst wichtig, die Ursache der Angst genau zu prüfen. Dann betrachtet man die instinktive Reaktion auf diese Furcht. Wenn das Verhalten als realistisch angesehen wird, handelt es sich wahrscheinlich um "normale" Angst. Wenn die Reaktion jedoch so extrem ist, dass sie das normale Leben stört, könnte sie als Angststörung klassifiziert werden.

Zum Beispiel kann man Angst davor haben, krank zu werden, und ergreift Maßnahmen zur Verhinderung von Krankheiten. Man verwendet Handdesinfektionsmittel, wäscht sich regelmäßig die Hände oder vermeidet sogar das Händeschütteln in der Öffentlichkeit. Dies ist eine normale Form von Angst. Wenn jedoch die Angst, krank zu werden, so stark ist, dass man das Haus nicht verlassen möchte oder sich ständig wäscht und reinigt, könnte man eine Angststörung haben.

Es gibt verschiedene Arten von Angststörungen, und für diejenigen, die mit den Symptomen kämpfen, kann die Kognitive Verhaltenstherapie eine Lösung sein. Diese Methode hilft den Patienten dabei, den Denkprozess zu identifizieren, der die Angst auslöst, und kann die beste Lösung für das Problem sein.

Wie kann KVT helfen?

Durch das Erlernen der Techniken der können Menschen mit Angst- oder Depressionssymptomen lernen, ihre Ängste und die damit verbundenen Verhaltensweisen zu kontrollieren. Das Programm wird dazu beitragen, klare Ziele zu setzen, sie dabei unterstützen, die Gedanken zu identifizieren, die den Prozess auslösen, und ihnen Abwehrmechanismen zur Bekämpfung dieser Verhaltensweisen zur Verfügung stellen.

KVT hilft dabei, völlig neue Wege zu finden, um Gedanken, Gefühle und Verhaltensweisen zu verarbeiten, so dass die Patienten besser mit den normalen Ereignissen im Leben umgehen können. Anstatt negativ auf traumatische Ereignisse zu reagieren, gibt die (KVT) ihnen die Möglichkeit, den Auslöser neu zu formulieren und aus einer völlig neuen Perspektive zu erleben.

Kapitel 1: Was sind Angst und Depression?

Was ist der Unterschied zwischen Furcht und Angst? Gibt es einen Unterschied zwischen Sorgen und Angst? Und zwischen Angst und Depression? Wie wirken Dinge wie Stress und emotionale Gefühle, die als stressig empfunden werden? Haben Sie jemals über die Bedeutung von Wut, Furcht, Angst oder Nervosität nachgedacht und wie sie sich auf Angst und Depression auswirken?

Es ist wichtig zu beachten, dass eine der größten Herausforderungen bei der Behandlung von Angst die mangelnde Klarheit über die Bedeutung jedes dieser Begriffe ist. Etwas, das man verstehen muss, ist, dass es sehr schwierig sein kann, herauszufinden, woher etwas kommt und was zu tun ist, wenn man nicht genau weiß, worüber man spricht.

Beginnen wir also damit, die Bedeutung dieser Begriffe zu definieren, um zu verstehen, was Angst und Depression sind.

Was ist Angst mit Hilfe von drei Erfahrungsebenen?

Wenn man über alles im Zusammenhang mit der menschlichen Psychologie sprechen möchte - einschließlich Angst - muss man die drei Hauptebenen unserer Erfahrungen unterscheiden: die körperliche, emotionale und kognitive Ebene.

<u>Körperliche Erfahrung</u>

Es bezieht sich auf die Empfindungen, die wir in unserem Körper spüren. Diese Empfindungen umfassen: Kälte, Wärme, Schmerz, Taubheit, Entspannung, Feuchtigkeit, Spannung, Schmerzen, Trockenheit und Kribbeln, unter anderem.

Emotionale Erfahrungen

Diese sind in der Regel am schwierigsten zu definieren. Der Hauptgrund dafür ist, dass es sich um eine Mischung aus sowohl kognitiven als auch körperlichen Erfahrungen handelt.

Betrachten wir zum Beispiel den Fall, in dem Wut empfunden wird. In einer solchen Situation befinden Sie sich oft in einem mentalen Zustand, in dem Ihre Gedanken rasen, und Sie erleben einen inneren Monolog auf kognitiver Ebene.

Zusätzlich beginnen Sie oft, Wärme, Unruhe und Spannung zu spüren. Sie fühlen sich, als ob Sie aufgeben würden, mit einer Kombination von Bildern, negativen Gedanken und einem geringen Energieniveau, Faulheit und Erschöpfung, unter anderem. Man muss erkennen, dass Emotionen im Wesentlichen subjektive Empfindungen sind, die wir nach einer kognitiven Interpretation von etwas erleben.

Kognitive Erfahrungen

Dies bezieht sich auf eine Art geistiges und intellektuelles Phänomen oder alles, was mit menschlichen Gedanken zu tun hat. In den meisten Fällen sind diese kognitiven Erfahrungen verbal.

Zum Beispiel kann es eine innere Stimme in Ihrem Kopf geben, die Ihnen ständig etwas über Ihr tägliches Leben erzählt. Dies ist der innere Kritiker, der versucht, Sie davon abzuhalten, Ihren jahrelangen Traum zu verfolgen. Er erzählt Ihnen immer wieder, wie Sie ein episches Versagen erleben oder sich vor allen blamieren werden.

Solche Gedanken können auch visuell sein. Zum Beispiel könnten Sie das Bild Ihrer Mutter vor sich haben, als sie in Ihren Händen gestorben ist, oder das Bild Ihres Vaters, als Sie ihm gesagt haben, dass Sie einen Mann mit doppelt so vielen Jahren wie Sie heiraten werden, oder das Gesicht Ihres Mannes, als Sie ihn nach der Scheidung gefragt haben.

Kapitel 2: Ereignisse vs. Handlungen

Es ist wichtig zu beachten, dass sowohl die physischen als auch die kognitiven Erfahrungen, die wir oben definiert haben, uns widerfahren können. Das sind die Momente, in denen der Bauch knurrt und sich aufwühlt und die Gedanken unaufhörlich durch unseren Kopf schießen.

Diese werden als sogenannte Ereignisse bezeichnet.

Andererseits sind wir oft diejenigen, die diese physischen und kognitiven Erfahrungen in Gang setzen. Zum Beispiel können wir wählen, unseren Nachbarn zu grüßen, wenn er an unserem Tor vorbeigeht, oder wir können an dem Problem arbeiten, das uns die ganze Zeit im Kopf herumgeht.

Diese sind als Handlungen bekannt.

Aber wie steht es mit emotionalen Erfahrungen? Das sind Ereignisse, die uns widerfahren. Zum Beispiel, wenn man erfährt, dass ein geliebter Mensch gestorben ist oder wenn man sich schuldig fühlt, weil man einen Freund oder ein Familienmitglied schrecklich behandelt hat, unter anderem. Im Gegensatz zu kognitiven Erfahrungen sind dies keine Handlungen, die wir direkt auslösen können. Die Wahrheit ist, dass wir die Schalter für Wut oder Glück nicht einfach ausschalten können.

Also, warum diese Unterscheidungen treffen?

Der Grund, warum wir zwischen Ereignissen und Handlungen unterscheiden müssen, liegt oft darin, dass wir uns in verschiedenen Formen psychischer Probleme verstricken, wenn wir glauben, dass unsere Emotionen Dinge sind, die wir tun können oder über die wir die Kontrolle haben. Das Grundprinzip der meisten Theorien zur geistigen Gesundheit lautet: "Wir können unsere Emotionen nur indirekt ändern", indem wir die Art und

Weise beeinflussen, wie wir denken, was wir tun oder sogar die Umgebung, der wir uns aussetzen.

Das gesagt habend, ist der nächste Schritt zu verstehen, wie wir Angst und andere verwandte Begriffe in dieses Konzept einordnen können.

Angst und verwandte Konzepte.

Dies sind einige der gebräuchlichsten Begriffe, wenn es um Angst und Depression geht. Ein Stressfaktor bezieht sich auf alles in der umgebenden Umwelt, das als Bedrohung oder Herausforderung wahrgenommen wird. Zum Beispiel, wenn Sie auf dem Heimweg durch Ihren Viertelgarten spazieren und dann ein Rottweiler beginnt, Sie zu jagen, kann dies als Stressfaktor betrachtet werden. Wenn Sie ein bevorstehendes Vorstellungsgespräch oder eine Prüfung haben, kann auch dies ein Stressfaktor sein.

Wichtig ist zu verstehen, dass Stress die Art und Weise ist, wie der Körper auf das Vorhandensein eines Stressfaktors reagiert. Stress geht oft mit der Freisetzung von Adrenalin und der Aktivierung des "Kampf oder Flucht"-Mechanismus einher.

Einige der häufigsten Empfindungen, die diese Stressreaktion begleiten, sind unter anderem erhöhte Herzfrequenz, Blutdruck, Muskelspannung und beschleunigte Atmung. In diesen Momenten versucht das Gehirn sich vorzubereiten, um die Bedrohung effektiv zu bewältigen, sei es durch den Kampf oder die Flucht.

Stress hingegen ist ein Begriff, der verwendet wird, um zu beschreiben, wie wir uns fühlen, wenn wir uns in einem Zustand starker Anspannung befinden. Es ist wichtig zu beachten, dass all diese Ereignisse auf physischer Ebene auftreten, auch wenn wir den Begriff Stress oft verwenden, um unsere emotionalen Empfindungen zu beschreiben.

Angst

Angst hingegen ist oft eine Emotion, die als Reaktion auf eine wahrgenommene Gefahr oder Bedrohung entsteht. Wenn wir zum

Beispiel einen dunklen Schatten oder ein gekräuseltes Objekt auf einem Pfad sehen, beginnen wir, Angst zu empfinden, weil wir die Möglichkeit in Betracht ziehen, dass es sich um eine Schlange handeln könnte. Wenn wir jedoch näher kommen und erkennen, dass es nur ein Ast eines Baumes ist, verschwindet die Angst, und wir setzen unseren Weg fort.

Mit anderen Worten, die Angst ist eine emotionsbezogene und kurzlebige Reaktion, die so lange anhält, wie wir eine Bedrohung in unserer Nähe spüren. Sie basiert oft auch auf einer vernünftigen Einschätzung der Gefahr.

Furcht

Wie die Furcht ist die Angst ein emotionales Gefühl, das oft als Reaktion auf eine wahrgenommene Gefahr oder Bedrohung entsteht. Allerdings ist die Furcht oft eine Reaktion auf eine realistische Bedrohung und lässt nach, sobald die Bedrohung verschwindet. Die Angst hingegen ist eine Emotion, die aus einer unrealistischen Bedrohung resultiert.

Mit anderen Worten, der Geist stellt sich etwas vor, das in der Zukunft geschehen könnte, auch wenn die Wahrscheinlichkeit, dass es eintritt, gering ist. Das Problem mit der Angst ist, dass sie dazu neigt, in Intensität und Häufigkeit fortzudauern.

Betrachten wir einen Fall, in dem Sie sich eine Dokumentation des National Geographic über die giftigsten Schlangen des Universums ansehen. Plötzlich brechen Sie Ihre Pläne für einen Ausflug ab, weil Sie sich vorstellen, einer tödlichen Schlange auf dem Pfad zu begegnen und angegriffen zu werden. Von diesem Moment an beginnen Sie, abgelegene Seeufer, Parks, Zoos und sogar Golfplätze zu meiden. Das Interessante ist, dass Sie damit beginnen, Ihren Tag zu planen, um die Möglichkeit zu vermeiden, einer Schlange zu begegnen.

Panik

Panik bezieht sich hingegen auf plötzliche Ausbrüche extremer Angst, die innerhalb weniger Minuten beginnen und sich innerhalb von etwa 15-20 Minuten abschwächen. Panik wird oft durch eine katastrophale Interpretation von Signalen ausgelöst, die mit Kampf- oder Fluchtreaktionen zusammenhängen.

Zum Beispiel, wenn das Herz plötzlich stark zu schlagen beginnt, denken wir, dass wir einen Herzinfarkt haben. Es ist wichtig zu beachten, dass Menschen, die wiederholt Panikattacken haben, oft von der Sorge ausgelöst werden, eine weitere Panikattacke zu erleben.

Denken Sie an Panik als Angst vor der Angst!

Schrecken, Angst, Furcht oder Nervosität

Dies sind alles emotionale Varianten von Angst und Furcht. Betrachten wir zum Beispiel den Begriff Schrecken: Er ähnelt der Angst, ist jedoch eher allgegenwärtig und vage. In den meisten Fällen ist er intensiv, aber nicht so akut, da er irgendwie existenziell ist.

Sorge

Obwohl wir den Begriff Sorge verwenden, um unsere emotionalen Gefühle zu beschreiben, handelt es sich bei diesem Begriff hauptsächlich um einen kognitiven Aspekt. Es wird oft als eine Erfahrung des schnellen, negativen, wiederkehrenden und selbstbewertenden Problemlösens angesehen. Das interessanteste an der Sorge ist, dass sie für uns in keiner Weise nützlich oder produktiv ist.

Eines ist zu beachten: Sie ist größtenteils ein primärer Faktor, der Angst und Stress unterstützt und zu deren Wiederholung führt.

Nach alldem, was Sie verstehen sollten, ist, dass, wenn Sie versuchen, Ihre Gefühle zu entschlüsseln, Sie so spezifisch wie möglich sein sollten. Die beste Vorgehensweise besteht darin zu bestimmen, ob das, was Sie empfinden, physisch, kognitiv, emotional oder eine Kombination aus allem ist.

Wie bereits erwähnt, sind Emotionen oft schwer zu definieren, da sie eine Kombination aus physischen und kognitiven Aspekten sind. Was wichtig ist zu beachten, ist, dass Emotionen das Ergebnis bestimmter Interpretationen der Ereignisse sind, die uns widerfahren oder unserer Wahrnehmung.

Das wichtigste Wort ist "Interpretation". Der Punkt ist, dass wir keine Emotionen empfinden können, ohne dass zuerst eine Art kognitiver Handlung stattfindet. Dies ist gut so, denn einerseits können wir nicht ändern, wie wir denken und die Welt um uns herum interpretieren, andererseits sind kognitive Neigungen langjährige Gewohnheiten. Dies ist die Grundlage der kognitiven Verhaltenstherapie und des Stoizismus.

Kapitel 3: Wie beeinflussen Stress und Angst Ihren Körper und Ihr Leben?

Viele von uns erleben Angst, wenn sie stressauslösenden Ereignissen gegenüberstehen. In dieser Hinsicht ist Angst eine sehr biologische Reaktion. In einigen Fällen erleben jedoch manche Menschen übermäßige Angst, die sie lähmt. Dies wird als chronische Angst bezeichnet. Wenn sie nicht kontrolliert wird, kann chronische Angst sehr belastend sein. Der erste und wichtigste Schritt besteht darin, zu erkennen, dass man an diesem Zustand leidet. Die folgenden Anzeichen deuten auf chronische Angst bei einer Person hin.

Extreme Sorge

Es ist nichts Falsches daran, im Alltag ein gewisses Maß an Vorsicht walten zu lassen. Wenn es sich jedoch als ein starrer Muster grundloser Sorgen manifestiert, dann besteht ein Problem. Einige Menschen haben Schwierigkeiten, ein zufriedenes Leben zu führen, aufgrund starrer Sorgengedanken, die in ihrem Kopf umherwirbeln. Sie können auf ein einfaches Problem stoßen, wie einen platten Reifen, und das reicht aus, um ihren ganzen Tag zu ruinieren. Menschen, die übermäßig besorgt sind, neigen dazu, kleine Dinge zu dramatisieren und sie zu großen Problemen zu machen. Dies hindert sie daran, ein erfülltes Leben zu führen. Um sicherzustellen, dass Sie tatsächlich unter übermäßiger Sorge leiden, sollten diese Symptome mindestens sechs Monate lang anhalten. Die Tendenz zur übermäßigen Sorge hat zweifellos negative Auswirkungen. Sie führt dazu, dass Sie selbsthemmende Entscheidungen treffen und dazu neigen, Phasen intensiver Besorgnis und
Stress zu entwickeln.
Übermäßige Sorge veranlasst Sie oft, viele Chancen zu verpassen, da Sie zu vorsichtig sind, und kann Menschen von Ihnen wegstoßen.

Menschen mit chronischer Angst neigen dazu, unruhig zu sein. Ihr Gehirn kann auf Sorgen mit der Vorbereitung zum Kampf reagieren. Auf diese Weise leitet es Ressourcen von verschiedenen wichtigen Organen ab und lenkt sie auf die Entwicklung von angespannten Muskeln. Das versetzt die Person in einen Zustand der Unruhe. Menschen, die unter chronischer Angst leiden, scheinen immer schlecht gelaunt zu sein und als ob sie gleich in einen Kampf eintreten würden. Aufgrund der Unruhe beeinträchtigen diese Menschen ihre Integration in die Gesellschaft, was normalerweise ihren sozialen Status beeinflusst. Natürlich wird die Gesellschaft es nicht schätzen, wenn Sie der Typ von Person sind, der andere bedroht und sie sich fühlen lässt, als ob sie auf Eierschalen gehen würden. Darüber hinaus kann die leichte Erregbarkeit Sie in viele unerwünschte Situationen bringen, da Sie das Ego anderer bedrohen, was normalerweise keine gute Sache ist. In schwerwiegenderen Fällen könnte die Unruhe dazu führen, dass Sie Ihre grundlegenden Überzeugungen in Frage stellen und Raum für negative Denkmuster schaffen. Wenn Sie also leicht erregbar sind, könnten Sie am Ende denken, dass alle Menschen wirklich schlecht sind und Menschen in Ihrem Leben meiden, was Ihnen langfristig nur schadet.

Unruhe

Eine unruhige Person neigt dazu, sich angespannt zu fühlen. Sie kann sich nicht auf das konzentrieren, was sie tut, weil sie gegen das Gefühl der Unruhe kämpft. Unruhe ist besonders bei Jugendlichen und jungen Erwachsenen verbreitet, die unter chronischer Angst leiden. Jugendliche und junge Erwachsene sind besonders anfällig für chronische Angst, da sie sich noch in der Entwicklungsphase befinden und viele Ereignisse sie herausfordern. Zum Beispiel, wenn sie die Universität oder die High School besuchen, kann der soziale Druck enorm sein und Unruhe verursachen. Dieses rastlose Verhalten hindert sie daran, produktiv zu sein und ihre wichtigen Lebensziele zu erreichen.

Zusätzlich führt Unruhe dazu, dass Menschen selbsthemmende Entscheidungen treffen und verhindert, dass sie über ihre Entscheidungen nachdenken, was sich negativ auf die Lebensqualität auswirken kann. Wenn sich eine Person unruhig fühlt, neigt sie dazu, sich zurückzuziehen, was allmählich Einsamkeit in ihr Leben bringen kann. Allerdings haben nicht alle Menschen, die unter chronischer Angst leiden, Probleme mit Unruhe.

Erschöpfung

Ähnlich wie Angst mit Euphorie und Hyperaktivität verbunden ist, neigen einige Betroffene auch zur Erschöpfung. Die Verbindung zwischen Erschöpfung und Angst hängt weitgehend von der Persönlichkeit des Betroffenen ab. Zum Beispiel, wenn eine Person introvertiert ist, wird sie ihre chronische Angst durch langes Nachdenken verarbeiten, eine Übung, die viele Ressourcen erfordert. Das Nachdenken über das, was uns Sorgen bereitet, über einen längeren Zeitraum kann dazu führen, dass unsere Energie erschöpft wird, was zur Entwicklung von Erschöpfung führt. Außerdem, wenn chronische Angst Probleme wie Schlaflosigkeit oder Muskelverspannungen verursacht, verringert sich die Energiereserve eines Individuums, das dann mit niedrigem Energiepegel kämpfen muss. Sobald sich die Erschöpfung als Ergebnis des Kampfes gegen die Angst manifestiert, kann sie das Leben des Individuums auf vielfältige Weise beeinflussen. Zum Beispiel verhindert sie Produktivität und kann daher das Wohlbefinden beeinträchtigen. Die Erschöpfung kann auch dazu führen, dass eine Person eine selbsthemmende Denkweise entwickelt, da sie an ihrem eigenen Potenzial zweifelt.

Langfristig kann dieser Zustand das Erreichen wichtiger Lebensziele behindern, da die Motivation verloren gehen kann.

Mangelnde Konzentration

Studien zeigen, dass eines der ersten Opfer chronischer Angst die Konzentration ist. Die meisten Menschen, die gegen chronische Angst kämpfen, haben oft Schwierigkeiten, sich auf anstehende Aufgaben zu konzentrieren.

Das erklärt, warum Schüler, die unter Angst leiden, oft Schwierigkeiten im Unterricht haben. Bevor Sie eine Aufgabe abschließen können, muss der Geist entspannt sein, da sonst die Energie für die Konzentration auf wichtige Lebensziele verloren geht. Ohne Konzentration spielt es keine Rolle, wie geschickt oder ressourcenreich Sie sind - Sie werden wahrscheinlich Schwierigkeiten haben, Ihre Ziele zu erreichen. Dies liegt daran, dass alles, was es wert ist, erreicht zu werden, harte Arbeit erfordert, die die Fähigkeit zur Konzentration fördert.

Wenn Angst aufkommt, weist das Gehirn diesem Problem eine enorme Bedeutung zu und verweigert die Konzentration, um zuerst die Hauptursache der Angst bewältigen zu können. Die meisten Menschen haben Schwierigkeiten, sich gegen das Urteil des Gehirns aufrechtzuerhalten, was sie extrem frustriert. Es ist sinnvoll, sich zuerst mit dem Problem der Angst auseinanderzusetzen, bevor das Gehirn Ihnen bei der Steigerung der Konzentrationsfähigkeit helfen kann.

Reizbarkeit

In über 90% der Fälle neigen Menschen mit chronischer Angst dazu, reizbar zu sein. Für extrem ängstliche Personen ist es schwer, eine ruhige Haltung beizubehalten. Die Angst lässt sie glauben, dass die Welt eine Verschwörung gegen sie schmiedet. Dies treibt sie dazu, auf der Hut zu sein. Ängstliche Menschen sind besonders empfindlich gegenüber Worten und Nuancen und gehen tiefer in den Versuch, die Bedeutung zu erfassen als andere. Was für eine normale Person als normal erscheinen mag, kann für eine ängstliche Person beleidigend wirken, aufgrund ihrer Neigung, intensiv über Angelegenheiten nachzudenken und implizite

Anspielungen zu lesen. Reizbarkeit ist ein Merkmal, das es Menschen schwer macht, zufrieden zu sein. Dies liegt daran, dass es Menschen entfremdet. Eine reizbare Person riskiert, viele Feinde zu haben und sich in der Gesellschaft einen schlechten Ruf zu erwerben. Reizbarkeit kann viele Aspekte im Leben des Opfers beeinträchtigen und sie letztendlich dazu bringen, eine negative Einstellung gegenüber anderen Menschen zu entwickeln.

Muskelverspannung

Eine weitere Konsequenz der chronischen Angst ist die Entwicklung von verspannten Muskeln. Natürlich leiden nicht alle Menschen mit Muskelverspannungen unter chronischer Angst. Die Erklärung dafür ist, dass übermäßige Sorgen, die der Angst zugeschrieben werden, den normalen Betrieb des Körpers behindern. Die Sehnen versteifen sich und führen zu Muskelverspannungen. Die interessante Sache ist, dass die Behandlung von Muskelverspannungen durch verschiedene Entspannungsübungen die Angst lindert. Chronische Angst neigt dazu, sich negativ auf verschiedene Bereiche im Leben eines Menschen auszuwirken. Mit schmerzenden Muskeln wird die betroffene Person von Bewegung abgeschreckt, was ein ehrgeiziger Schachzug des Gehirns ist, um die Person dazu zu bringen, ihr Problem zu bewältigen. Muskelverspannungen verweigern dem Opfer die notwendige Gelassenheit, um normal zu funktionieren. Sie sind gezwungen, sich auf externe Unterstützung zu verlassen, die, wenn die Umstände anhalten, unglaublich unbefriedigend sein kann.

Schlaflosigkeit

Schlaflosigkeit ist ein häufiges Anzeichen für chronische Angst. Es besteht eine starke Verbindung zwischen chronischer Angst und Schlaflosigkeit. Zunächst einmal überlastet übermäßige Sorge den Geist und verhindert, dass das Opfer einschlafen kann. Darüber hinaus kann chronische Angst die physiologische

Zusammensetzung des Einzelnen stören und zu Schlafmangel führen. Diese Situation setzt das Opfer in eine sehr nachteilige Position, da Schlaf eine enorme Rolle für das Wohlbefinden eines Menschen spielt. Eine der Hauptarten, wie Schlafmangel sich auf eine Person auswirkt, ist die Verringerung der Produktivität. Wenn Ihre Arbeit Aufmerksamkeit erfordert, wie im Fall eines Fahrers oder Maschinenbedieners, werden Sie keine großartigen Ergebnisse erzielen können, da Schlafmangel Sie behindert.

Schlafmangel beeinträchtigt die kognitiven Fähigkeiten. Dies bedeutet, dass Sie nicht Ihr volles Potenzial ausschöpfen können. Lang anhaltender Schlafmangel kann die Fähigkeit zur Bewältigung von Aufgaben, die scharfes kritisches Denken erfordern, beeinträchtigen. Langfristig kann eine unzureichende Leistung die Fähigkeit beeinträchtigen, sich einen guten Ruf in Ihrer Arbeitsbranche aufzubauen.

Schlafmangel ist ein Einfallstor für eine Reihe anderer gesundheitlicher Komplikationen wie Herzinsuffizienz, Bluthochdruck, Schlaganfall und Diabetes. Ein Hauptproblem der chronischen Angst ist, dass sie eine Verschlechterung des Gesundheitszustands auslöst. Schlafverlust, der aus Angst entsteht, führt zu Krankheiten, die die ohnehin schon geringe Gesundheit des Einzelnen untergraben.

Es ist daher entscheidend, chronische Angst so schnell wie möglich loszuwerden.

Panikattacken

Je nach Lebenserfahrungen sind Panikattacken in gewissem Maße normal. Wenn jedoch eine unkontrollierbare Angst täglich erlebt wird, ist dies ein Zeichen für chronische Angst. Panikattacken manifestieren sich als intensive Episoden von Angst, die die Person zutiefst erschüttern und sie um ihr Leben fürchten lassen. Sie sind gekennzeichnet durch Symptome wie schnellen Herzschlag, flaches Atmen und starkes Schwitzen. Die Auslöser von Panikattacken können variieren, aber die Betroffenen erleben alle dieselbe intensive Angst.

Eine der Auswirkungen von Panikattacken ist soziale Isolation. Menschen, die Panikattacken hatten, neigen dazu, sich von der Gesellschaft zurückzuziehen und ihre eigene kleine Welt zu schaffen, ängstlich vor allen anderen. Leider verschlimmert dieses Verhalten die Situation nur und macht es schwer, ein produktives Leben zu führen.

Menschen mit Panikattacken neigen dazu, alle aus ihrem Leben zu vertreiben. Es scheint, als würden sie niemandem vertrauen, und das verhindert, dass sie erfüllende Beziehungen aufbauen. Auf lange Sicht führt diese Denkweise dazu, dass sie eine negative Einstellung gegenüber anderen Menschen im Allgemeinen entwickeln.

Im schlimmsten Fall können Panikattacken eine Person dazu bringen, Selbstmord zu begehen. Da Panikattacken die Person von Angst überfluten und sie glauben lassen, dass sie sterben werden, könnte das Opfer denken, dass es richtig ist, sein Leben zu beenden und Schluss zu machen.

Vermeidung von sozialen Beziehungen

Wenn man bedenkt, dass Menschen soziale Tiere sind und unser Überleben von kooperativen Anstrengungen abhängt, ist es normal, vorsichtig zu sein, wie andere uns wahrnehmen. Aber wenn wir über jemanden mit chronischer Angst sprechen, sprechen wir über jemanden, der aktiv jede Form sozialer Interaktion vermeidet. Wenn er auf jemanden trifft, wird er extrem schüchtern und beurteilt sich dann hart.

Es ist äußerst nachteilig für das Opfer, sich von Menschen fernzuhalten, da es die Möglichkeit verweigert, einige wichtige Ziele zu erreichen, die nur in einem sozialen Kontext erreicht werden können. Wenn er an einem bevorstehenden sozialen Ereignis teilnehmen muss, wird er von Sorgen überwältigt sein und sich fragen, ob die anderen ihn mögen oder nicht, was unglaublich einschränkend sein kann. Seine größte Angst ist es, vor anderen Menschen peinlich berührt zu werden.

Die Anzahl der Amerikaner, die von dieser Störung betroffen sind, steigt stetig an, und es scheint, dass Menschen in naher Zukunft Schwierigkeiten haben werden, soziale Kontakte zu knüpfen.

Phobien

Ein weiteres deutliches Anzeichen für chronische Angst ist das Vorhandensein von Phobien. Diese Ängste haben keine logische Grundlage. Das Opfer entwickelt eine irrationale Angst vor bestimmten Dingen oder Ereignissen. Einmal ausgelöst, verhindert die Angst, dass das Opfer normal leben kann. Einige der Phobien, die Menschen entwickeln, sind:

1. Tierphobien
2. Umgebungsphobien
3. Phobien vor bestimmten Situationen
4. Verletzungsphobien

Magenprobleme

Ein weiteres deutliches Zeichen für chronische Angst ist die Unfähigkeit, Nahrung zu verdauen. Normalerweise leitet das Gehirn des Opfers die meisten Ressourcen zur Bekämpfung von Angst um, aber dies beeinträchtigt die Fähigkeit des Körpers, Nahrung normal zu verdauen, was zu Magenbeschwerden führt. Natürlich kann dies aus verschiedenen Gründen auftreten, die nichts mit chronischer Angst zu tun haben, wie übermäßiges Essen oder Trinken, Nahrungsmittelunverträglichkeiten oder das Schlucken von Pillen bei Hunger. Um jedoch sicherzustellen, dass die Verdauungsprobleme auf chronische Angst zurückzuführen sind, müssen Sie die begleitenden Symptome beobachten.

Magenprobleme neigen dazu, die Fähigkeit zur Führung eines produktiven Lebens zu beeinträchtigen, da die Bauchbeschwerden zu stark sind, um sie zu bewältigen. In extremen Fällen können sie den Weg für verschiedene Krankheiten ebnen, die die Funktion verschiedener Organe beeinträchtigen.

Zwangsgewohnheiten

Normalerweise, wenn jemand gegen chronische Angst kämpft, gibt es etwas, das ihn besessen hält. Sie können nicht lange ohne nachgeben, um ihren zwanghaften Drang zu befriedigen. Natürlich ist das eine stressige Situation. Zum Beispiel, wenn das Opfer besorgt über Pickel im Gesicht ist, könnte es ein Foto seines Gesichts in sozialen Medien posten, in der Hoffnung auf Bestätigung, dass sein Gesicht in Ordnung ist, und dann alle zwei Minuten überprüfen, ob die Leute mit einem "Gefällt mir" oder einem Kommentar geantwortet haben. Sie hoffen auf die Zustimmung anderer und sind äußerst empfindlich gegenüber Kritik. Natürlich sind diese Tendenzen äußerst behindernd. Die Welt ist ein harter Schlachtfeld, und Zartbesaitete haben es schwer. Wenn man nicht lernt, sich selbst zu akzeptieren und stolz darauf zu sein, wer man ist, wird es schwer sein, seine Lebensziele zu erreichen.

Perfektionismus

Im herkömmlichen Sinne erscheinen Perfektionisten als ehrgeizige Menschen, die vor nichts Halt machen, um das zu erreichen, was sie sich vorgestellt haben. Aber die Psychologie sagt uns, dass chronische Angst manchmal die treibende Kraft hinter dem Perfektionismus ist. Es ist durchaus logisch, dass jemand, der einem bestimmten Ergebnis zu viel Wert beimisst, dazu neigen könnte, sich am Erstellungsprozess zu klammern, was dazu führt, dass er mehr Aufmerksamkeit schenkt und akribisch handelt. Steve

Jobs, der verstorbene Mitbegründer von Apple Inc., ist ein herausragendes Beispiel für einen Perfektionisten. Er war stark in den Prozess der Schaffung der Produkte seines Unternehmens involviert und ließ die Mitarbeiter Aufgaben immer wieder erledigen, bis sie das Ziel genau so erreichten, wie er es sich vorgestellt hatte. Natürlich sahen die Leute ihn als ehrgeizig an, aber diejenigen, die ihm nahestanden, enthüllten, dass er wirklich ein ängstlicher Mensch war. Aber manchmal kann der Perfektionismus auch aus etwas anderem als chronischer Angst entstehen.

Kapitel 4: Übungen gegen Depression

Die Depression muss nicht die Oberhand gewinnen oder Ihr Leben kontrollieren. Dennoch sind einige wichtige Schritte erforderlich, um mit den damit verbundenen Herausforderungen umzugehen. Beginnen Sie, indem Sie sich an einen Fachmann wenden. Sie können mit Freunden und Familie sprechen, um Unterstützung zu erhalten, aber nur ein Fachmann kann die Störung angemessen diagnostizieren und behandeln. Neben professioneller Hilfe müssen Sie proaktiv mit Ihren Bewältigungstechniken umgehen. Nicht jeder reagiert gleich auf Selbsthilfe, aber das Folgende kann dazu beitragen, die auftretenden Symptome zu reduzieren oder zu lindern.

Tipps zur Bewältigung von Depressionen

Darüber hinaus sind diese Schritte nützlich, um Ihnen die notwendige Stärke im täglichen Leben zu verleihen und Risikofaktoren für Ihr geistiges Wohlbefinden zu beseitigen.

Körperliche Aktivität

Körperliche Aktivität verleiht dem Körper die notwendige Stärke, um den Alltag zu bewältigen. Untersuchungen zeigen, dass körperliche Aktivität positive Chemikalien freisetzt, die die Stimmung verbessern. Es gibt verschiedene Möglichkeiten, körperliche Aktivität in Ihren Lebensstil zu integrieren oder beizubehalten. Unabhängig von Ihrem Fitnesslevel oder Ihren Vorlieben kann es angenehm und hilfreich sein, Übungen in Ihren Alltag zu integrieren. Denken Sie dabei an Aktivitäten wie Yoga, Zumba, Laufen, Schwimmen oder Radfahren. Wenn Sie etwas Einfacheres wünschen oder benötigen, können Sie in Betracht ziehen, spazieren zu gehen oder langsam zu joggen. Sie können körperliche Aktivität in Ihren täglichen Zeitplan integrieren, indem Sie weiter vom Eingang entfernt parken, Ihren Hund weiter vom

Haus entfernt im Park spazieren führen oder zu Fuß zum Einkaufszentrum oder zur Arbeit gehen. Versuchen Sie, mindestens ein oder zwei Stunden körperlicher Aktivität pro Woche einzuplanen. Achten Sie darauf, Aktivitäten zu wählen, die Ihren Herzschlag erhöhen und alle Muskeln im Körper beanspruchen.

Gesunde Ernährung

Eine ausgewogene und gesunde Ernährung ist zu jeder Zeit wichtig, aber besonders, wenn Sie gegen Depressionen kämpfen. Die Energie, die Sie aus Lebensmitteln gewinnen, dient als Treibstoff für Ihren geistigen und körperlichen Zustand.

Normalerweise werden drei Mahlzeiten und ein oder zwei leichte Snacks pro Tag eingenommen. Eine gesunde Ernährung besteht aus magerem Eiweiß, frischem Obst und Gemüse, Vollkornprodukten und fettarmen Milchprodukten. Das Essen gesunder und nährstoffreicher Lebensmittel sorgt dafür, dass Sie sich den ganzen Tag über gut fühlen.

Vermeiden Sie nach Möglichkeit verpackte Lebensmittel und erwägen Sie sogar, sich dem Gartenbau zuzuwenden, um frische und leicht zugängliche Lebensmittel in Ihrer Nähe zu haben.

Sie sollten ausreichend Wasser trinken, um Ihren Körper ausreichend zu hydrieren. Es ist einfach, die benötigte Wassermenge zu bestimmen.

Guter Schlaf

Eine erholsame Nachtruhe ist unerlässlich, um ein gesundes und erfülltes Leben zu führen. Schlaf erfrischt den Körper und bereitet ihn auf den nächsten Tag vor. Ohne ausreichend Schlaf beginnt das Gehirn, sich überlastet und müde zu fühlen. Die empfohlene Schlafdauer für Jugendliche liegt zwischen acht und zehn Stunden pro Nacht. Die meisten Erwachsenen schlafen gut mit sieben bis acht Stunden Schlaf pro Nacht.

Es kann schwierig sein, die notwendige Schlafmenge zu bekommen, insbesondere wenn Sie an Depressionen leiden.

Beginnen Sie damit, den Schlafbereich entspannend zu gestalten. Versuchen Sie, in einem kühlen Raum mit gedämpftem oder dunklem Licht einzuschlafen. Es könnte notwendig sein, Jalousien oder Vorhänge an den Fenstern hinzuzufügen, um das störende Licht zu minimieren. Erwägen Sie das Tragen von Ohrstöpseln, komfortablen Kissen und Bettwäsche. Die Stunde vor dem Schlafengehen sollte entspannend sein. Legen Sie Ihr Handy, Aufgaben oder die Arbeit, die Sie von Ihrem Büro mit nach Hause gebracht haben, beiseite. Trinken Sie in dieser Zeit Wasser, wenn Sie Durst haben, und vermeiden Sie Koffein. Vermeiden Sie scharfes Essen und süße Snacks.

Fragen Sie sich, was Ihnen helfen kann, sich zu entspannen, wenn Sie all die Dinge ablehnen müssen, die Ihnen Freude bereiten? Nehmen Sie ein Bad oder eine warme Dusche. Lesen Sie Ihren Lieblingsroman oder ein motivierendes Buch. Schlürfen Sie vor dem Zubettgehen eine Tasse Tee oder warme Milch und hören Sie beruhigende Musik. Dies sind großartige Möglichkeiten, um Körper und Geist auf einen guten Nachtschlaf vorzubereiten.

Umgang mit möglichen Gesundheitsproblemen

Ihre emotionale Verfassung verbessert sich, wenn Sie Gesundheitsprobleme konsequent angehen. Sie fühlen sich besser, weil Sie die Initiative ergriffen haben, sich um sich selbst zu kümmern. Viele Menschen, die unbehandelte Gesundheitsprobleme haben, machen sich endlos Sorgen darüber, was falsch sein könnte oder was passieren könnte. Forschungsergebnisse zeigen, dass es eine Verbindung zwischen unbehandelten Gesundheitsproblemen und Depressionen gibt, insbesondere bei entzündlichen Erkrankungen. Die Pflege von Gesundheitsproblemen kann die Stimmung verbessern, da Sie nicht ständig mit Schmerzen und anderen Krankheiten konfrontiert werden.

Vermeiden Sie unsichere Substanzen

Stress zu bewältigen, ist nie einfach. Es gibt positive und negative Möglichkeiten, mit stressauslösenden Faktoren umzugehen. Ein negativer Ansatz beinhaltet Aktivitäten, die Ihre Stimmung vorübergehend verbessern können, Sie jedoch letztendlich deprimiert machen. Zu diesen Aktivitäten gehören, sind aber nicht beschränkt auf den Konsum illegaler Drogen und Alkoholmissbrauch.

Im Moment leben

Bleiben Sie im Einklang mit Ihrem inneren Frieden und Ihrer inneren Ruhe. Wenn die Überwältigung zuschlägt, neigen wir dazu, uns auf vergangene Probleme oder Dinge zu konzentrieren, die im Hintergrund passieren. Diese Gedanken können zu Depressionen und ungerechtfertigtem Stress führen. Im Moment zu leben ermutigt Sie, Ihren Geist von allem Negativen zu befreien und sich auf Ihr Glück in diesem Augenblick zu konzentrieren. Dieses Dasein sollte sowohl dann geschehen, wenn Sie mit Freunden und Familie zusammen sind als auch wenn Sie alleine sind.

Selbstbewusstsein

Bevor Sie Ihren Tag beginnen, mitten am Tag, auf dem Heimweg, unter der Dusche oder vor dem Schlafengehen: Stoppen Sie kurz und hören Sie auf, was Sie gerade tun.

Atmen Sie ein. Atmen Sie wie gewohnt und nehmen Sie natürliche Atemzüge durch die Nase und wieder hinaus.

Denken Sie klar. Oder besser gesagt, reflektieren Sie über Ihre Gedanken. Bewerten Sie ihre Bedeutung. Erkennen und akzeptieren Sie alles, was Sie wahrnehmen. Konzentrieren Sie sich auf Ihren Geist, Ihren Körper und alle körperlichen Empfindungen, die Sie in dieser Zeit erleben. Beachten Sie, ob Ihr Herz schneller schlägt, Ihre Muskeln sich anspannen oder Schmerzen auftreten.

Üben Sie alles, was Sie in diesem Moment unterstützt. Dies kann das Gespräch mit Ihrer Familie oder Freunden sein oder das Dehnen vor dem Schlafengehen.

Mit Liebe voranschreiten

Es mag einfach klingen, aber für die meisten Menschen, die an Depressionen leiden, ist es extrem schwer. Die Anforderungen von Schule, Arbeit und Familie können es schwierig machen, sich den Dingen zu nähern oder die Dinge zu tun, die wir lieben. Engagieren Sie sich in Aktivitäten, die Ihr Leben verbessern. Malen Sie, tanzen Sie, leisten Sie Freiwilligenarbeit oder backen Sie einen Kuchen. Alles, was Ihnen Freude bereitet, tun Sie es!

Tipps zur Bewältigung von Depressionen

Sie sollten versuchen, Wege zu finden, um sich bei der Bewältigung von Depressionen zu helfen. Es handelt sich um einen kraftvollen Mechanismus zur Bewältigung, der hilft, die täglichen Momente zu überstehen, in denen man sich niedergeschlagen und überfordert fühlt. Es gibt wirksame Möglichkeiten, um mit emotionalen, mentalen und physischen Herausforderungen umzugehen. Eine äußerst effektive Methode ist körperliche Bewegung, die Ihnen hilft, aufzustehen und sich zu bewegen. Es ist auch ein nützliches Werkzeug, um den Geist von zufälligen oder belastenden Gedanken zu befreien.

Stimmungsverbesserung ist eine der effektivsten Strategien oder Techniken zur Bewältigung von Störungen wie Angstzuständen. Sie können in Erwägung ziehen, einen regelmäßigen Bewegungsrhythmus zu etablieren, sich wöchentlich mit einem aktuellen oder alten Freund zu verabreden oder einen Kurs zu belegen, um etwas Neues zu lernen. Dies sind nur Ideen, die Ihnen helfen können, den Bewältigungsprozess zu durchlaufen. Effektive Bewältigung hilft, den Nebel zu lichten, der den Verstand, das Urteilsvermögen und die Gefühle trübt. Das Ergebnis ist ein glückliches und äußerst aufgeschlossenes Leben, das jeden Tag lebenswert macht.

<u>Im Folgenden sind weitere Strategien oder Ratschläge zur
Bewältigung von Depressionen aufgeführt.</u>

Verlassen Sie nicht Ihr Unterstützungssystem
Die Depression kann Sie glauben machen, dass niemand bereit ist,
Ihnen zu helfen. Dies ist häufig, wenn Sie mit einem niedrigen
Selbstwertgefühl zu kämpfen haben. Auch wenn Ihre Tage im
sozialen Rückzug verbracht werden und Sie sich einsam fühlen,
sind Sie nicht allein. Es gibt Freunde und Familie, die möchten,
dass Sie wieder glücklich sind. Es ist schwer, gegen die Depression
allein anzukämpfen. Sie schämen sich wahrscheinlich oder fühlen
sich unbehaglich dabei, Freunde oder Familie vernachlässigt zu
haben, aber diese Gefühle sollten Sie beiseiteschieben. Suchen Sie
Ihre soziale Gruppe und Familie auf, um Ihre Stimmung zu
verbessern. Dies wird Wunder für Sie bewirken. Sie werden
feststellen, dass die Kommunikation mit denen, die sich um Ihr
Wohlbefinden sorgen, Ihnen ein Gefühl von erneuter Stärke gibt.

Wenn Sie sich einsam fühlen und denken, dass niemand da ist, um
sich auf Sie zu stützen, knüpfen Sie neue Beziehungen, um Ihr
Unterstützungsnetzwerk zu stärken.

- Suchen Sie Unterstützung von Menschen, die Sie ermutigen, Sie
selbst zu sein. Das Ziel ist nicht, jemanden zu finden, der Sie besser
macht. Sie brauchen nur jemanden, der Ihnen zuhört. Diese Person
sollte verständnisvoll, mitfühlend und sensibel für das sein, was Sie
durchmachen.

- Vereinbaren Sie ein persönliches Treffen. Es ist immer eine gute
Idee, eine Nachricht zu senden oder einen Anruf zu erhalten, aber
nichts ist besser als ein persönliches Treffen. Gesichtsausdrücke
sind entscheidend, um Schwierigkeiten oder Herausforderungen
auszudrücken und zu verstehen. Sprechen Sie darüber und fühlen
Sie sich sofort erleichtert, weil Sie mit jemandem in Kontakt
getreten sind, der sich um Ihre Probleme kümmert.

<u>Reparieren Sie den Flügel des sozialen Schmetterlings. Früher
waren Sie ein geselliger Schmetterling, aber die Depression hat
einen Ihrer Flügel beschädigt. Gehen Sie nach draußen und
mischen Sie sich unter die Menschen, auch wenn Ihr Geist und</u>

<u>Körper Ihnen sagen, dass Sie es nicht tun sollen. Die Gesellschaft anderer Menschen hilft Ihnen, positive Gedanken zu fördern und Gefühle der Depression zu lindern.</u>

Sein Sie die Stütze für jemand anderen. Es tut gut, Unterstützung zu erhalten, und Sie sollten dasselbe für andere tun. Dies ist ein hervorragendes Mittel, um die Stimmung zu verbessern, da es ein gutes Gefühl gibt, wenn man anderen hilft. Hören Sie sich die Probleme einer anderen Person an oder bieten Sie sich als Freiwilliger an, um weniger Glücklichen zu helfen. Man fühlt sich anders, wenn man weiß, dass das, was man tut oder wer man ist, einen Unterschied macht.

- Finden Sie eine Supportgruppe. Es kann hilfreich sein, mit anderen Menschen zu sprechen, die ebenfalls mit Depressionen zu kämpfen haben. Dies hilft, sich weniger isoliert zu fühlen und bietet die Möglichkeit, Unterstützung zu erhalten und anderen Unterstützung zu bieten.

Tipps, um in Verbindung zu bleiben:

- Suchen Sie mindestens eine Person, mit der Sie über das sprechen können, was Sie durchmachen.
- Helfen Sie anderen bei der Bewältigung ihrer Probleme.
- Treffen Sie sich mit einem Freund auf einen Kaffee oder einen Film.
- Bitten Sie einen Freund oder Kollegen, gelegentlich vorbeizukommen.
- Unternehmen Sie Ausflüge mit jemandem.
- Wenden Sie sich an einen alten Freund.
- Suchen Sie sich einen Trainingspartner.
- Planen Sie wöchentliche Mittag- oder Abendessen.
- Melden Sie sich für einen Kurs an, um neue Gesichter zu sehen.
- Sprechen Sie mit einem Berater, Geistlichen oder Therapeuten.

Sich wieder mit den Dingen verbinden, die Ihnen gefallen.
Um Depressionen effektiv zu bekämpfen, müssen Sie sich wieder mit angenehmen Dingen verbinden, die Energie geben. Zum Beispiel, führen Sie einen gesunden Lebensstil, bewältigen Sie

stressige Situationen effektiv, tun Sie nur die Dinge, von denen Sie glauben, dass Sie sie erreichen können, und fügen Sie angenehme Aktivitäten in Ihre tägliche Routine ein.

Tun Sie etwas, was Ihnen gefällt. Auch wenn es schwierig sein kann, dies zu tun, wenn Sie depressiv sind, sollten Sie sich motivieren, etwas zu tun, das Ihnen Freude bereitet oder das Sie früher aufgeregt hat. Aufstehen und Ihre Lieblingsaktivitäten zu unternehmen, kann Sie glücklich und erfüllt fühlen lassen. Dies wird vielleicht nicht sofort die Depression lindern, aber es wird dazu beitragen, Ihre positiven Gefühle im Moment zu steigern. Wiederentdecken Sie ein altes Hobby oder eine Aktivität, die Ihnen früher gefallen hat. Verbinden Sie sich mit Ihrer kreativen Seite, indem Sie Musik, Tanz, Kunst oder Theater machen. Besuchen Sie einen Park oder ein Museum.

Bewusstsein für Ihre Gesundheit entwickeln. Achten Sie zunächst darauf, ausreichend Schlaf zu bekommen. Wenn Depression ein Problem ist, schlafen Sie wahrscheinlich entweder zu wenig oder zu viel. Übernehmen Sie ein Gesundheitsprogramm, das Ihnen ermöglicht, sich morgens erfrischt zu fühlen.

Stress, soweit möglich, abbauen. Stress ist einer der Hauptfaktoren, die zur Depression beitragen. Er wirkt als Auslöser und verschlimmert sich im Laufe der Zeit. Identifizieren Sie die Stressfaktoren in Ihrem Leben und definieren Sie Wege, um sie zu beseitigen und Ihr Leben unter Kontrolle zu haben.

Beruhigungstechniken. Praktizieren Sie Techniken oder Strategien, die Ihnen helfen, sich zu entspannen. Entspannung ist ein wesentliches Werkzeug zur Linderung von Stress und Depression. Vorgeschlagene Entspannungsübungen umfassen Meditation, Muskelentspannung und Yoga.

Hier ist ein "Glückspaket", um Ihnen bei der Bekämpfung der Depression zu helfen:

- Gehen Sie nach draußen und genießen Sie die Natur.
- Erstellen Sie eine Liste der Dinge, die Sie an sich selbst lieben.
- Wählen Sie jeden Monat ein Buch zum Lesen aus.
- Sehen Sie sich eine Sitcom oder eine lustige Show an.
- Genießen Sie ein entspannendes Schaumbad.
- Erledigen Sie einige kleine Hausarbeiten.
- Besuchen oder arbeiten Sie ehrenamtlich in einem Tierheim.
- Sprechen Sie persönlich mit Freunden.
- Drehen Sie die Musik auf und tanzen Sie.
- Entscheiden Sie sich spontan für etwas anderes.

Sich bewegen.
So einfach es klingen mag, Menschen, die an Depressionen leiden, finden es extrem schwer, sich zu bewegen. Das Aufstehen aus dem Bett, aus dem Auto oder aus dem Haus herauszukommen, ist schlichtweg schwierig, wenn man depressiv ist. Ein aktiver Lebensstil anzunehmen, ist ein entscheidendes Werkzeug im Kampf gegen die Depression. Forschungen zufolge ist körperliche Bewegung genauso nützlich bei der Bewältigung der Depression wie Medikamente. Bemühen Sie sich, mindestens eine halbe Stunde pro Tag körperlich aktiv zu sein. Sie können diese Zeit in Abschnitte aufteilen oder auf einmal ausüben. Finden Sie einfach Wege, um jeden Tag aktiver zu sein.

Körperliche Bewegung hebt die Stimmung.
Sie werden sich weniger müde fühlen. Zu Beginn kann es schwierig sein, aber mit der Zeit wird die Erschöpfung durch Bewegung oder körperliche Aktivität nachlassen. Die Steigerung des Energieniveaus ist ein Hauptfaktor für eine verbesserte Stimmung.

Bleiben Sie in einem konstanten Rhythmus. Nehmen Sie an Übungen oder Aktivitäten teil, die gleichmäßig und rhythmisch sind, da sie hervorragend geeignet sind, um Depressionen zu bekämpfen. Erwägen Sie Aktivitäten wie Gehen, Tanzen,

Krafttraining oder Schwimmen, da sie alle Bereiche des Körpers beanspruchen.

Gefühle in die Aktivitäten einbringen. Wenn Sie aufgrund einer traumatischen Erfahrung depressiv sind, achten Sie auf die Art und Weise, wie Ihr Körper auf Bewegung reagiert. Beachten Sie kleine Dinge wie den Moment, in dem Ihr Fuß den Boden berührt, die sanfte Berührung des Windes auf Ihrer Wange oder Ihre Atemweise.

Bräunen in der Sonne

Sonnenlicht spendet eine gesunde Dosis Vitamin D, und dieses Vitamin kämpft gegen Depressionen an. Die Sonne hilft dabei, die Serotoninwerte zu steigern, was die Stimmung anregt. Setzen Sie sich 15-20 Minuten pro Tag dem Sonnenlicht aus. Verwenden Sie bei Bedarf Sonnenschutz und schauen Sie niemals direkt in die Sonne.

Hier sind einige Möglichkeiten, wie Sie Sonnenlicht genießen können:
- Machen Sie einen Spaziergang in der Mittagspause, genießen Sie Kaffee auf der Terrasse oder essen Sie auf der Veranda zu Mittag.
- Bewegen Sie sich im Freien anstatt im Fitnessstudio oder vor dem Fernseher. Spielen Sie Tennis oder wandern Sie auf einem Pfad, um die Natur zu genießen und Sonne zu tanken.
- Lassen Sie natürliches Sonnenlicht ins Haus, indem Sie die Jalousien anheben oder die Fenstervorhänge öffnen.
- Wenn Sonnenlicht in Ihrer Region nicht häufig vorkommt, sollten Sie über Lichttherapie-Techniken nachdenken.

Negative Gedanken bekämpfen

Fühlen Sie sich Tag für Tag verwundbar oder machtlos? Denken Sie, dass Sie in einer aussichtslosen Situation stecken und nichts daran ändern können? Depression hat die Tendenz, sich in Ihren Geist einzuschleichen und jeden Gedanken negativ zu färben, den Sie hegen. Sie beginnen negativ über sich selbst und alles, was Ihnen begegnet, zu denken.

Diese Verknüpfungen mit negativen Gedanken sind nicht förderlich. Lassen Sie nicht zu, dass sie Ihr Leben manipulieren oder überwältigen. Es wird nicht einfach sein, negative Gedanken loszuwerden, aber es ist möglich. Jedes Mal, wenn ein negativer Gedanke in Ihren Geist eindringt, löschen Sie ihn mit einem positiven Gedanken. Auf diese Weise schaffen Sie ein Gleichgewicht in Ihrem Denkprozess und mildern die bestehende Negativität.

Negative Gedanken, die der Depression die Macht über Ihr Leben verleihen:
Finden Sie einen Mittelweg. Ihr Denkprozess muss nicht schwarz-weiß sein. Nicht jede Antwort muss korrekt sein, und es gibt Raum für Fehler in jeder Entscheidung, die Sie treffen. Erkennen Sie dies an und akzeptieren Sie es.

Ein einzelnes negatives Ergebnis ist keine Herausforderung für die Person, die Sie wirklich sind. Lassen Sie nicht zu, dass ein einzelner schlechter Gedanke oder eine fehlerhafte Handlung in Ihrem Leben Sie definiert. Es ist kein Anzeichen dafür, dass alles andere scheitern wird. Vor allem macht es Sie nicht zu einem Versager.

Verwandeln Sie Ihre Denkweise von negativ in positiv. Depression wird Sie dazu bringen, all die positiven Dinge zu übersehen, die in Ihrem Leben geschehen. Denken Sie an all die wunderbaren und positiven Dinge, die Ihnen widerfahren. Diese werden bei weitem überwiegen.

Hören Sie auf, Schlüsse ohne Beweise oder Fakten zu ziehen. Sie verschlechtern Ihr Leben, indem Sie immer davon ausgehen, dass Sie das Ergebnis der Dinge vorhersagen können. Der Punkt ist, dass Sie irgendwo anfangen müssen. Es spielt keine Rolle, wie lange es dauert, solange Sie beginnen.

Emotionale Unsinnigkeiten

Ihre Gefühle von Niederlage oder Versagen sind unsinnig. Sie verbringen Tag für Tag damit, sich selbst zu wiederholen, dass Sie ein Versager sind oder in nichts gut sind. Sie sind die einzige

Person, die sich so fühlt, und ohne Grund; es sind nur Ihre deprimierten Emotionen, die Ihnen das einreden.

Das "Ich-kann-nicht"-Syndrom. Hören Sie auf, sich zu sagen, dass Sie etwas nicht tun können, das Sie noch nie versucht haben. Die Kategorie der Dinge, die Sie tun möchten, ist die Ausgangsliste der Dinge, die getan werden können, wenn Sie proaktiv sind.

Brechen Sie aus den Mustern aus. Sie können nicht aufgrund vergangener Fehler isoliert oder in einer Box stecken bleiben. Hören Sie auf, sich selbst als Versager oder Unfähigen zu definieren. Sie sind keins von beidem.

Geben Sie Ihren negativen Überlegungen den dritten Grad Nachdem Sie die negativen Denkmuster identifiziert haben, die in Ihrem Kopf existieren, ist es an der Zeit, sie zu hinterfragen. Fragen Sie sich:
- Welche Fakten oder Beweise geben diesen Gedanken Substanz?
- Was würde ich einem geliebten Menschen oder einem Freund raten, der so denkt?
- Kann ich die Sache aus einer anderen Perspektive betrachten, oder gibt es einen anderen Grund, warum sie passiert ist?
- Wie würde ich diese Situation sehen, wenn die Depression nicht beteiligt wäre?

Kapitel5: Körperliche Aktivität

Nun, da Sie die Motivation gefunden haben, Ihre Trainingsroutine zu beginnen, kommt der schwierige Teil: Wie beginnt man mit dem Training?
Wenn Sie geistig gesund und fitnessbegeistert sind, denken Sie wahrscheinlich kaum über Ihre Handlungen im Fitnessstudio nach. Stattdessen sind es einfach Bewegungen, die Sie ausführen, da Ihr Gehirn nicht mehr darüber nachdenkt, was Sie tun, aufgrund konditionierter Reflexe.
Sobald Sie Ihre Sporttasche abstellen, kommen Sie erst wieder zu sich, wenn Sie am Ende der Übungen unter der Dusche stehen. Doch Depression oder Angst verleihen Ihren Handlungen eine andere Perspektive. Wenn Ihr Geist ständig in einem Zustand der Sorge über Sie, die Welt und wie Sie sich in ihr zurechtfinden, stecken, analysieren Sie jede Handlung. Selbst wenn Sie ein Fitnessfan sind und Depression oder Angst entwickeln, wird der Ablauf unterbrochen. Plötzlich verlieren Sie die Lust, ins Fitnessstudio zu gehen. Selbstzweifel treten viel stärker auf als üblich.

Wenn Sie kein Fitnessfan sind, werden Sie wahrscheinlich kaum mehr tun wollen, als im Bett zu liegen. Aber wenn Sie die erste Hürde überwunden und den Anstoß für den nächsten Schritt gefunden haben, ist der Anfang ein mühsamer Prozess. Alles, was Sie vor sich sehen, wird zu etwas Gigantischem und Unscheinbarem auf eine uninteressante Weise. Plötzlich wollen Sie zurück ins Bett. Aber ist das wirklich der richtige Schritt? Nein, schauen wir, wie wir anfangen können.

Kleine Schritte unternehmen

Eine der schlimmsten Dinge an Depression und Angst ist, dass sie oft alltägliche Aufgaben als unüberwindbare Giganten erscheinen lassen, die Sie erdrücken werden, wenn Sie es wagen, auch nur einen Finger zu bewegen. Der beste Weg, mit diesem Problem umzugehen, besteht darin, die Aufgabe in kleine Teile aufzuteilen oder, noch besser, mit kleinen Schritten zu beginnen.

Wenn Sie vorhaben, sich im Fitnessstudio anzumelden, könnten Sie anfangen, einige grundlegende Übungen zu Hause zu machen, anstatt sofort mit dem Training zu beginnen. Wenn Sie vorhaben zu spazieren und es Ihnen schwerfällt, das Haus zu verlassen, beginnen Sie damit, im Haus herumzugehen.

Ein Bild vom Endergebnis haben

Schaffen Sie sich eine Vorstellung davon, wie Sie am Ende Ihres Trainings aussehen möchten. Wenn Sie das Endergebnis vor Augen haben, können Sie Selbstzweifel und Ängste aufgrund der Unsicherheit abbauen. Auf diese Weise können Sie auch Ihre Motivation aufrechterhalten. Wenn Sie die Vorstellung vom Endergebnis haben, können Sie sich immer daran erinnern, wenn die Depression oder Angst zu schwer wird.

Schreiben Sie Ihre Routine auf

Wenn Sie diesen Schritt unternehmen, sollten Sie beachten, dass eine zu ehrgeizige Routine den gegenteiligen Effekt erzielen kann. Wenn Sie morgens aufwachen, sehen Sie sich an, was Sie aufgeschrieben haben, und überlegen Sie, was Sie im Laufe des Tages leicht erledigen können. Dies wird Ihnen helfen, die notwendige Motivation zu finden, um auf kohärente Weise Dinge zu erledigen, wenn es um die körperliche Betätigung geht.

Ein Trigger erstellen

Ein Trigger ist etwas, das Sie dazu antreibt, zu handeln. Wenn Sie depressiv oder ängstlich sind, benötigen Sie oft mehr als nur Motivation. Sie müssen etwas schaffen, das Sie daran erinnert, was Sie tun müssen – in diesem Fall mit dem Training zu beginnen.

Es könnte so einfach sein wie das Ablegen Ihrer Sportausrüstung neben Ihrem Bett, sodass sie das Erste ist, was Sie morgens sehen. Wenn Sie abends trainieren, könnten Sie sie in die Nähe Ihrer Haustür legen, an einem Ort, an dem Sie sie leicht sehen, wenn Sie nach Hause kommen. Sie könnten auch eine Erinnerung in Ihr Telefon eintragen, die Ihnen Hinweise gibt, um mit dem Training zu beginnen.

Wenn Sie sich mit Freunden zum Training verabreden, können Sie vereinbaren, sich am Tag vor dem Training und erneut am Trainingstag selbst anzurufen, um sich während des Trainings zu treffen.

Haben Sie keine Angst, sich selbst zu loben

Wenn Sie es schaffen, aus dem Bett zu steigen und Ihre Routine zu beginnen, ist das ein Grund zum Feiern.

Wenn Sie von Depression oder Angst überwältigt sind, oder von einer starken Kombination beider, was nicht ungewöhnlich ist, ist es ein großer Kraftakt, aus dem Bett zu kommen, der mit Bedacht angegangen werden sollte.

Wenn Sie versuchen, Depression oder Angst positiv zu bewältigen, ist einer der wichtigsten Ratschläge, den Sie oft erhalten, dass jede Handlung, die Sie unternehmen, um sich besser zu fühlen, ein Schritt in die richtige Richtung ist. Daher sollten Sie sich über die kleinsten Anstrengungen mit den größten Absichten freuen.

Wenn Sie sich in die Lage versetzen, sich bewusst einer Gruppenübung anzuschließen, ist das ein großer Fortschritt. Wenn Sie in Erwägung ziehen, sich im Fitnessstudio anzumelden oder Übungen zu machen, selbst wenn Sie keine Lust dazu haben, dann ist das mutig. Sie bewegen sich gegen den Willen Ihrer Depression oder Angst, und das ist etwas, auf das Sie stolz sein sollten.

Für jeden Schub gegen Depression oder Angst sollten Sie sich selbst Anerkennung geben. Die Bewältigung von psychischer Gesundheit ist eine der schwierigsten Aufgaben, die es gibt. Wenn Sie es schaffen, den Tag zu bewältigen, wenn Sie in der richtigen Einstellung sind, um körperliche Übungen zu machen - etwas, mit dem selbst Menschen mit guter geistiger Gesundheit zu kämpfen haben -, _dann gratulieren Sie sich._

Denken Sie jedoch daran, dass Sie, sobald Sie in den Rhythmus des Handelns gekommen sind, in der Lage sein sollten, dies auch dann zu tun, wenn es Ihnen schlecht geht. Bevor Sie perfekte Handlungen ausführen, sollten Sie daran denken, wie Sie weitermachen können. Der erste Schritt ist wichtig. Machen Sie ihn jedes Mal wertvoll, und Sie werden Fortschritte bemerken.

Gönnen Sie sich eine Pause

Nehmen Sie sich eine Auszeit, wann immer Sie möchten. Es ist wahrscheinlich, dass, wenn Sie aus einer Phase der Depression oder Angst kommen, Ihre Energie oft begrenzt ist. Wenn Sie mit dem

Training beginnen und sich kurz darauf müde fühlen, zögern Sie nicht, einen Gang herunterzuschalten und sich zu erholen. Es lohnt sich und wird dazu beitragen, Ihre Motivation zu steigern.
Häufige Pausen in Ihrem Trainingsprogramm können Ihnen auch helfen, sich in Ihren Gedanken zu verlieren, wenn das Training Ihnen nicht den gewünschten Schub gibt.
Die oben genannten Schritte sind einfach, aber wirksam, um Ihnen die Möglichkeit zu geben, Depression besser zu verstehen und zu bewältigen. Es ist wichtig, dass Sie in der Lage sind, das oben Genannte je nach Ihrer eigenen Resonanz umzusetzen. Wenn Sie zu viel Druck auf sich ausüben, um alle Schritte zu bewältigen, könnten die Ergebnisse kontraproduktiv sein.
Die Bewältigung von Depression erfordert ein feines Gleichgewicht, auch wenn Sie es mit Willenskraft schaffen. Aus diesem Grund ist es wichtig, es auf die richtige Weise zu tun.

Ökotherapie

Die Naturtherapie, auch bekannt als Ökotherapie, erfreut sich im Laufe der Jahre wachsender Beliebtheit. Nicht nur Naturliebhaber haben diese Techniken zur Verbesserung ihrer geistigen Gesundheit angenommen, sondern auch namhafte Wissenschaftler haben sich mit den positiven Auswirkungen der Natur auf das menschliche Gehirn befasst. Menschen stammen aus der Natur, daher ist es logisch, dass sich ständig in geschlossenen Räumen aufhalten und sich wenig der Sonne aussetzen, negative Auswirkungen auf unser Gehirn haben kann. Und nach der Wissenschaft geht es nicht nur um Vitamin D.

Neben der Verbesserung der geistigen Gesundheit gibt es viele Möglichkeiten, wie die Natur Ihr Leben verbessern kann. Dazu gehören die Förderung der körperlichen Gesundheit, das Erlernen neuer Fähigkeiten im Zusammenhang mit Aktivitäten im Freien und die Verbindung zur Mutter Natur. Regelmäßige Outdoor-Aktivitäten können auch dazu motivieren, aktiv zu bleiben und Ihre Trainingsroutine einzuhalten, insbesondere wenn diese im Freien durchgeführt wird. Wenn Sie andere Menschen in Outdoor-Aktivitäten einbeziehen, kann dies auch zu einem aktiveren sozialen Leben führen, was sich ebenfalls positiv auf die Stimmung auswirken kann.

Die physischen Vorteile der Naturtherapie umfassen gesündere Vitamin-D-Levels, Gewichtsverlust und eine verbesserte Gehirnfunktion. Dies geht weit über die Auswirkungen der Natur und des Sonnenlichts auf die Stimmung hinaus. Viele Menschen, die Zeit im Freien verbringen, berichten von einer gesteigerten Denkfähigkeit.

Eine wissenschaftliche Studie des Stanford Woods Institute for the Environment ergab, dass anderthalb Stunden Spazierengehen in einer natürlichen Umgebung, umgeben von Natur und weit weg von städtischen Gebieten, zu einer Verringerung der Aktivität in einem bestimmten Teil des Gehirns führte, der mit Depression in Verbindung gebracht wurde. Könnte unsere stark urbanisierte

Lebensweise mit steigenden Depressionen zusammenhängen? Viele glauben das.

Auf der ganzen Welt gibt es etablierte Programme und Ökotherapeuten, die Sie bei der Nutzung der Kraft der Mutter Natur zur Verbesserung Ihrer geistigen Gesundheit unterstützen können. Dieses Buch wurde jedoch für diejenigen geschrieben, die alleine oder mit einer Gruppe von nahestehenden Menschen beginnen möchten, um ihre Depression zu überwinden.

Die Naturtherapie umfasst eine breite Palette von Therapieoptionen, die die Natur zur Linderung von Depressionssymptomen nutzen. Zu diesen Optionen gehören Outdoor-Abenteuer, Gärtnern, Outdoor-Übungen, handwerkliche Projekte im Freien, Naturausflüge und vieles mehr. Im Laufe dieses Buches werden wir diese und andere Möglichkeiten untersuchen, wie Sie die Natur zur Bekämpfung von Depressionen nutzen können.

Am Ende dieses Buches finden Sie eine Liste von Ressourcen, die Menschen mit Depressionen helfen können.

Kapitel 6: Einstieg in die Meditation mit Mantras

Ein Begriff, den Sie im Zusammenhang mit der KBT gehört haben könnten, ist "Achtsamkeit" oder "Mindfulness". Worum handelt es sich dabei? Entwickelt für Menschen, die unter häufigen, wiederkehrenden und oft schweren Depressionen leiden, kombiniert Achtsamkeit die Techniken der KBT mit Atemübungen, Meditation, Visualisierung und ähnlichen Techniken, die dazu beitragen können, Stress abzubauen und zu produktiverem Denken zurückzukehren.

Grundprinzipien

Achtsamkeit erfordert, dass Sie aufhören, über die Vergangenheit nachzudenken und sich Sorgen über die Zukunft zu machen. Wenn Sie sich ängstlich fühlen, wissen Sie, dass es schwer ist, dies zu verhindern. Bei der Achtsamkeit geht es darum, Ihnen zu helfen, die gegenwärtige Angst zu reduzieren, indem Sie im gegenwärtigen Moment verankert werden.

Die Techniken der Achtsamkeit sind Methoden, um Ihre Gedanken von der Rückschau auf vergangene Ereignisse abzuwenden, die Sie nicht mehr kontrollieren können. Jedes Mal, wenn Sie an etwas Peinliches denken, das passiert ist, oder vielleicht an ein Ereignis, das Sie befürchten, könnte heimlich zurückkehren, kann dies verhindern, dass Sie den Moment genießen.

Ebenso, wenn Sie ständig besorgt über die Zukunft sind, beginnen Sie, den gegenwärtigen Moment zu verpassen, und manchmal werden andere bemerken, dass Sie nicht ganz da sind. Das Denken an die Zukunft bedeutet nicht immer negative Gedanken. Sie könnten von einem scheinbar unerreichbaren Leben träumen, mit luxuriösen Häusern, Geld und einer größeren Anzahl von Freunden und Familienmitgliedern, die Trost spenden. Obwohl diese Gedanken nicht notwendigerweise Angst verursachen, können sie zu Depression führen, wenn Sie gegenwärtige Probleme vermeiden, indem Sie in einer Zukunft fantasieren, die möglicherweise nie eintreffen wird.

Achtsamkeit beinhaltet jede Aktivität, die Sie von diesen Momenten entfernt und Sie in die Gegenwart zurückbringt. Diese Art von Fantasien und Grübeln sind Formen der Dissoziation.

Dissoziation kann lähmend sein. Sie können so blockiert sein, dass Sie sich nicht bewegen können. Zu anderen Zeiten kann es Ihr Gedächtnis beeinflussen.

Wie Achtsamkeit mit der KVT verbunden ist

Da die KVT darin besteht, Ihr Gehirn umzuprogrammieren, wird Ihnen Achtsamkeit helfen, unrealistische Fantasien zu stoppen, bevor sie beginnen. Anstatt sich einem Gedanken hinzugeben, wird Ihnen eine Achtsamkeitstechnik helfen, zur Gegenwart zurückzukehren.

Manchmal fangen wir an, uns zu dissoziieren, weil wir ein bestimmtes Problem nicht angehen wollen. Wenn etwas oder jemand Sie auslöst, könnten Sie sich mental von der Situation entfernen und an etwas anderes denken. Dies kann vorübergehend helfen, aber Sie können immer noch nicht die zugrunde liegenden Probleme bewältigen. Sie sollten wissen, wie Sie die Achtsamkeitstechniken der KBT verwenden, um sich besser auf diese Dissoziationsversuche vorzubereiten.

Wie Achtsamkeit helfen kann

Haben Sie jemals an einem Unterricht teilgenommen und gedacht: "Ich muss aufpassen, ich muss mich konzentrieren"? Dann, eine Stunde später, ist die Stunde vorbei, und Sie erkennen, dass Sie überlegt haben, was Sie am Wochenende tun würden, oder vielleicht haben Sie sich vorgestellt, wie Sie in ein tropisches Gebiet reisen. Anstatt dem Unterricht Aufmerksamkeit zu schenken, war

Ihr Geist in einem anderen Zustand, weshalb das Lernen schwieriger ist, als es gewesen wäre, wenn Sie aufgepasst hätten.

Achtsamkeit wird Ihnen helfen, zurück in die Klasse zu kommen. Manchmal wissen wir, was nötig ist, um aufmerksam zu sein, aber wir erkennen nicht immer, wenn wir anfangen, Tagträumen nachzugehen. Wir erkennen nicht immer, dass wir uns dissoziieren, es sei denn, im Nachhinein, wenn wir uns fragen, wo wir waren oder was in den letzten Minuten passiert ist. Wenn wir zu oft dissoziieren, treten negative Nebenwirkungen wie Angst, Verwirrung und Gedächtnisverlust auf.

Achtsamkeit

Achtsamkeit ist ähnlich wie Meditation, muss aber nicht auf die gleiche Weise praktiziert werden. Sie können achtsam sein, während Sie an der Kasse auf der Arbeit sind. Achtsamkeit kann während eines Gesprächs mit einem Freund praktiziert werden. Sie können Achtsamkeit auch praktizieren, wenn Sie alleine auf der Couch zu Hause sitzen. Es gibt viele Möglichkeiten, Achtsamkeit zu praktizieren, und es gibt keine festen Regeln, wann und wo Sie es tun sollten. Es hängt alles von Ihnen und der Situation ab, in der Sie versuchen, achtsam zu sein.

Es gibt verschiedene Methoden, achtsam zu sein, aber je mehr Sie üben, desto besser werden Sie in Ihrer eigenen Methode. Nicht jeder wird feststellen, dass jede dieser Methoden für sie funktioniert, daher sollten Sie sicherstellen, dass Sie diejenige auswählen, die am besten zu Ihnen passt. Diese Methoden können angewendet werden, wenn Sie auf der Couch sitzen und sich über etwas, das außerhalb Ihrer Kontrolle liegt, Sorgen machen. Oder wenn Sie versuchen einzuschlafen und depressive Gedanken nicht aufhören, achten Sie auf Ihre Gedanken.

Außerdem, wenn Sie auf einer Party sind und sich über Ihr Aussehen oder das, was Sie anderen erzählen, Sorgen machen, seien Sie achtsam. Wenn Sie etwas sehen, das Sie auslöst, aber die Situation nicht verlassen können, seien Sie achtsam. Im Grunde genommen, immer wenn Sie das Gefühl haben, mehr zu benötigen als das, was Ihnen zur Verfügung steht, ist es eine gute Idee, Achtsamkeit zu praktizieren. Es kann beängstigend und überwältigend erscheinen, aber es liegt an Ihnen, Ihr Bestes zu geben, um in der Realität verankert zu bleiben und nicht in Ihre aufdringlichen, verzerrten und ungesunden Gedanken abzudriften.

Während dieser Übungen sollten Sie sich daran erinnern, dass, wenn Ihr Geist wieder zu ängstlichen Gedanken zurückkehrt, Sie sich nicht bestrafen sollten. Geben Sie Ihr Bestes, um Ihren Geist weiterhin auf die Gegenwart umzuleiten. Am Anfang wird das schwierig sein.

Aber je mehr Sie diese Methoden üben, desto einfacher wird es, mit der Gegenwart verbunden zu bleiben und nicht in die Zukunft abzuschweifen oder in der Vergangenheit steckenzubleiben. Sie werden ein besseres Verständnis dafür entwickeln, wie Sie sich auf das "Jetzt" konzentrieren können, anstatt sich von Ängsten verursachte Gedanken zu machen.

Gruppenachtsamkeit ist ebenfalls wichtig. Wenn Sie in einem Arbeitsumfeld mit vielen Menschen arbeiten, wissen Sie, dass Sie manchmal deren Stress spüren und dadurch gestresst werden. Wenn Achtsamkeit in der Gruppe praktiziert wird, wird sie die allgemeine Gesundheit aller fördern.

Spiele sind eine großartige Möglichkeit, achtsam zu sein. Suchen Sie nach kostenlosen Handyspielen, die Ihnen helfen, Stress abzubauen. Jedes Mal, wenn Sie sich ängstlich fühlen, können Sie spielen, anstatt mit Ihren ängstlichen Gedanken dazusitzen. In einer Gruppen- oder Einzelsituation sind auch Rätsel großartig. Sie könnten sogar darüber nachdenken, eines auf den Tisch bei einer Party zu legen, um die Leute abzulenken, wenn sie nicht besonders aktiv sind.

Suchen Sie nach Wegen, Spiele in Ihren Alltag zu integrieren. Statt nach dem Abendessen auf dem Sofa zu sitzen und fernzusehen, spielen Sie ein Spiel mit Ihrer Familie, um alle von depressiven Gedanken abzulenken. Oder versuchen Sie, Kreuzworträtsel, Sudoku und Kreuzworträtsel zu machen, um Ihre Hände zu beschäftigen. Auch Malbücher für Erwachsene sind großartig.

Entspannter Detektiv

Das Folgende ist eine gute Übung, um sich zu zentrieren und einen ruhigen Geisteszustand zu erreichen. Stellen Sie sich sich selbst wie einen Detektiv vor, der nach Hinweisen sucht. Nehmen Sie die Details Ihrer Umgebung auf. Beachten Sie die Farbmuster des Bereichs: das Gras und den Himmel oder die Kunstwerke und Bilder, wenn Sie drinnen sind. Beachten Sie die Menschen um Sie herum. Sind sie groß? Klein? Beachten Sie die Farben und Stile ihrer Haare. Die Beobachtung aller Details um Sie herum mit der Mentalität eines Detektivs kann Ihnen helfen, sich besser zu konzentrieren.

Mantra-Zitate

Merken Sie sich einige Ihrer Lieblingszitate, die Sie in Ihrem Kopf wiederholen können, wenn Sie gestresst sind und einen produktiveren und ausgewogeneren Geisteszustand erreichen müssen. Das Tao I-Ching enthält einige gute, wie zum Beispiel: "Sechzehn Strahlen treffen sich in der Radnabe, aber nicht diese Strahlen machen das Rad nützlich. Es ist vielmehr die Leere in der Mitte. Ein Töpfer kann eine schöne Vase formen, aber die Vase selbst ist nicht wichtig, sondern die Leere in ihrem Inneren, die Sie füllen werden."

Zitate wie dieses können Ihnen helfen, sich zu konzentrieren und zentriert zu bleiben.

Die Pause des Politikers

Ein weiteres Rollenspiel besteht darin, sich vorzustellen, ein Politiker zu sein. Nehmen Sie Ihren Stress und geben Sie ihm in Ihrem Kopf eine positive Wendung, als würden Sie Ihren Wählern Bericht erstatten, anstatt sich damit herumzuschlagen. Ein wenig

Übung kann diese Technik sehr nützlich machen: Sie können lernen, Probleme allgemein und abstrakt zu sich selbst zu formulieren, was Ihnen hilft, sich auf positive Aspekte zu konzentrieren.

Gefaktes Gähnen

Ist es Ihnen schon einmal passiert, dass jemand in Ihrer Nähe gegähnt hat und Sie dann plötzlich auch gegähnt haben? Das ist uns allen passiert und es kann überraschend hilfreich für einen schnellen und soliden Zustand der Achtsamkeit sein. Gähnen Sie langsam und absichtlich, und Sie können dieses Verhalten in sich selbst auslösen. Auf diese Weise erhalten Sie einen sofortigen Schub meditativen und entspannten Zustands, und manchmal ist genau das alles, was Sie brauchen, um sich wieder zu konzentrieren.

Körperscan

Diese Technik wird oft assistiert, kann aber auch alleine durchgeführt werden. Legen Sie sich auf den Rücken und legen Sie Ihre Hände entlang Ihrer Hüften. Der Scan beginnt damit, sich auf Ihren Atem zu konzentrieren. Beachten Sie das Atemmuster, bevor Sie sich auf die Empfindungen in Ihren Füßen, dann in Ihren Beinen und schließlich in Ihrem gesamten Körper konzentrieren.

Beachten Sie das Gefühl, Ihre Zehen zu bewegen und das Gefühl der Matte unter Ihnen. Notieren Sie eventuelle Schmerzen oder Beschwerden, während Sie langsam Ihren Körper scannen. Schließlich, nachdem Sie Ihren Körper auf diese Weise gescannt haben und bis zum Kopf gelangt sind, beachten Sie das Gefühl Ihrer Kopfhaut auf dem Kissen. Öffnen Sie dann die Augen und Sie werden feststellen, dass Sie achtsam und ausgeruht sind.

Achtsames Zuhören

Diese Übung wird normalerweise in der Gruppe durchgeführt, kann aber bei Paaren, die sich nahestehen und offen zueinander sind (oder dies anstreben), ein äußerst nützliches Werkzeug sein, um einen meditativen Zustand des Verständnisses und der Achtsamkeit sowohl sich selbst als auch dem anderen gegenüber zu erreichen. Sie beginnen, indem Sie sich nah beieinander hinsetzen. Jede Person spricht ohne Unterbrechung über etwas, das sie belastet, und etwas, auf das sie sich freut. Wenn die erste Person fertig ist, spricht die andere Person über ihren individuellen Stress und worauf sie sich freut.

Die Person, die gerade spricht, sollte sich auf ihre Gefühle in Bezug auf das Sprechen und das Gesagte konzentrieren - wie ihre Gedanken wandern oder wie sich ihr Körper anfühlt. Sie sollte auch auf die Körpersprache der anderen Person während des Gesprächs achten. Die zuhörende Person sollte sich darauf konzentrieren, wie sie sich beim Zuhören fühlt, und auf die Körpersprache der sprechenden Person. Auf diese Weise können Sie die persönliche Körpersprache verstehen, was ziemlich nützlich für die gesamte Übung ist, aber es gibt noch viel mehr aus dieser Praxis zu gewinnen.

Am Ende der Übung beschreibt jede Person, wie sie sich beim Sprechen und Zuhören gefühlt hat. Einige Überlegungen könnten sein: Wie habe ich mich gefühlt, während ich gesprochen habe? Beim Zuhören? Ist mein Geist abgeschweift? Habe ich mich beurteilt gefühlt oder habe ich Urteile ausgedrückt?

Für Paare könnte ein guter Abschluss darin bestehen, das, was die andere Person gesagt hat, mit den eigenen Worten zu wiederholen. Es sollten keine Werturteile abgegeben werden, aber positive Aussagen sind in Ordnung. Beispiele für abschließende Kommentare sind: "Ja, das ist nah dran/genau das, was ich kommunizieren wollte" oder "Ich glaube nicht, dass es alles ist, aber wir werden weiter daran arbeiten, um uns beide gehört zu fühlen."

Erwarten Sie keine sofortigen Ergebnisse, aber mit dieser Technik können Sie Nähe und Achtsamkeit in Ihrer Beziehung fördern. Wie bei allem, was wertvoll ist, erfordert es ein wenig Arbeit, aber die Ergebnisse werden Ihnen gefallen.

Rosine

Weniger mit spezifischen Gefühlen verbunden, ist die "Rosine" eine weitere beliebte Achtsamkeitstechnik, die mit dem Geschmack verbunden ist und Ihnen helfen kann, den Geist aus emotionalen Turbulenzen oder den Gefahren von Angst herauszuholen. Diese Technik beinhaltet das Nehmen einer Rosine und so zu tun, als ob es das erste Mal ist, dass Sie eine essen. Beachten Sie, wie sie sich in Ihrer Hand anfühlt und ihre Konsistenz, wenn Sie sie zwischen den Fingern zusammendrücken. Wie riecht sie? Lecken Sie sie. Wie schmeckt sie, bevor Sie hineinbeißen? Danach? Die einfache Handlung des Verlangsamens und des Betrachtens aller Phasen des Genießens dieser Frucht kann beruhigende Auswirkungen auf Ihre Gedanken haben, Sie für einen Moment ablenken und Sie in einen angemessenen Zustand der Achtsamkeit in Ihren Gedanken versetzen.

Die fünf Sinne

Die "fünf Sinne" sind eine weitere großartige Technik, die nichts weiter erfordert als Ihren eigenen Körper. In diesem Fall müssen Sie nicht aufstehen und Gegenstände greifen, sondern sie nur im Kopf identifizieren. Diese Methode hilft Ihnen, alle fünf Ihrer Sinne kennenzulernen, nämlich das Sehen, Hören, Fühlen, Riechen und Schmecken. Zudem reduziert das Herunterzählen von fünf die Wahrscheinlichkeit, dass Sie von aufdringlicheren Gedanken unterbrochen werden.

Beginnen Sie damit, fünf Dinge zu identifizieren, die Sie sehen können. Dies können fünf beliebige Dinge sein, die Sie einfach mit Ihrem Gehirn und Ihren Augen erfassen müssen. Vielleicht handelt es sich um das Sofa vor Ihnen oder um den Tisch, auf dem all Ihre Sachen liegen.

Dann finden Sie vier Dinge, die Sie berühren können. Es könnte Ihr Bein sein, oder vielleicht die weiche Decke, die Sie umgibt.

Wählen Sie als Nächstes drei Dinge aus, die Sie hören können. Vielleicht der Wind, der gegen die Fenster schlägt, oder vielleicht ein bellender Hund draußen.

Jetzt finden Sie zwei Dinge, die Sie riechen können. Sie können Gerüche möglicherweise nicht leicht erkennen, wie zum Beispiel den Duft einer Kerze oder eines Parfüms, aber vielleicht hat das Sofa, auf dem Sie sitzen, einen bestimmten Geruch oder Sie leben über einem Café.

Schließlich wählen Sie eine Sache aus, die Sie schmecken können. Sie sollten dieses Objekt nicht wirklich kosten, aber es gibt etwas in dem Raum, in dem Sie sich befinden, das einen Geschmack hat, also, was könnte es sein? Wiederholen Sie diesen Vorgang, so oft Sie möchten, um im gegenwärtigen Moment verankert zu bleiben.

Kapitel 7 Umgang mit Schuldgefühlen

Verantwortung übernehmen, aber nicht sich selbst beschuldigen

Es gibt einen großen Unterschied zwischen Verantwortung übernehmen und sich selbst beschuldigen. Der Unterschied besteht darin, dass sich selbst zu beschuldigen zusätzliche Probleme und Belastungen schafft. Ihr Geist wird schwer und geplagt, wenn Sie das Schuldspiel beginnen. Sie werden zum Opfer und zum Schuldigen werden. Dies ist eine zu große Belastung für Ihre Gesundheit und kann dazu führen, dass Sie noch mehr zusammenbrechen. Sich selbst zu beschuldigen bedeutet, Schuldgefühle über sich selbst zu gießen und Ihrem Geist mehr Arbeit zu geben. Dies wird Ihnen nicht in Ihrer aktuellen Situation helfen. Opfer zu sein, ohne sich schuldig zu fühlen, ist jedoch eine bessere Wahl. Sie können akzeptieren, Opfer zu sein, aber nicht schuldig. Das Schuldige-Sein könnte Sie glauben lassen, dass Sie Ihr Schicksal ertragen müssen und dass es nichts gibt, was Sie oder jemand anderes dagegen tun können. Aber das stimmt nicht. Es ist nur Ihr Geist, der seine Rolle in der von Ihnen gewählten Situation spielt.

Andererseits wird die Übernahme der Rolle des Opfers und die Verantwortung für Ihre Gesundheit und das, was geschehen ist, Ihnen die Stärke geben, einen Ausweg zu finden. Wenn Sie sich dafür entscheiden, Verantwortung zu übernehmen, werden Sie Pläne erstellen, die Ihren Heilungsprozess leiten. Selbst Depression und Angststörungen werden durch Schuldgefühle genährt, aber wenn Sie Verantwortung übernehmen, ohne sich selbst zu beschuldigen, geben Sie Ihrem Geist die Stärke und den Mut, allem zu begegnen, was auf Sie zukommt. Suchen Sie bewusst und aktiv nach Lösungen für alles, was passiert ist, und schließlich werden Sie sich besser fühlen.

Sich keine Sorgen über Dinge machen, die Sie nicht kontrollieren können

Sich Sorgen zu machen, löst nie etwas, sondern verschlimmert nur die Situation und lässt Sie noch mehr leiden. Sie müssen verstehen, wann die Dinge außerhalb Ihrer Kontrolle geraten und aufhören, sich Sorgen darüber zu machen, genauso wie Sie die Verantwortung für die Dinge übernehmen müssen, die um Sie herum geschehen. Einige Dinge liegen außerhalb Ihrer Möglichkeiten, also machen Sie sich keine Sorgen. Sich Sorgen zu machen wird Ihnen nur mehr Schmerzen zufügen, was Sie in Ihrem Leben nicht brauchen. Sorgen können Sie auch zu weiteren Fehlern führen, da Sie unfähig werden, vernünftige Entscheidungen zu treffen, und das kann Ihnen noch mehr schaden. Sie können sich nicht um alles kümmern, genauso wenig wie Sie alles lösen können. Sie müssen also aufhören, sich über Dinge Gedanken zu machen, bei denen Sie wissen, dass Sie nichts dagegen tun können. Sich über diese Dinge Sorgen zu machen, wird Sie fühlen lassen, als ob es Ihre Schuld wäre, selbst wenn Sie keine Ahnung haben, was schief gelaufen ist. Eine Verantwortung zu übernehmen, um die Dinge in Ordnung zu bringen, ist positiv, aber sich Sorgen über Dinge zu machen, die außerhalb unserer Zuständigkeit liegen, ist nie der beste Weg, mit ihnen umzugehen. Wenn die Dinge schief gehen, ist es in Ordnung, besorgt zu sein, aber nicht zu sehr. Bevor Sie sich Sorgen machen, sollten Sie das Problem, wenn es existiert, identifizieren und es notieren. Als nächstes sollten Sie die Natur des Problems feststellen. Sobald die Natur des Problems ermittelt wurde, geht es darum zu prüfen, ob etwas getan werden kann, um zu helfen. Wenn Sie feststellen, dass es nichts gibt, was Sie tun können, dann lassen Sie es los. Aber wenn Sie herausfinden, dass nichts getan werden kann, versuchen Sie, sich keine Sorgen zu machen.

Vergeben Sie sich selbst

Wenn etwas schief gelaufen ist oder jemand Sie verletzt hat, ist es nicht an der Zeit, sich in Tränen zu begraben und sich mit Schuldgefühlen zu bestrafen. Möglicherweise haben Sie einen Fehler gemacht und es ist alles Ihre Schuld, das ist in Ordnung. Jeder hat irgendwann Fehler gemacht, die etwas gekostet haben; Sie sind nicht allein. Fehler zu machen ist eine der Dinge, die uns menschlich macht, und es ist auch eine der Dinge, die uns wachsen lassen. Wenn Sie noch nie einen Fehler im Leben gemacht haben, bedeutet das, dass Sie noch nicht angefangen haben zu leben. Es ist unmöglich, durchs Leben zu gehen, ohne zu einer Zeit oder einer anderen eine falsche Entscheidung zu treffen. Der Umgang mit solchen Situationen besteht darin, sich selbst zu vergeben und weiterzumachen. Wenn Sie einen Fehler gemacht haben und es nicht richtig gemacht haben, lernen Sie, sich zu verzeihen und die Schuld loszulassen, die sich in Ihrem Kopf breitmacht. Verschließen Sie sich nicht im Gefängnis Ihres Unterbewusstseins und erwarten Sie nicht, dass etwas Gutes passiert. Sich selbst zu vergeben, wird Ihnen viel mehr inneren Frieden bringen und verhindern, dass weitere Gesundheitsprobleme auftreten oder depressive oder ängstliche Episoden ausgelöst werden.

Wenn andere schuldig sind oder Ihnen Unrecht getan haben, müssen Sie trotzdem lernen, ihnen zu vergeben. Das Nicht-Vergeben wird Sie bitter und traurig machen. Wenn Ihnen jemand wehtut und Sie sich weigern, ihm zu vergeben, geben Sie ihm die Macht, Sie immer wieder zu verletzen, jedes Mal, wenn Sie ihn sehen oder sich an das Geschehene erinnern. Das Nicht-Vergeben von Menschen für das, was sie Ihnen angetan haben, ist eine einfache Möglichkeit, wütend zu bleiben. Sie umgeben sich mit negativen Energien, die letztendlich dazu führen, dass es Ihnen schlecht geht und als perfekter Auslöser für eine weitere depressive oder ängstliche Episode dienen. Anstatt an Menschen festzuhalten und sich im Gefängnis Ihres Unterbewusstseins einzusperren, vergeben Sie ihnen und machen Sie in Ihrem Leben weiter.

Wenn Sie vergeben, werden Sie eine gewisse Wärme verspüren. Wenn Sie Schuldgefühle haben, die Sie nicht erklären können, sollten Sie eine kleine Reise in Ihrem Geist unternehmen. Machen Sie eine Rückschau und Selbstreflexion über Ihr Leben seitdem Sie sich erinnern können. Diese Tour ist wie eine Reise durch die Zeit; Sie können es Ihre Zeitreise nennen. Der Kern dieser Reise besteht darin, die Stellen zu finden, an denen Sie Fehler gemacht und diese nicht korrigiert haben. Unsere Vergangenheit hat eine Art, uns in der nahen Zukunft zu beeinflussen. Sie müssen sich mit Ihrer Vergangenheit versöhnen, denn Ihre Vergangenheit kann Ihre Gegenwart begrenzen und Ihnen eine gute Zukunft verweigern. Machen Sie Ihre Entdeckungen und schließen Sie Frieden. Eine Möglichkeit zur Versöhnung besteht darin, sich selbst für das begangene Unrecht zu vergeben und herauszufinden, ob es anhaltende Konsequenzen gibt. Wenn ja, dann müssen Sie einen Weg finden, diese zu stoppen, sonst werden Sie weiterhin von sich selbst verfolgt.

Im Allgemeinen hüllt Vergebung den Geist ein und verschafft dem Herzen Liebe, wodurch es warm wird und Ihnen inneren Frieden verschafft.

Man muss lernen, loszulassen

Der menschliche Verstand ist eine Bibliothek mit genügend Regalen für all die Erfahrungen, die Sie hineinlassen. Wenn Ihnen schlimme Dinge passieren, wenn Menschen Ihnen wehtun, hinterlassen sie eine Spur in Ihrem Verstand, die Sie gegen sie verwenden können. Leider sind Sie nicht die einzigen, die unter dem Einfluss Ihrer Gedanken leiden, die an diese Erinnerungen festhalten: Sie verletzen sich selbst. Wenn Sie an gesundheitlichen Problemen wie Depression und Angststörungen leiden, ist das Letzte, was Sie in Ihrem Kopf wollen, die Erinnerungen an Menschen, die Ihnen zu einem bestimmten Zeitpunkt Schaden zugefügt haben. Erinnerungen allein können Sie verfolgen und mehr verletzen als das eigentliche Ereignis. Deshalb müssen Sie lernen loszulassen. Sobald Sie vergeben haben, ist der nächste Schritt das Loslassen. Wenn solche Erinnerungen in Ihrem Kopf bleiben, besteht eine hohe Wahrscheinlichkeit, dass Sie mit

Schuldgefühlen kämpfen. Sie könnten sich schuldig fühlen, weil Sie sie leiden lassen oder wegen irgendeinem anderen Schmerz, den Sie erlitten haben. Fühlen Sie sich nicht schuldig, wenn Sie an Dingen festhalten, die Ihnen wehgetan haben. Die Menschen, die Ihnen wehgetan haben, könnten ihr Leben genießen und sich wohlfühlen, während Sie sich aufgrund dessen, was Ihre Schuld gewesen sein könnte, Chancen verweigern.

Ich werde hier nicht behaupten, dass es einfach ist, loszulassen; loslassen könnte das Schwierigste sein, was man tun kann, aber am Ende wird es sich lohnen. Der Prozess des Loslassens beginnt mit der Entscheidung, loszulassen. Sobald Sie sich entschieden haben, loszulassen und es wirklich meinen, wird Ihr Geist beginnen, daran zu arbeiten, und je mehr Sie es bewusst ignorieren, desto mehr werden Sie loslassen. Dies wird Ihnen helfen, jeglichen Griff, den es auf Sie hatte, zu lösen. Sie können nicht loslassen, wenn Sie sich nicht zuerst dafür entscheiden. Die Kraft der Wahl bleibt der Schlüssel zu diesem Prozess.

Umgang mit Feindseligkeit und Kritik

Wir leben in einer Welt, in der Menschen natürlicherweise das kritisieren, was sie nicht verstehen und schätzen. Wenn Sie immer auf Schulterklopfen warten, bereiten Sie sich darauf vor, Ihr ganzes Leben lang enttäuscht zu sein. Sie können jede Situation bewältigen, wenn Sie sich engagieren. Der Mensch wird immer Mensch sein, und Kritik und Feindseligkeit sind bereits Teil des Menschseins. Lassen Sie sich nicht entmutigen. Die folgenden Schritte können Ihnen helfen, mit Kritik und Feindseligkeit umzugehen.
Für eine gültige und konstruktive Kritik

Nicht alle Kritiken sind negativ, aber Menschen, die unter Depressionen und Angststörungen leiden, können jede Kritik als direkten Angriff auf ihre Gesundheit sehen. Wenn Kritik gültig ist und konstruktiv geäußert wird, ist es wichtig, zuzuhören, da sie langfristig hilfreich sein kann. Sie sollten sich einfach darauf konzentrieren, was die Person sagt, während Sie sich beruhigen. An diesem Punkt könnten Sie versucht sein, auf die Kritik zu reagieren, aber wenn Sie ruhig bleiben und darauf achten, was die Person sagt, anstatt wer sie ist, könnten Sie in der Lage sein, darüber hinwegzukommen. Wenn Sie sich von dem Gedanken ablenken lassen, dass die Person Sie kritisiert, besteht die Gefahr, dass die Gültigkeit der Kritik entgeht und Sie gegen die Person oder sogar gegen sich selbst ausflippen, wodurch Sie sich noch mehr verletzen.

Ungültige und destruktive Kritik

Wenn Sie kritisiert werden und wissen, dass die Kritik der Person ungültig ist und darauf abzielt, Sie anzugreifen, sollten Sie nicht explodieren. Die richtige Vorgehensweise in diesem Fall besteht darin, sich zu beruhigen, anstatt auf das zu achten, was die andere Person sagt. Je mehr Aufmerksamkeit Sie den destruktiven Kommentaren der Person schenken, desto schlechter und verletzter fühlen Sie sich. Denken Sie daran, es geht nicht um die Person, sondern um Sie. Deshalb dürfen Sie nicht zulassen, dass die negativen Kommentare dieser Person Sie verwirren. Bleiben Sie ruhig und ignorieren Sie die Kommentare.

Wenn Kritik unfair ist

Es gibt Momente, in denen die Kritik unfair ist, und Sie haben Recht. Das ist nicht der Zeitpunkt, um sich schlecht und besorgt zu fühlen. Klären und erklären Sie, aber verbringen Sie keine Zeit damit, sich zu entschuldigen. Wenn Sie sich behaupten und sich erklären, damit die Menschen die Dinge aus Ihrer Sicht sehen, werden Sie sich besser fühlen. Sie werden sich viel besser fühlen, als wenn Sie sich entschuldigen, auch wenn Sie im Recht sind und im Unrecht sind. Einige Kritik kann Sie fühlen lassen, als ob Sie nicht wissen, was Sie tun, aber Sie müssen lernen, Ihre Argumente geltend zu machen, anstatt dem Verlangen nachzugeben, sich klein zu machen.

Wenn Kritik dazu dient, Sie anzugreifen

Sie wissen, wenn jemand tyrannisch ist oder sich Ihnen gegenüber feindselig verhält. Wenn Sie sich mit solchen Menschen konfrontiert sehen, ist es das Beste, einfach alles zu ignorieren, was sie sagen, und zu versuchen, überhaupt nicht zu reagieren. Gehen Sie weg von ihnen und lassen Sie sie Sie als Feigling bezeichnen, wenn sie möchten. Sie schützen sich nur vor dem, was Ihnen weitere Schmerzen bereiten könnte.

Wenn Menschen nonverbale Signale verwenden, um Sie zu kritisieren oder Sie schlecht fühlen zu lassen, fragen Sie nach Klarstellungen, anstatt sich schlecht zu fühlen. Möglicherweise schämen sie sich, wenn sie versuchen, sich zu erklären, aber die meisten von ihnen haben nicht den Mut, Ihnen ins Gesicht zu treten oder zu sprechen und verstecken sich lieber hinter Gesten.

Versuchen Sie immer, sich in feindlichen Situationen zu bewegen. Überprüfen Sie, wie Sie auf die Handlungen der Menschen reagieren, und lassen Sie nicht zu, dass sie Ihre Gesundheit ausnutzen. Die Wahrheit ist, einige von ihnen sind in schlechteren Verfassungen als Sie und könnten dies hinter ihren beschämenden Handlungen verbergen.

Selbstwertgefühl aufbauen

Glauben Sie an sich selbst

Ein Glaubenssystem ist viel mehr als nur Ideen, die der Verstand akzeptiert; es ist eine Kraft, die die Gedanken, Handlungen und Reaktionen einer Person sowie letztendlich ihren Lebensstil formt. Stellen Sie sich vor, Sie haben ein Glaubenssystem, das darauf ausgerichtet ist, Ziele zu erreichen; Ich bin sicher, Sie werden nahezu unaufhaltsam sein. Der beste Weg, das Selbstwertgefühl aufzubauen, besteht darin, an sich selbst zu glauben. Selbstwertgefühl ist ein unverzichtbares Werkzeug, das Sie benötigen, um psychische Gesundheitszustände wie Depressionen und Angststörungen zu bewältigen. Diese psychischen Störungen haben die Fähigkeit, Sie sich minderwertig gegenüber den Menschen um Sie herum fühlen zu lassen. Manchmal fühlen Sie sich, als ob Sie nichts wert wären, und Ihr Selbstwertgefühl wird so stark gesenkt, dass Sie Ihr Leben beenden möchten. Aber indem Sie an sich selbst glauben, können Sie mutig jeder Bedrohung oder Herausforderung entgegentreten und mit einem Ergebnis herauskommen, das besser ist, als Sie es sich vorstellen können. Sie müssen verstehen, dass Sie die Fähigkeit haben, über die Grenzen Ihres Gesundheitszustands hinauszugehen. Der erste Schritt ist, an sich selbst und Ihre Fähigkeiten zu glauben. Lassen Sie viele Dinge los, die Sie daran gehindert haben zu glauben, dass Sie viel erreichen können, um eine neue Realität, eine neue Identität zu umarmen, und Sie werden sich auf jeden Fall besser weiterentwickeln.

Entscheiden Sie sich, mutig zu sein

Was auch immer passiert, das Leben wird Ihnen immer die Macht geben, zu wählen, was Sie aus sich machen möchten. Sie können sich dafür entscheiden, sich in der Identität zu verstecken, die Ihr Gesundheitszustand geschaffen hat, oder Sie können sich entscheiden, mutig gegen jede Vorhersage zu bleiben. Es wird nie einen Zeitpunkt geben, an dem alles für Sie funktionieren wird; es gibt Zeiten, in denen Ihre Flammen brennen werden und Sie vom Abgrund stürzen werden. Das mit Ihrem Gesundheitszustand verbundene Stigma kann Sie in tausend Stücke zerbrechen, aber in diesen Momenten müssen Sie verstehen, dass Sie nur mit einer Situation konfrontiert sind und dass nur Sie die Macht haben, deren Ergebnis zu bestimmen. Entscheiden Sie sich, mutig zu sein und Ihre neue Identität zu umarmen. Wenn Sie verletzt werden, nehmen Sie es als eine Menge, die darauf wartet, dass Sie aufstehen, denn wenn Sie es tun, werden dieselben Menschen, die Sie ausgepfiffen haben, Ihnen einen herzlichen Applaus geben. Wenn Sie Mut mit Selbstvertrauen verbinden, sind Sie auf dem besten Weg, Ihre Grenzen zu überwinden und sich bei jedem erfolgreichen Schritt definitiv besser zu fühlen.

Achten Sie mehr auf Ihren Weg als auf das, was andere sagen

Egal, ob Sie Erfolg haben oder scheitern, die Menschen haben immer negative Kommentare abzugeben. Sie können es sich nicht leisten, den Worten jedes Tom, Dick und Harry Aufmerksamkeit zu schenken. Selbst diejenigen, die sich um Sie sorgen und tatsächlich gute Absichten haben, können manchmal negative Dinge über Sie sagen oder Sie betreffen. Dies sollte Ihnen sagen, dass es keinen Raum für das Scheitern gibt. Sie sind auf einer Reise, und vielleicht erkennen Sie sie noch nicht einmal als solche, deshalb hören Sie weiterhin Nebengespräche über sich selbst. Diese Nebengespräche sind Ablenkungen, die Sie daran hindern, sich auf Ihre Reise zu konzentrieren. Wenn Sie weiterhin auf das hören, was die Leute über Sie sagen, weil Sie an Depressionen oder Angststörungen leiden, werden Sie sich verschlechtern. Um Ihr Selbstwertgefühl hoch zu halten, müssen Sie sich mehr auf sich selbst, Ihren Therapeuten und Ihren Prozess konzentrieren. Dies sind einige der drei Hauptdinge, die Ihnen helfen können, voranzukommen. Ihre Reise ist das Wichtigste, und Sie müssen sich auf jeden Prozess verlassen, der Sie begleitet. Um Ihr Selbstwertgefühl aufzubauen, sollte Ihre eigene Stimme wichtiger sein als die der Menschen um Sie herum. Sie müssen lernen, weniger von Menschen und mehr von sich selbst abhängig zu sein. Dies ist die Zeit in Ihrem Leben, in der Sie ruhig unabhängig sein dürfen, vorausgesetzt, dies hindert Sie daran, von anderen abhängig zu sein und von negativen Kommentaren abgelenkt zu werden. Wenn Sie weniger von Menschen abhängig werden, könnten Sie möglicherweise nie in der Lage sein, viele Dinge alleine zu bewältigen, weil Sie immer Angst haben könnten, es alleine zu tun. Stellen Sie sicher, dass der Prozess wichtig ist und Sie sich durch eigene Anstrengungen heilen können.

trust
yourself

Kapitel 8 - Mentalität

Die Wahrnehmungen und Überzeugungen, die Sie über sich selbst haben, werden als Ihre Mentalität bezeichnet. Diese Vorstellungen oder Überzeugungen, die Sie über sich selbst haben, bestimmen Ihre mentale Einstellung, Ihre generelle Lebensperspektive, wie Sie mit den Situationen, die sich Ihnen bieten, umgehen, und sie beeinflussen das Verhalten, das Sie als Reaktion auf das, was Sie erleben, zeigen. Wenn Sie glauben, ein Ziel erreichen zu können und dieses Ziel dann auch erreichen, haben Sie die richtige Mentalität, um dies zu erreichen. Wenn Sie glauben, etwas nicht tun zu können, dann werden Sie es nicht tun, weil Ihre Mentalität Sie zurückgehalten hat.

Die Mentalität des Wachstums

Menschen mit einer Mentalität des Wachstums glauben, dass ihre grundlegenden Fähigkeiten durch harte Arbeit und Engagement gestärkt und entwickelt werden können. Diese Vorstellung bildet den Kern ihres Glaubenssystems. Für diese Personen sind Talent und Intelligenz nur der Anfang.

Zwischen den beiden ist die Mentalität des Wachstums die, die Sie entwickeln möchten. Diese Mentalität erlaubt es Ihnen, Misserfolge und Rückschläge willkommen zu heißen und sie als Lektionen zu betrachten. Es ist die Mentalität, die es Ihnen ermöglicht, Ihr Verhalten kritisch zu analysieren, zu ändern und an die Situation anzupassen. Diese Mentalität wird stark beeinflussen, welchen Erfolg Sie im Laufe Ihres Lebens haben werden. Menschen mit einer Mentalität des Wachstums sind davon überzeugt, dass Engagement das Wichtigste ist und sie sind bereit zu lernen, sich anzupassen, zu wachsen und alles zu tun, um das zu erreichen, was sie wollen. Sie sind widerstandsfähig und mutig, sie weichen niemals vor einer Herausforderung zurück. Dies ist die Art von Mentalität, nach der Sie streben sollten, während Sie daran arbeiten, Ihre Angst zu überwinden.

Die Mentalität des Festen

Andererseits glauben Menschen mit einer Mentalität des Festen, dass Talent und Intelligenz Eigenschaften sind, die man von Geburt an hat und die nicht verändert werden können. Sie lassen diese Überzeugungen ihren Erfolg oder Misserfolg definieren, da sie mehr Zeit darauf verwenden, ihre vorhandenen Talente zu dokumentieren, anstatt etwas dagegen zu unternehmen. Sie arbeiten nicht daran, die Talente, die sie haben, zu entwickeln, weil sie glauben, dass diese Qualitäten von Geburt an "fest" sind. Entweder hat man sie oder man hat sie nicht.

Diese Menschen verwenden oft Sätze wie "dumm" oder "brillant", wenn sie über sich selbst sprechen. Da sie glauben, dass diese Qualitäten nicht verändert werden können, neigen sie dazu, Herausforderungen zu vermeiden, bei denen sie denken, dass sie scheitern werden. Wenn sie vor ein Hindernis gestellt werden, ist es nicht ungewöhnlich, dass sie sagen: "Ich schaffe das nicht!" oder "Ich werde scheitern." Sie rechtfertigen sich und versuchen, die Gründe dafür zu rechtfertigen, warum sie sich der Herausforderung nicht stellen.

Sich auf den Moment konzentrieren

Die meiste Zeit, in der wir wach sind, verbringen die meisten von uns damit, über etwas nachzudenken oder sich Sorgen zu machen. Wir sind nicht im Moment präsent und denken nicht aktiv über das nach, was wir tun. Entweder erledigen wir Aufgaben automatisch oder eilig, ohne darauf zu achten. Kurz gesagt, wir achten nicht genug auf den Moment. Wie bereits erwähnt, stellte sich heraus, dass etwa 50% der Teilnehmer feststellten, dass ihr Geist nicht auf die aktuelle Aufgabe ausgerichtet war. Darüber hinaus erkannten die Teilnehmer, dass umherschweifende Gedanken zu mehr Unzufriedenheit führten, da sie nicht auf die Aufgabe konzentriert waren.

Warum sind wir unglücklich, wenn unser Geist umherschweift? Wahrscheinlich liegt das daran, dass die meiste Zeit viel "Lärm" in unseren Köpfen herrscht. Erinnerungen, Gedanken an vergangene Ereignisse, Sorgen über die Zukunft, das Ausdenken von Szenarien, die noch nicht eingetreten sind (oder vielleicht nie eintreten werden). Das Problem ist, dass es so einfach ist, von unseren Gedanken mitgerissen zu werden. Wie eine Flut, die uns wegträgt, ist es fast unmöglich, der Anziehungskraft zu widerstehen. Je tiefer uns die Gedanken mitreißen, desto schwerer ist es, uns daraus zu befreien. Wir wissen, dass dieses Denkmuster uns nicht guttut und auch unserer psychischen Gesundheit nicht zuträglich ist. Und doch macht es in vielerlei Hinsicht süchtig. Wenn dem nicht so wäre, würden wir nicht so viel Zeit mit Sorgen oder Ängsten verbringen.

Konzentrieren Sie sich auf den Moment. Das ist es, was Sie tun müssen, um die Kontrolle zurückzuerlangen. Es ist ein einfaches Konzept, aber sehr effektiv. Wenn Sie sich auf die Gegenwart konzentrieren, können Sie viel dazu beitragen, Ihre Gedanken und damit verbundene Emotionen zu verändern. Holen Sie Ihren Geist immer dann zurück, wenn er abschweift, und üben Sie, sich auf die Gegenwart zu konzentrieren:

Meditation - Sie werden feststellen, dass diese Methode oft empfohlen wird, wenn Sie versuchen, Ängste zu überwinden. Aber das ist bei weitem eine der besten Methoden, um dem Geist das Training zu geben, das er benötigt, um sich auf die Gegenwart zu konzentrieren. Meditation besteht nicht immer darin, still zu sitzen und zu versuchen, an nichts zu denken, um zu entspannen. Im Gegenteil, Meditation ist mit einer Vielzahl von psychologischen und neurologischen Vorteilen verbunden. Wenn wir achtsam sind und unsere Gedanken bewusst verlangsamen, bringen wir die Teile des Gehirns zum Schweigen, die für all den unnötigen Lärm und das nutzlose Geplapper verantwortlich sind. Es mag anfangs schwer sein, still zu sitzen und die ziellosen Gedanken nicht im Mittelpunkt stehen zu lassen, aber mit Übung wird es einfacher. Alles, was Sie tun müssen, ist etwas zu finden, worauf Sie sich konzentrieren können, und in der Meditation kann dieser Fokus Ihr Atem oder ein wiederholtes Mantra sein. Jedes Mal, wenn Ihr Geist abschweift (und das wird er tun), stressen Sie sich deswegen nicht. Bleiben Sie ruhig und konzentrieren Sie sich einfach wieder auf Ihren Atem oder Ihr Mantra. Das ist der Sinn der Übung.

Sprechen - Jedes Mal, wenn Sie das Bedürfnis verspüren, mit jemandem zu sprechen und sich auszusprechen, sollten Sie dies tun. In den eigenen negativen Gedanken gefangen zu sein, ist nicht immer einfach, alleine zu überwinden. Ein Teil der Entwicklung einer Wachstumsmentalität besteht darin zu lernen, wann man Hilfe benötigt. Über Ihre Probleme zu sprechen kann therapeutisch sein. Es ermöglicht Ihnen, Dampf abzulassen und die Emotionen, die Sie in sich eingeschlossen haben, zu kanalisieren. Haben Sie schon einmal festgestellt, wie viel besser es sich anfühlt, sich auszusprechen? Ganz zu schweigen davon, dass das Sprechen mit jemand anderem die Dinge in eine andere Perspektive rücken und eine neue Sicht auf eine Situation werfen kann. Allein das Sprechen darüber kann Ihre verwirrten Gedanken klären und Ihnen helfen, sie besser zu verstehen. Dies ist nicht nur ein Werkzeug, um Ihnen zu helfen, die Mentalität zu überwinden, die Sie die ganze Zeit zurückgehalten hat, sondern auch, um einen neuen Umgang mit Ihren Gedanken zu entwickeln. Möglicherweise können diese Gedanken, anstatt sie als Feinde zu betrachten, als etwas gesehen werden, das notwendig ist, um Sie zur Veränderung zum Besseren zu ermutigen.

Widerstände abbauen - Wenn Sie sich die ganze Zeit vor Veränderung aus Angst gewehrt haben, ist es an der Zeit, diese Widerstände abzubauen, um voranzukommen. Widerstand wird Sie daran hindern, im Moment zu leben. Sie können sich nicht auf die Gegenwart konzentrieren, wenn Sie sich weigern, sie zu akzeptieren. Selbst wenn es sich um eine Situation handelt, die Ihnen nicht gefällt oder die Sie nicht leben möchten, sollten Sie keinen Widerstand leisten. Das erschwert nur das Bewusstsein und die Präsenz. Die aktuelle Situation gefällt Ihnen vielleicht nicht, aber sich auf den Moment zu konzentrieren, ist die einzige Möglichkeit, die Realität zu verändern.

Kein Multitasking: Es ist ineffektiv. Sie denken vielleicht, dass Sie produktiv sind, aber das sind Sie nicht. Warum? Weil Multitasking bedeutet, dass Aufmerksamkeit und Konzentration in mehrere Richtungen gleichzeitig gelenkt werden. Konzentration bedeutet, sich nur auf eine Sache gleichzeitig zu konzentrieren. Der hektische Lebensstil von heute hat zu dem Irrglauben geführt, dass Multitasking die Produktivität steigert. Das ist falsch. Unser Geist wurde geschaffen, um sich auf nur eine Sache, einen Reiz zur gleichen Zeit zu konzentrieren.

Disziplin - Ausreden sind für diejenigen, die Disziplin vermissen, und wenn Sie wirklich Angst überwinden möchten, ist es an der Zeit, die Ausreden an der Tür zu lassen. Sich an Ausreden festzuhalten, führt nur dazu, dass Sie sich weiterhin Sorgen machen, sich aufregen und in negativen Verhaltensmustern verharren, die Ihnen in keiner Weise helfen. Wenn Sie dies zulassen, werden Ausreden der Grund sein, warum Sie Schwierigkeiten haben, eine Wachstumsmentalität zu entwickeln. Disziplin bedeutet, sich auf das zu konzentrieren, was getan werden muss, und alles beiseite zu legen, was droht, Sie abzulenken.

Sich von den Ergebnissen des Ziels lösen - Ziele können verwirrend sein. Da Ziele zukünftige Ereignisse sind und etwas, das noch nicht geschehen ist, wie können Sie sich auf die Gegenwart konzentrieren, wenn Sie über Ihr Ziel nachdenken müssen? Denken Sie an Ihr Ziel als Richtung. Ein Kompass, der die Richtung anzeigt, in die Sie gehen müssen. Sie wissen, welches Ergebnis Sie erreichen möchten. Was Sie jetzt tun müssen, ist, sich auf das zu konzentrieren, was Sie in der Gegenwart tun können, um dieses endgültige Ergebnis zu erreichen. Nehmen wir an, Ihr Ziel ist es, ein Haus zu kaufen. Wenn Sie sich auf das Ergebnis (das Haus) konzentrieren, geraten Sie in die Falle, nur über dieses Ergebnis nachzudenken, ohne etwas zu unternehmen. Haben Sie ein Ziel, aber distanzieren Sie sich vom Ergebnis. Lassen Sie das Haus das endgültige Ergebnis sein, nicht mehr. Konzentrieren Sie sich auf Ihre aktuelle Situation und die Schritte, die unternommen werden müssen, um Ihre Vision eines Tages zur Realität werden zu lassen.

Affirmationen und Visualisierung

Affirmationen und Visualisierung sind Übungen zur Veränderung Ihrer Denkweise. Wenn Sie mit Ihrer aktuellen Denkweise unzufrieden sind, ist klar, dass etwas geändert werden muss. Neben der Arbeit an der Entwicklung einer Wachstumsmentalität sind andere Ansätze, die Ihnen in diesem Prozess nützlich sein werden, Affirmationen und Visualisierung.

Wie Affirmationen funktionieren

Affirmationen sind im Wesentlichen eine Reihe positiver und stärkender Aussagen. Sie wiederholen diese Affirmationen oft genug, bis sie Ihr Unterbewusstsein beeinflussen. Die Idee besteht darin, diese Aussagen so lange zu wiederholen, bis Sie diesen neuen Satz von Überzeugungen übernehmen. Wenn Sie glücklicher sein möchten, könnte Ihre Affirmation wie folgt lauten: "Ich bin positiv und glücklich jeden Tag." Der französische Psychologe Émile Coué hatte eine wunderbare positive Affirmation, die ideal für jeden ist, der sein Leben im Allgemeinen verbessern möchte. Seine Affirmation lautete: "Jeden Tag, in jeder Hinsicht, werde ich immer besser." Schön, einfach und effektiv. Genau die Art von Affirmation, die Sie benötigen, um Ihre Denkweise zu ändern.

Damit Affirmationen wirksam sind, müssen Sie an sie glauben. Wirklich daran glauben und nicht einfach daherreden, weil es etwas ist, das Sie tun müssen. Wenn Sie eine Affirmation wiederholen, an die Sie nicht glauben, werden Sie Ihre Meinung nicht überzeugen können. Ihr bewusster Geist ist mächtig und kann leicht jede Affirmation, die Sie ihm geben, neutralisieren, wenn Sie nicht daran glauben. Wenn Sie sich selbst sagen: "Ich bin reich", aber die innere Stimme in Ihrem Kopf sagt: "Nein, das bist du nicht", wird dies keine positive Veränderung in Ihrem Leben oder Ihrer Denkweise bewirken. Sie könnten dieselbe Affirmation tausendmal am Tag wiederholen, aber es wird Ihnen nichts nützen.

Das Unterbewusstsein ist eine Mischung aus Wiederholung und Emotion, aber die Tatsache ist, dass Sie es mit Affirmationen füttern müssen, die es akzeptieren kann. So erreichen Sie eine Veränderung.

Affirmationen und Visualisierung
Während Affirmationen auf Aussagen beruhen, die in den
Gedanken wiederholt oder laut ausgesprochen werden, funktioniert
die Visualisierung etwas anders. Dieses Mal werden Sie Bilder in
Ihrem Geist erstellen, anstatt sich auf Aussagen zu konzentrieren.
Dies kann auf zwei Arten erfolgen. Die erste besteht darin, klare
Bilder von dem zu erstellen, was Sie wollen, wie das perfekte Leben
oder Exzellenz in Ihrer Karriere. Stellen Sie sich all diese Dinge mit
dem Auge des Geistes vor, als wären sie bereits Realität. Die zweite
Methode besteht darin, Vision Boards zu erstellen, falls Sie etwas
physisches vor sich sehen möchten. Beide Methoden sind wirksam.
Es hängt nur davon ab, welche für Sie besser funktioniert. Einige
Menschen finden Vision Boards effektiver, da sie die Bilder direkt
vor sich sehen können. Dies macht sie in ihrem Geist realer.

Die Visualisierung ist eine Übung, die dazu dient, den Geist auf
positive Ergebnisse zu konzentrieren, die Sie erreichen möchten.
Wenn Sie diese glücklichen Bilder in Ihrem Geist sehen, bleiben Sie
fokussiert und motiviert, Dinge zu tun, damit sie nicht nur in
Ihrem Geist Visionen bleiben. Die Idee hinter der Visualisierung
ist, dass Ihr Geist mächtig genug ist, um jedes Bild
heraufzubeschwören, das Sie wünschen. Alles ist möglich, wenn Sie
es denken und klar vorstellen können. Jedes Detail, bis ins kleinste
Detail, ist wichtig, weil es das Geheimnis ist, um die Visualisierung
zum Laufen zu bringen. Jeder von uns hat die Fähigkeit zur
Visualisierung. Es ist keine Fähigkeit, die nur wenigen vorbehalten
ist. Als Kinder haben wir immer so getan, als ob wir spielen
würden. Das war ein wichtiger Teil Ihrer Kindheit. Mit Reife und
Erwachsenenalter haben wir diesen Aspekt vergessen und uns nur
auf das konzentriert, was wir vor uns sehen. Wenn wir es physisch
sehen können, dann ist es real und das ist es.

Die gute Nachricht ist, dass diese kreativen Fähigkeiten im Laufe
der Zeit zwar eingeschlafen sind, aber wir haben nie die
angeborene Fähigkeit verloren. Sie ist immer noch in uns. Wir
müssen sie nur wieder aktivieren und aus ihrem Schlaf erwecken.
Wenn Sie visualisieren, sagen Sie dem Universum, was Sie wollen.
Sie setzen positive Energie in Bewegung und nutzen Ihren Geist,
um die vielen Wege zu manifestieren, auf denen Sie diese Vision
verwirklichen können. Wo ein Wille ist, ist auch ein Weg, und es

gibt immer einen Weg, um etwas zu erreichen, wenn Sie es nur genug wollen. Die Gefahr der Visualisierung besteht darin, dass sie, wenn Sie nicht aufpassen, ein negatives Eigenleben entwickeln kann. Anstatt positive Ergebnisse zu visualisieren, können Gedanken bei Übernahme der Emotionen in eine negative Richtung gelenkt werden. Es ist leicht, sich von Negativität beeinflussen zu lassen! Unser Geist ist auf Negativität ausgerichtet und es erfordert erhebliche Anstrengung, um positive Gedanken aufrechtzuerhalten. Es ist sicherlich nicht einfach, aber es ist möglich.

Erfolgreiche Visualisierung und Affirmationen

Sie müssen Affirmationen oder Visualisierungen nicht 50-mal am Tag wiederholen, damit sie funktionieren. Es reicht aus, einige Affirmationen auszuwählen, an die Sie am meisten glauben, und sie einige Minuten am Tag zu wiederholen. Auch die Tageszeit, zu der Sie dies tun, spielt keine Rolle. Sie können es morgens, abends vor dem Schlafengehen oder zu jeder Tageszeit tun, wenn Sie ein paar Minuten Zeit haben. Hauptsache, es handelt sich um Affirmationen, an die Sie glauben können.

<u>Weitere Tipps, um sicherzustellen, dass Visualisierung und Affirmationen für Sie funktionieren, sind:</u>

- Gießen Sie Emotionen in die Affirmationen. Setzen Sie Ihr Herz und Ihre Seele in jede Aussage. Sagen Sie es mit Gefühl und Überzeugung. Sprechen Sie es mit Liebe und Leidenschaft aus.
- Sprechen Sie Ihre Affirmationen mit Zuversicht aus. Vertreiben Sie jeden Zweifel, der versucht, sich einzuschleichen, und drücken Sie Ihre Affirmationen mit noch mehr Entschlossenheit aus.
- Verwenden Sie die Gegenwart in Ihren Affirmationen. Nicht die Vergangenheit oder die Zukunft, sondern die Gegenwart. Das ist eine weitere Möglichkeit, sich auf den Moment zu konzentrieren. Die Verg

angenheit impliziert, dass Sie nichts tun können, weil sie bereits vorbei ist. Die Zukunft bedeutet, dass Sie auf das Ergebnis fixiert sind, von dem Sie sich, wie wir gelernt haben, distanzieren sollten. Setzen Sie ein Ziel ohne auf das Ergebnis fixiert zu sein. Verwenden Sie die Gegenwart, um Ihre Affirmationen zu beschreiben.

- Begehren Sie die Bilder, die Sie visualisieren. Sie wollen, dass sie sich so sehr verwirklichen, dass Sie jede verbleibende Energie in das Bild stecken, das Sie in Ihrem Geist hervorrufen.

- Beschränken Sie Ihre Visualisierung nicht, indem Sie denken, dass sie unmöglich ist. Es erscheint nur unwahrscheinlich, weil Sie derzeit nicht die notwendigen Werkzeuge haben, um es Wirklichkeit werden zu lassen. Irgendwann werden Sie dorthin gelangen, aber vorerst müssen Sie das gewünschte Ergebnis visualisieren, um darüber nachzudenken, was getan werden muss.

Wenn Affirmationen und Visualisierungen richtig gemacht werden, können sie viel dazu beitragen, Ängste, Sorgen, Zweifel und Ängste zu beseitigen, die in Ihrem Geist wohnen. An ihrer Stelle verleihen sie Ihnen die Kraft und das Vertrauen, die Sie benötigen, um Ihre Denkweise zu ändern. Wenn sie richtig ausgeführt werden, können sie genau das sein, was Sie benötigen, um die Motivation und die Energie zu finden, um Ängste endgültig zu überwinden.

Die eigene Denkweise ändern

Ihr Geist bestimmt Ihren Erfolg. Was Sie denken, werden Sie werden. Wenn Sie glauben, dass Sie im Leben nirgendwohin kommen, wird genau das passieren. Glauben Sie, dass Sie zum Erfolg bestimmt sind, wird der Erfolg seinen Weg finden. Oft unterschätzen wir, wie mächtig der innere Selbstgespräch des Geistes sein kann. Aber denken Sie kurz darüber nach. Wenn Sie sich klar alle möglichen katastrophalen Ergebnisse vorstellen können und in den seltenen Fällen, in denen sie eintreten, denken: "Da haben Sie es, ich wusste, das würde passieren!" – Dann können Sie auch das Gegenteil tun. Die Wachstumsmentalität ist die treibende Kraft, über die selten gesprochen wird. Sie kann Sie zum Erfolg oder Misserfolg führen. Der Unterschied liegt darin, welche Denkweise Sie sich erlauben.

Kapitel 9 - Die Macht der Wahrnehmung

Obwohl der Stoizismus für seinen Umgang mit Emotionen oder dem Fehlen davon bekannt ist, liegt die wahre Stärke des Stoizismus in seinem logischen und pragmatischen Ansatz zur Realität.

Die Stoiker glaubten daran, die Welt so anzunehmen, wie sie wirklich ist. Das mag nach einer simplen Aussage klingen, aber sobald Sie die Bedeutung dieser Aussage verstanden haben, werden Sie die tiefgreifenden Auswirkungen erkennen.

Wenn Sie eine Lösung finden wollen, müssen Sie zuerst das Problem mit klarem und objektivem Blick bewerten. Andernfalls riskieren Sie lediglich, zu scheitern.

Die Kluft zwischen der Welt und unserer Wahrnehmung

Die Stoiker glaubten, dass drei Disziplinen notwendig seien, um ein stoisches Leben zu führen. Die erste war die Wahrnehmung, die zweite die Handlung und die dritte der Wille. Diese Reihenfolge ist nicht zufällig: Es gibt einen Grund, warum die Wahrnehmung als die wichtigste Disziplin des Stoizismus betrachtet wird.

Die Wahrnehmung besteht darin, die Welt so zu sehen, wie sie tatsächlich ist. Es geht darum, die Realität so objektiv wie möglich zu betrachten und Werturteile zu vermeiden.

Fragen Sie die meisten Menschen, wie genau sie die Welt wahrnehmen, und sie werden sagen, dass sie die Dinge völlig klar sehen. Schließlich, wenn sie zwei gesunde Augen haben, wie könnten sie die Dinge nicht sehen? Aber die Wahrnehmung betrifft nicht nur das physische Sehen, sondern wie der Geist die

Informationen verarbeitet, die er erhält, wenn er auf die Welt schaut.

Der Geist verarbeitet visuelle Informationen in zwei Phasen. Die erste Phase ist, wenn das Licht, das von einem Objekt reflektiert wird, ins Auge fällt und die Realität, die vor uns liegt, visuell wahrgenommen wird. Die zweite Phase ist, wenn das Gehirn das Bild aufnimmt und ihm ein Etikett verpasst. In dieser zweiten Phase liegt das Problem.

Das Problem besteht nicht darin, eine Ente anzusehen und sie als Ente zu bezeichnen. Das Problem ist, dass wir die Aufgaben vor uns anschauen und schnell Schlussfolgerungen darüber treffen, ob sie möglich sind oder nicht. Wir schauen uns Menschen nur so lange an, wie es notwendig ist, um ihr Aussehen zu erfassen, und entscheiden dann, ob wir ihnen vertrauen können. Wir schauen auf uns selbst und beurteilen, was wir können, ohne eine solide Argumentation für unsere Schlussfolgerungen.

Menschen neigen dazu, zu urteilen, und unsere Urteile entsprechen oft nicht der Realität. Das haben die Stoiker erkannt, und deshalb legten sie so viel Wert auf die Korrektur unserer Wahrnehmung, um die Welt so zu sehen, wie sie wirklich ist, bevor sie versuchten, darin zu handeln.

Der erste Arbeitstag

Um die zerstörerische Natur einer ungenauen Wahrnehmung zu verstehen, werde ich Ihnen ein Szenario vorstellen. Stellen Sie sich vor, Sie treten an Ihrem ersten Arbeitstag an und treffen Ihre Kollegen. In diesem Szenario sind Sie eine eher kritische Person, die dazu neigt, rasch Schlüsse über alle zu ziehen, die Sie treffen.

Sie betreten das Büro, und die erste Person, die Sie treffen, ist Ihr neuer Chef. Er gibt Ihnen die Hand, aber sein Händedruck ist ein wenig schwach. Sie stempeln ihn sofort als schwach ab, bevor Sie zur nächsten Person übergehen. Der erste Kollege, den Sie treffen, hat ein Lächeln im Gesicht, aber einen Fleck auf dem Hemd. Bevor Sie diese Person verlassen, fällt Ihnen das Wort "Schlamper" ein. Die letzte Person, die Sie treffen, begrüßt Sie höflich, hat aber eine monoton klingende Stimme, also können Sie nicht umhin, sie für langweilig zu halten.

Denken Sie nun daran, wie diese augenblicklich generierten Etiketten Ihre zukünftigen Arbeitsbeziehungen mit diesen Menschen beeinflussen könnten. Die Schlüsse, die Sie in diesem Szenario auf der Grundlage von kaum vorhandenen Informationen gezogen haben, könnten Ihre Interaktionen mit Kollegen in den kommenden Jahren beeinflussen.

Wir hoffen, dass Sie jetzt beginnen zu verstehen, wie leicht unsere Wahrnehmung von einem übermäßigen Drang zum Beurteilen der Welt um uns herum getrübt werden kann. Ein ungeübter Geist zieht fast augenblicklich Schlüsse, aber die Urteile, die er fällt, können Tage, Wochen oder sogar Jahre lang bestehen bleiben. Langsam im Beurteilen und langsam im Vertrauen

Während einige Menschen bereits mit einem objektiveren Ansatz zur Realität einverstanden sein könnten, weiß ich, dass es auch andere geben wird, die zögern. Sie haben vielleicht den Abschnitt "Der erste Arbeitstag" gelesen und gedacht, dass die Figur in der Situation richtig handelte, indem sie solche Urteile fällte. Oft verteidigen Menschen solche Urteile aus praktischen Gründen. Es gibt viele Menschen da draußen, einige von ihnen mit schlechten Absichten, und wenn erwartet wird, dass diese Individuen ihre schlechten Absichten offenbaren, bevor Vorsichtsmaßnahmen getroffen werden, dann könnte man ihrem Willen ausgeliefert sein.

Das ist eine faire Beobachtung, aber sie erfasst nicht den Sinn des Zurückhaltens von Urteilen. Viele Menschen denken, dass, wenn man jemanden nicht als unehrlich bezeichnet, man damit erklärt, dass er ehrlich ist. Aber so ist es nicht. Man kann sowohl positive als auch negative Urteile zurückhalten. Wenn man jemanden nicht gut kennt, kann man sowohl das Vertrauen als auch das Misstrauen zurückhalten, bis man eine genauere Vorstellung davon hat, wer diese Person wirklich ist.

Denken Sie daran, der Stoizismus dreht sich darum, die Welt auf eine rationale und logische Weise anzugehen. Wenn Sie wissen, dass Sie in ein Gebiet gehen, in dem Kriminalität häufig ist, sollten Sie nicht so tun, als wären Ihnen diese Informationen nicht bekannt. Wenn die Vernunft Ihnen sagt, dass Sicherheitsmaßnahmen notwendig sind, dann ist es angebracht, sie zu ergreifen.

Dennoch sollten Sie sich fragen, woher Sie Ihre Informationen beziehen. Beurteilen Sie das Risikoniveau aufgrund objektiver Informationen oder aufgrund vorschneller Urteile, die auf persönlichen Vorurteilen beruhen? Menschen neigen dazu, ihre Objektivität zu überschätzen.

Die Tatsache ist, dass es Zeit und Energie erfordert, die Fähigkeit zu entwickeln, die Welt so zu sehen, wie sie wirklich ist. Für die meisten Menschen ist es nicht wie ein Schalter, den man ein- oder ausschalten kann, und selbst wenn Sie für eine Weile Urteile zurückhalten können, könnten Sie bald in alte Gewohnheiten zurückfallen. Aber es gibt keinen Grund zur Verzweiflung. Der Stoizismus bietet keine schnellen und einfachen Lösungen, sondern er erfordert Zeit für eine echte und dauerhafte Veränderung.

Eine Veränderung der Wahrnehmung

Wenn Sie sich Zeit nehmen, um darauf zu achten, wie Sie die Welt wahrnehmen und sie mit Ihren Gedanken gestalten, werden Sie erkennen, wie viel Macht Sie haben. Die einzige unangenehme Sache ist, dass Sie dies vielleicht erst dann erkennen, wenn Sie feststellen, dass Sie sich mit ungerechtfertigten negativen Gedanken von Ihrem vollen Potenzial abhalten.

Die gute Nachricht ist, es ist nie zu spät für eine Veränderung. Solange Sie atmen, können Sie die Kontrolle über Ihre Gedanken übernehmen und sie nutzen, um Ihre Welt neu zu gestalten.

Die Welt umdrehen

In der Welt der Kunst gibt es einen Trick für diejenigen, die ein komplexes Bild zeichnen wollen, aber sich überfordert fühlen, wenn sie es betrachten. Der Trick besteht darin, das Bild umzudrehen. Plötzlich hat die Person nicht mehr das Gefühl, einen ganzen Kopf zu zeichnen, sondern sieht ein Feld von einzelnen Formen. Wenn man Worte wie "schwierig" oder "unmöglich" aus dem Bild entfernt und sich auf die einzelnen Schritte konzentriert, kann man sich darüber wundern, was man erreichen kann.

Das Gleiche gilt für die Betrachtung des eigenen Lebens. Der Durchschnittsbürger sieht auf die Ereignisse, die auf ihn zukommen, und konzentriert sich auf alles, was eine Herausforderung oder ein Hindernis zu sein scheint. Sobald diese als Probleme bezeichnet sind, neigen sie dazu, in unserem Geist zu wachsen, werden überproportional bedrohlich und verursachen unberechtigten Stress.

Aber was wäre, wenn man das Bild umdrehen könnte? Wenn man das, was normalerweise als Hindernisse bezeichnet wird, stattdessen als Chancen bezeichnen würde?

Eine Käfig in ein Werkzeug verwandeln

Die traurige Tatsache ist, dass die meisten Menschen von ihrer eigenen Wahrnehmung gefangen sind. Jahre voller Vorurteile und mentaler Programmierung haben es schwer gemacht, die Welt so zu sehen, wie sie wirklich ist. Noch schlimmer ist, wenn sie auf die Welt schauen, sehen sie so viele unüberwindliche Hindernisse, dass sie sich unwiderruflich blockiert fühlen.

Sie sind wie eine Person, die eine Virtual-Reality-Brille trägt und sich in einem offenen Feld gefangen fühlt. Auch wenn keine physischen Wände sie umgeben, fühlen sie sich immer noch begrenzt aufgrund der Mauern, die sie in ihrem Kopf sehen.

Die Fähigkeit zu entwickeln, die Welt objektiv zu sehen, ist wie das Abnehmen der VR-Brille. Sie zeigt Ihnen die gesamte Palette der Bewegungen, die Ihnen zur Verfügung stehen. Aber Sie sollten nicht dort stehenbleiben. Die Kontrolle über Ihre Wahrnehmung zu übernehmen, ist wie das Neuprogrammieren der VR-Brille, um Ihnen bei der Orientierung zu helfen. Das ist die volle Macht der Beherrschung der Wahrnehmung: Sie können die Art und Weise, wie Sie die Welt sehen, umgestalten, um voranzukommen, anstatt sich zu bremsen.

Sorgen loswerden

Die Beherrschung der Wahrnehmung ist ein besonders nützliches Werkzeug für diejenigen, die mit Sorgen kämpfen. Schließlich, was ist die Ursache von Sorgen? Die meisten Menschen empfinden dieses Gefühl, nachdem sie potenzielle Probleme in ihrem Leben identifiziert haben und diese potenziellen Probleme in ihrem Kopf verfolgen lassen. Solange das Problem nicht angegangen wird, bleibt es eine Sorge, die im Bewusstsein schwebt und Unruhe stiftet.

Das Problem bei Sorgen ist, dass es keine Begrenzung dafür gibt, wie viele man haben kann. Sie könnten denken, dass Sie sie heilen könnten, indem Sie Ihre Probleme lösen, aber sobald das menschliche Gehirn darauf trainiert ist, potenzielle Probleme zu suchen, wird es immer weitere finden. Deshalb ist es hilfreich, Ihr Gehirn neu zu schulen. Wenn das einmal gemacht ist, gibt es kaum noch Grenzen für die Ergebnisse, die Sie erzielen können.

Die Akzeptanz von der Zustimmung trennen

Bevor wir zur Wahrnehmung übergehen, müssen wir über ein verwandtes Thema sprechen: die Akzeptanz. Der Stoizismus basiert auf der Akzeptanz der Welt, wie sie ist. Dieser Aspekt ist mit der Wahrnehmung verbunden. Die Idee ist, dass, um die Welt so wahrzunehmen, wie sie wirklich ist, man bereit sein muss, sie so zu akzeptieren, wie sie wirklich ist. Diejenigen, die glauben, dass die Welt auf eine bestimmte Weise sein sollte, werden einen Weg finden, ihre Wahrnehmung zu verzerren, um ihre Überzeugungen mit der äußeren Welt in Einklang zu bringen. Dies ist etwas, das der Stoizismus nicht akzeptieren kann.

Der Stoizismus behauptet, dass jede Philosophie, die nicht auf einem Fundament der tatsächlichen Realität beruht, wie ein Haus auf Sand gebaut ist. So robust es auch erscheinen mag, der Mangel an soliden Grundlagen wird es letztendlich zum Scheitern verurteilen.

Deshalb müssen echte Stoiker die Welt so akzeptieren, wie sie ist. Alles andere würde ihre Wahrnehmung gefährden und alles, was darauf folgt. Es ist jedoch erwähnenswert, dass Akzeptanz nicht dasselbe ist wie Zustimmung.

Der Fall der stoischen Handlung

Es ist leicht, in die Falle zu tappen und zu denken, dass der Stoizismus eine resignierte Philosophie ist. Die Vorstellung von einem Stoiker, der sein Schicksal akzeptiert, kann das Bild eines Machtverlusts hervorrufen, der es anderen erlaubt, die Kontrolle zu übernehmen, während er in den Bergen meditiert, während die Welt brennt. Aber das könnte nicht weiter von der Wahrheit entfernt sein.

Einer der Gründe, warum es wichtig ist, Marcus Aurelius zu studieren, ist, dass er nicht nur ein großer Denker war, sondern auch ein Mann der Tat. Er verkörperte die stoische Praxis der Akzeptanz, während er als Kaiser des mächtigsten antiken Reiches handelte. Er beschränkte sich nicht nur auf die Akzeptanz, als die Gallier Rom angriffen, sondern führte seine Truppen und kämpfte.

Das führt uns zu einer Frage: War Marcus ein Heuchler, als er die Zukunft für sich und sein Volk gestaltete? Sind Stoiker Heuchler, wenn sie gegen einige Elemente der menschlichen Natur protestieren und andere fördern? Die Antwort ist ein klares "Nein!"

Das Verstehen des Sinns des Mantras

Die Stoiker betonen ständig die Dinge, die Individuen nicht ändern können, um diejenigen zu betonen, die sie können. Das "Schicksal", das akzeptiert werden soll, bezieht sich nicht auf die gesamte Realität, sondern auf das, was über unseren Einflussbereich hinausgeht.

Der Kern dieses Einflussbereichs ist unser Verhalten, das einzige in unserem Leben, über das wir nahezu vollständige Kontrolle haben. Darüber hinaus gibt es die Menschen und Dinge um uns herum, mit denen wir interagieren können. Dies ist ein Bereich, in dem wir Einfluss haben, aber nicht die endgültige Kontrolle, wie bei unseren Gedanken und Handlungen. Über diesem zweiten Layer befindet sich der Rest des Universums, der vollständig in den Händen des Schicksals liegt.

Nehmen Sie sich einen Moment Zeit, um darüber nachzudenken. Es gibt über 8 Milliarden Menschen auf diesem Planeten. Wie viele von ihnen kennen Sie oder interagieren regelmäßig mit ihnen? Selbst wenn Sie regelmäßig mit Tausenden von Menschen interagieren, handelt es sich immer noch um weniger als 1% von 1% der Weltbevölkerung. Im großen Schema der Dinge liegt der Großteil menschlicher Aktivitäten außerhalb unserer Kontroll- oder Einflusssphäre. Aber bedeutet das, dass es nicht lohnt, es zu versuchen?

Stoizismus dreht sich nicht nur um Selbsthilfe. Es ist eine tugendorientierte Philosophie, und Tugend wurde immer als ein Gemeinschaftsprojekt betrachtet. Jemand, der allein auf einer einsamen Insel lebt, hat selten die Möglichkeit, die Art von Tugend zu zeigen, die eine Person in einer Gemeinschaft jeden Tag praktizieren kann.

Wenn der Stoizismus also fordert, die Welt so zu akzeptieren, wie sie in diesem Moment existiert, bedeutet das nicht, dass die Welt immer so bleiben muss. Im Gegenteil, die Stoiker verstehen, dass die einzige wahre Konstante der Wandel ist. Die Welt entwickelt sich ständig, und Sie als Individuum sind verpflichtet, tugendhaft zu handeln, zum Wohl Ihrer selbst, Ihrer Gemeinschaft und Ihrer Welt.
Die Stoiker haben im Laufe der Geschichte echte Veränderungen bewirkt, und es gibt keinen Grund, warum dieser Trend bei Ihnen enden sollte. Die Schönheit des Stoizismus besteht darin, dass Sie, sobald Sie die Kontrolle über Ihren Geist erlangt haben, beeindruckende Ebenen der Effektivität erreichen können, von denen Sie sich zuvor nicht einmal geträumt hätten. Unüberlegte

Aufregung wird durch sorgfältig abgewogene Handlungen ersetzt. Emotion wird durch logische Hingabe an Ihre Sache ersetzt.

Schließlich können die Hindernisse, die Sie zuvor zurückgehalten haben, umgewandelt werden. Ereignisse, die als Probleme erschienen, verwandeln sich in Chancen und helfen Ihnen, einen Weg in die Zukunft zu ebnen, den Sie ohne stoisches Denken nie für möglich gehalten hätten.

Eine gründliche Überlegung kann Ihnen helfen, aufzuhören, sich Sorgen über Umstände zu machen, die außerhalb Ihrer Kontrolle liegen, und sich auf diejenigen zu konzentrieren, die in Ihrer Reichweite liegen. Sie können aufhören, Zeit, Energie und Ressourcen für unnötige Sorgen zu verschwenden und anfangen, ein effektiveres und erfüllteres menschliches Wesen zu werden. Diese Art von Transformation ist nicht einfach oder schnell, aber sie kann Ihr Leben enorm verbessern, wenn Sie bereit sind, sich darauf einzulassen.

Daher sehen Sie, die Stoiker mögen die gegenwärtige Realität akzeptieren müssen, aber das bedeutet nicht, dass sie damit einverstanden sein müssen. Sie sind frei, Veränderungen anzustreben, und die Fähigkeiten, die Sie durch die Praxis des Stoizismus entwickeln, machen es einfacher, konkrete Ergebnisse in dieser Welt zu erzielen.

Praktische Tipps

Die Verwendung Ihrer Wahrnehmungsfähigkeiten, um Hindernisse in Chancen zu verwandeln, ist eine der mächtigsten Waffen im Arsenal eines Stoikers. Wenn Sie diese Fähigkeit meistern möchten, sollten Sie so früh wie möglich damit beginnen.

Nehmen Sie Stift und Papier zur Hand. Nehmen Sie sich Zeit, um ein Hindernis oder ein Problem aufzuschreiben, das Sie in letzter Zeit beschäftigt hat.

Nachdem Sie das Problem aufgeschrieben haben, nehmen Sie sich einen weiteren Moment, um die Situation, mit der Sie konfrontiert sind, objektiver zu betrachten. Beschreiben Sie sie in sachlichen und technischen Begriffen, vermeiden Sie Emotionen oder starke Sprache. Überlegen Sie dann, wie die objektive Situation, der Sie gegenüberstehen, eine verborgene Gelegenheit bieten kann.

Wenn Sie diese Schritte befolgt haben, haben Sie eine Quelle der Besorgnis in Ihrem Leben genommen und sie in eine Gelegenheit zur menschlichen Entwicklung verwandelt. Dies ist ein Prozess, den Sie im Laufe Ihres Tages mehrmals verwenden können. Niemand weiß, wie viele Möglichkeiten sich eröffnen, wenn Sie lernen, Ihre Wahrnehmung zu beherrschen.

Kapitel 10: Verantwortlich für das eigene seelische Wohlbefinden sein

Bisher haben wir gelernt, dass Angst und Depression regelmäßige und schmerzhafte Zustände sind. Die Gefühle können von einer normalen, mehrwöchigen Depression bis hin zu einem schweren Zustand variieren, der möglicherweise eine stationäre Behandlung erfordert. Die Kognitive Verhaltenstherapie (KVT) funktioniert sowohl mit als auch ohne antidepressive Medikamente und hat sich als wirksam bei der Reduzierung von Rückfallraten erwiesen. Dieses Kapitel konzentriert sich hauptsächlich auf das Verhalten in der KVT und zeigt, dass das schrittweise Angehen von Dingen, die vermieden werden, die allmähliche Teilnahme an als belohnend empfundenen Aktivitäten und das positive Bewältigen von Schwierigkeiten einen tiefgreifenden Einfluss auf die Stimmung haben können. Darüber hinaus zeigen wir, wie das Wiederholen von Dingen in Ihrem Geist manchmal als Mittel zur Problemlösung erscheinen kann.

Entscheidung über eine Depression

Das Erkennen der häufigen Anzeichen und Symptome von Depression hat viele Vorteile. Es kann Ihnen ein klareres Bild darüber geben, ob Sie an einer "Depression" leiden oder nur gelegentliche Stimmungsschwankungen haben oder ob Sie Symptome einer bekannten Erkrankung aufweisen. Erstellen Sie immer eine Checkliste, um die Anzeichen von Angst oder Depression, die Sie plagen, zu erkennen. Später können Sie sich dafür entscheiden, die Checkliste Ihrem Arzt zu zeigen und die möglichen Behandlungsoptionen zu besprechen. Außerdem können Sie sie als Bezugspunkt verwenden, auf den Sie immer wieder zurückkommen, wenn Sie daran arbeiten, Ihre Depression zu überwinden, und sehen, wie sich die Symptome verbessern.

Bewertung des Vermeidungsverhaltens

In diesem Kapitel werden die Taktiken hervorgehoben und vertieft, die Menschen verwendet haben, um sich besser zu fühlen, und die in den meisten Fällen ihre emotionalen Probleme verschlimmert haben. Das Vermeiden sozialer Interaktionen und alltäglicher Aktivitäten ist Teil der Depression. Es ist sehr verlockend, sich den depressiven Gefühlen hinzugeben, sich vor anderen und den eigenen Verpflichtungen zu verstecken. Dieses Vermeidungsverhalten führt jedoch oft zu einem weniger erfüllten Leben, einem Verlust der Kontrolle über das eigene Leben, finanziellen Problemen, einer verringerten Problemlösungsfähigkeit und weniger Unterstützung von anderen. Überlegt, was ihr vielleicht vermeidet (einschließlich Pflichten und Vergnügen) und was ihr tut, um schmerzhafte Gefühle und Gedanken zu blockieren. Die Auswirkungen einiger Handlungen hängen von ihrem Zweck ab. Zum Beispiel kann das Genießen einer Lieblingsfernsehsendung hilfreich sein und in eure Stimmungsaufhellung passen. Andererseits wird das endlose Ansehen von Fernsehen, um andere und die ganze Welt auszublenden, die Depression aufrechterhalten und sogar verschlimmern. Daher kann Fernsehen anstelle von Anrufen zu beantworten ein gutes Beispiel für Vermeidungs- und Blockierverhalten sein. In den meisten Fällen werden Blockierverhalten ausgelöst, weil die Stimmung zu niedrig ist und alles überwältigend und sinnlos erscheint. Leider führt das Hinauszögern von Dingen oft zu einer Verschlimmerung der Depression. Blockierverhalten umfasst auch den Konsum von Alkohol, Drogen oder Essen, um depressive Emotionen zu mildern. Diese Verhaltensweisen können kurzfristig funktionieren, führen aber oft zu einer Verschlechterung der Depression am nächsten Tag.

Aktives Bekämpfen von Depression

Das Erstellen eines Aktivitätenplans ist eine der wirksamsten psychologischen Techniken, die aktiv zur Bekämpfung von Depressionen eingesetzt werden können. Dieses Werkzeug/Technik wird oft von Patienten und Therapeuten gleichermaßen übersehen oder untergenutzt, da es zu einfach erscheinen kann, obwohl Untersuchungen zeigen, dass es effektiv ist. Ein Aktivitätenplan ist ein tägliches Tagebuchblatt mit sichtbar gezeichneten Tageszeiten in Zwei-Stunden-Blöcken. Das Wiederbeleben der Vitalität ist ein wichtiger Schritt zur Überwindung von Depressionen. Da Depressionen Lethargie und Demotivation fördern, wird der Aktivitätenplan Ihnen helfen, die täglichen Aufgaben zu erledigen, die Sie vielleicht umgangen haben. Untersuchungen zeigen, dass allein die einfache Handlung, einen Plan für die täglichen Aktivitäten zu erstellen und bestimmten Aufgaben bestimmte Zeiten zuzuweisen, die Wahrscheinlichkeit, sie abzuschließen, signifikant erhöht. Sobald Sie beginnen, einen Aktivitätenplan zu verwenden, wird nach und nach die Begeisterung für die Dinge, die Ihnen früher Freude bereiteten, zurückkehren. Ein Aktivitätenplan kann für verschiedene Zwecke verwendet werden:

- Aufzeichnen der wöchentlichen Aktivität, um einen Bezugspunkt für spätere Wochen zu haben und Fortschritte zu vergleichen.
- Beginnen Sie, Dinge, die Sie vermieden haben, immer häufiger anzugehen und sie interessanter zu gestalten.
- Reduzieren Sie blockierende Verhaltensweisen und ersetzen Sie sie durch produktivere oder befriedigendere Aktivitäten.
- Organisieren Sie Ihre tägliche Routine, um Ihrem Schlaf und Appetit die bestmöglichen Chancen zur Normalisierung zu geben. Normalisierung bedeutet in diesem Fall, etwa acht Stunden Schlaf zu bekommen und mindestens drei regelmäßige Mahlzeiten pro Tag zu sich zu nehmen.
- Planen Sie Ihre Woche oder Ihren Tag, um bei Haushaltsaufgaben, sozialen Aktivitäten und der Pflege Ihrer Hobbys und Interessen zu helfen.
- Verfolgen Sie die schrittweise Steigerung der Aktivitäten und Ereignisse realistisch und konstant, anstatt sich mit allem zu überlasten, was Sie zu tun glauben.

Steigerung des Selbstwertgefühls

Sich selbst als "Erfolg" oder "Versagen", "gut" oder "schlecht", "wertvoll" oder "nutzlos" basierend auf den Umständen oder erzielten Ergebnissen zu bewerten, ist sehr verbreitet. Doch nur weil es eine gängige Praxis ist, bedeutet das nicht, dass es eine gute Praxis ist. Die Verknüpfung des eigenen Selbstwertgefühls mit äußeren Faktoren ist die Hauptursache für Probleme mit dem Selbstwertgefühl. Das Selbstbild kann zusammenbrechen, wenn der gegenwärtige Zustand der Dinge nicht gut ist. Das Leben ist weder vorhersehbar noch stabil, daher kann das Selbstwertgefühl und die Stimmung abrupt schwanken, wenn der eigene Wert an Beziehungen, Arbeit, finanzieller Lage usw. festgemacht wird. Schon die Verwendung des Begriffs "Selbstwertgefühl" ist problematisch, da er nahelegt, dass einem Individuum eine Gesamtbewertung zugewiesen werden kann, selbst wenn die Person, die die Bewertung vornimmt, man selbst ist! Ein Ersatz für das Selbstwertgefühl ist das Konzept der Selbstakzeptanz. Die kognitive Verhaltenstherapie empfiehlt, aufhören sich selbst auf Grundlage von globalen Bewertungen zu klassifizieren. Akzeptieren Sie sich stattdessen als grundlegend wertvolle Person und bewerten Sie nur einzelne Eigenschaften/Aspekte an sich selbst, Ihr Verhalten, Ihren Lebensstil usw. Die Regeln und Leitlinien für die Selbstakzeptanz gelten auch für die Akzeptanz anderer. An der Einstellung der Selbstakzeptanz anderer zu arbeiten, kann helfen, Schmerz, Wut und ungesunde Eifersucht zu stoppen.

Selbstakzeptanz erlangen

Alle Menschen haben denselben Wert. Denken Sie einmal darüber nach, wie sehr Sie dieser Aussage zustimmen. Ist menschliches Leben nicht heilig? Ist das nicht der Grund, warum Mord ein Straftatbestand ist, unabhängig davon, wer getötet wird? Die meisten von uns haben gelernt, dass Menschen einen intrinsischen Wert haben (was bedeutet, dass wir würdig und kostbar sind, einfach weil wir existieren). Aber oft verhalten wir uns, als ob einige Individuen wertvoller und kostbarer wären als andere. Wir legen oft übermäßigen Wert auf bestimmte Dinge wie sozialen Status und Reichtum. Es kann fälschlicherweise angenommen werden, dass Personen, die diese Merkmale oder Bedingungen besitzen, anderen überlegen sind. Insgesamt neigen Sie vielleicht immer noch dazu, Eigenschaften Ihrer Persönlichkeit wie

Freundlichkeit, Großzügigkeit und soziale Verantwortung zu unterschätzen oder ihnen zu wenig Bedeutung beizumessen.

Vergleiche zwischen sich selbst und anderen auf der Grundlage äußerer Faktoren oder Bedingungen führen dazu, sich abwechselnd minderwertig oder überlegen zu fühlen. Beide Positionen sind nicht gesund, da sie zu Selbstabwertung und Konkurrenz mit anderen führen. Die Erlangung von Selbstakzeptanz bedeutet, erkennen zu können, dass wir alle den gleichen Wert haben, auch wenn wir in anderen Bereichen unterschiedlich sind. So kann jemand ein schlechter Fahrer und ein hervorragender Koch sein, während sein Freund genau das Gegenteil ist. Beide sind dennoch wertvolle Menschen, aber mit völlig unterschiedlichen Grenzen und Stärken. Ein wichtiger erster Schritt in Richtung Selbstakzeptanz ist, sich der Bedingungen bewusst zu werden, denen Sie typischerweise Ihr Selbstwertgefühl zuschreiben.

Sich selbst akzeptieren und gleichzeitig an sich arbeiten

Möglicherweise denken Sie, dass sich selbst zu akzeptieren bedeutet, auf Selbstverbesserung zu verzichten und sich bösen Handlungen hinzugeben oder gute Taten zu vernachlässigen. Das hoffen wir nicht, denn das ist nicht unsere Botschaft an Sie. In Anbetracht dessen, wenn Sie sich selbst als grundsätzlich wertvoll ansehen, trotz Ihrer schlechten Verhaltensweisen oder Mängel, sind Sie in einer besseren Position, um an ihnen zu arbeiten, als jemand, der sich selbst beurteilt und verurteilt. Wir empfehlen Ihnen, sich sofort etwas Raum zu geben, um weniger perfekt zu sein, und weiterhin entscheidende persönliche Veränderungen anzustreben. Dies kann eine erfolgreiche Technik für Selbstverbesserung sein. Der beste Weg ist, sehr spezifische Bereiche für Selbstverbesserung auszuwählen, wenn Sie Ihr Verhalten und Ihr Leben im Allgemeinen verbessern möchten. Zu sagen "Ich möchte eine bessere Person sein" kann wahr sein, liefert jedoch nicht genügend Informationen, um voranzukommen. Was zählt, ist das genaue Detail.

Wenn Sie angemessen für Ihr Verhalten und Ihre Emotionen verantwortlich sind, ist es viel wahrscheinlicher, dass Sie effektive Veränderungen bewirken können. Indem Sie andere oder

Lebensereignisse/-bedingungen für Ihre gestörten Emotionen oder selbstzerstörerisches Verhalten verantwortlich machen, verzichten Sie auf Ihre Macht, die Dinge zu verbessern. Die Selbstakzeptanz erfordert viel Übung. Manchmal können Selbstvertrauen und Handeln nach neuen Einstellungen leicht sein, manchmal können sie schwieriger sein.

Beziehungen pflegen

Die Fähigkeit, gut mit anderen auszukommen, hängt von der Fähigkeit ab, sie zu akzeptieren und gesunde negative Emotionen zu empfinden, anstelle von ungesunden wie Wut, Hass und Zorn. Ungesunde Wut ist eine häufige Ursache für Beziehungsprobleme. Ein weiterer häufiger Grund für zwischenmenschliche Schwierigkeiten ist ein geringes Selbstwertgefühl. In diesem Kapitel helfen wir Ihnen, zu verstehen, welche Art von Wut Sie am häufigsten empfinden, und wie Sie Ihre Wut auf gesunde Weise verbessern können. Darüber hinaus bieten wir Ihnen einige Übungen, um Ihr Selbstakzeptanz und das von anderen zu stärken, was die Chancen auf die Entwicklung befriedigender und funktionaler Beziehungen erhöht.

Indignation überwinden

Jeder von uns wird von Zeit zu Zeit wütend, verliert die Fassung, gerät in Wutausbrüche oder wird rasend vor Zorn. Auch wenn einige Menschen dies häufiger erleben als andere. Die Fassung zu verlieren, kann Probleme in Freundschaften, Beziehungen, Familienbeziehungen und der Arbeit verursachen. Der erste entscheidende Schritt zur Überwindung von Depressionen besteht darin, herauszufinden, ob die Art von Emotionen, die Sie empfinden, gesund oder ungesund sind. Das Überwinden von Wut ist ein entscheidender Schritt zur Bewältigung von Depressionen, da Wut in den meisten Fällen zu Depressionen führt. Daher ist es wichtig, den Unterschied zwischen angemessenem Ärger und irrationaler Wut zu verstehen.

1. Gesunde Wut erkennen

Schauen wir uns die Merkmale gesunder Wut an. Wenn eine Person gesund wütend ist, neigt sie dazu, ausgewogen zu denken und andere zu akzeptieren. Sie erkennt normalerweise, dass eine andere Person ihre Grenze überschritten hat oder eine ihrer Regeln verletzt hat, ohne zu entscheiden, dass sie dies wirklich hätten bemerken sollen. Die Person neigt immer noch dazu, selbstkontrolliert zu sein und sich wütend, aber nicht bedrohlich zu verhalten.

2. Merkmale ungesunder Wut

Ungesunde Wut zeichnet sich durch spezifische Verhaltensweisen, Denkweisen und einige körperliche Empfindungen aus. Ungesunde Wut bedeutet, dass Sie hart über andere denken und einschüchternd handeln. Das Gefühl ist normalerweise sehr unangenehm und belastend. Ungesunde Wut dauert normalerweise länger und verursacht mehr Unbehagen als die gesündere Variante.

3. Die Kosten der Wut abwägen

Unsachgemäße Wut hat erhebliche negative Auswirkungen auf Beziehungen und das Leben im Allgemeinen. Manchmal könnte man denken, dass die eigene Wut nützliche Vorteile hat, die eine gesunde Wut nicht bieten würde. Dies ist jedoch in der Regel ein Irrtum. Normalerweise ist man, wenn man nicht feindselig ist, klarer und effektiver im Ausdruck seiner Meinungen.

4. Den Zünder verlängern

An diesem Punkt könnten Sie das Gefühl haben, dass Sie ungesunde Wut empfinden und dass diese negative Auswirkungen auf Sie hatte. Was also tun? Die Bewältigung von Wut kann herausfordernd sein, aber wenn Sie sich entscheiden und bereit sind, sich ernsthaft darauf einzulassen, können Sie es schaffen. Wenn Sie strenge Regeln haben, die Sie immer von anderen einfordern, sind Sie wahrscheinlich dazu neigen, ungesunde Wut zu empfinden, wenn sie diese Regeln brechen. Anderen die Möglichkeit zu geben, ihre Meinung zu äußern, ist ein wichtiger Schritt hin zu gesunder Wut. Ebenso, wenn Sie eine Vorliebe dafür haben, wie andere sich verhalten sollten, aber nicht erwarten, dass alle anderen so handeln, wie Sie es möchten, hilft dies, ungesunden Zorn zu vermeiden.

5. Effektive Selbstbehauptung annehmen

Um richtig Selbstbehauptung zu erlernen, ist viel Übung erforderlich. Erlauben Sie sich daher, ein paar Mal Fehler zu machen, bevor Sie es richtig hinbekommen. Der beste Weg, um selbstbewusst zu sein, ist die Annahme, dass sowohl Sie als auch die andere Person fehlerhafte Menschen sind, die Fehler und Irrtümer machen können. Hören Sie anderen zu und überlegen Sie, wie Sie antworten möchten. Dieser Prozess ist besonders wichtig, wenn Sie in einem starken Konflikt sind oder kritische Rückmeldungen erhalten. Gesunde Selbstbehauptung geht darum, Ihre Sichtweise durchzusetzen und Ihre Rechte zu verteidigen, wenn andere Sie schlecht und unfair behandeln. Im Gegensatz zur Aggressivität geht es bei der Selbstbehauptung nicht darum, anderen zu zeigen, dass Sie recht haben und sie Unrecht haben. Selbstbehauptung zielt darauf ab, einen zivilisierten Austausch zur Lösung von Meinungsverschiedenheiten und zur Erzielung einer Einigung zu ermöglichen.

Wenn Sie eine Meinungsverschiedenheit klären, kann es notwendig sein, einen ausreichend privaten Ort für ein Gespräch zu finden, wenn beide Parteien Zeit haben. Denken Sie immer daran, dass die Bedingungen nicht perfekt sein müssen, um mit jemand anderem zu sprechen, obwohl dies hilfreich ist, um mögliche Ablenkungen zu minimieren. Wenn es sich um eine Arbeitsstreitigkeit handelt, müssen Sie möglicherweise einen Termin mit Ihrem Kollegen oder Vorgesetzten vereinbaren, um zu sprechen.

Mit Gleichaltrigen mithalten

Ein geringes Selbstvertrauen kann zu sozialen Schwierigkeiten aller Art führen. Wie zuvor beschrieben, kann diese Sichtweise ungesunden Ärger auslösen. Sie kann auch dazu führen, dass Sie sich negativ und hart mit anderen vergleichen. Möglicherweise fühlen Sie sich sozial unsicher, weil Sie im Grunde glauben, dass andere Sie nicht mögen oder Sie so akzeptieren, wie Sie sind. Eine der besten Methoden, um soziale Interaktionen wirklich zu schätzen, Beziehungen aufrechtzuerhalten und Freundschaften zu schließen, besteht darin, sich selbst für gleichwertig mit anderen Menschen zu halten. Dieser Standpunkt mag leicht erscheinen, aber wie viele Prinzipien der Kognitiven Verhaltenstherapie kann die Praxis viel schwieriger sein. Das Gefühl von Gleichwertigkeit bedeutet, die Notwendigkeit aufzugeben, überlegen zu sein, um sich nicht minderwertig zu fühlen. Es bedeutet auch, Ihr wahres Selbst zu sein und andere auf der Grundlage dessen zu schätzen oder nicht zu schätzen, und umgekehrt. Sich als gleichwertig mit anderen zu sehen, bedeutet, Ihre Normalität zu akzeptieren, zu umarmen und sogar zu feiern.

Schlussfolgerungen und Danksagungen

In diesem Buch haben wir gemeinsam eine Reise durch verschiedene Aspekte der Bewältigung von Depression und Angst unternommen. Wir haben untersucht, wie diese Gefühle entstehen, wie sie unser Leben beeinflussen können und vor allem, wie wir lernen können, besser damit umzugehen. Wir haben Werkzeuge und Techniken der Kognitiven Verhaltenstherapie behandelt, die Ihnen helfen können, Ihre Gedanken und Ihr Verhalten zu verändern, um Ihr seelisches Wohlbefinden zu steigern.

Es ist wichtig zu betonen, dass die Bewältigung von Depression und Angst ein kontinuierlicher Prozess ist. Es gibt keine einfachen Lösungen oder schnellen Heilungen. Stattdessen erfordert es Zeit, Geduld und Übung, um positive Veränderungen in Ihrem Leben zu bewirken. Die in diesem Buch vorgestellten Prinzipien und Techniken der KVT sind mächtige Werkzeuge, aber es liegt an Ihnen, sie in Ihrem Alltag umzusetzen und konsequent anzuwenden.

Während wir diese Reise beendet haben, ist es wichtig zu verstehen, dass Sie nicht allein sind. Depression und Angst sind weit verbreitete Probleme, die viele Menschen erleben. Es ist mutig und lobenswert, sich diesen Herausforderungen zu stellen und nach Wegen zur Verbesserung Ihres Wohlbefindens zu suchen.

Wir möchten Ihnen für Ihr Engagement danken, dieses Buch zu lesen und sich auf die Reise zur Verbesserung Ihres seelischen Wohlbefindens zu begeben. Wir hoffen aufrichtig, dass die Informationen und Ratschläge, die wir Ihnen zur Verfügung gestellt haben, hilfreich waren und Ihnen eine bessere Grundlage bieten, um mit Depression und Angst umzugehen.

Unsere Dankbarkeit gilt auch allen Fachleuten und Forschern auf dem Gebiet der psychischen Gesundheit, die kontinuierlich daran arbeiten, unser Verständnis für diese Themen zu vertiefen und wirksamere Behandlungen zu entwickeln.

Abschließend möchten wir Sie ermutigen, weiterhin nach Unterstützung zu suchen, sei es bei Therapeuten, Ärzten oder in Selbsthilfegruppen. Sie sind nicht allein auf diesem Weg, und es gibt Menschen und Ressourcen, die Ihnen helfen können. Wir wünschen Ihnen alles Gute auf Ihrem Weg zu mehr seelischem Wohlbefinden und einer positiveren Zukunft.

"Große Geister sind immer auf heftigen Widerstand von mittelmäßigen Köpfen gestoßen." - Albert Einstein

Depressionen buch für angehörige

"Sanfte Begleitung für Angehörige: Wie Sie Ihren Liebsten bei Depressionen helfen können"

Greta Müller

"In der Dunkelheit der Depression liegt auch
die Möglichkeit, das Licht der Heilung zu
entdecken." ✦

Inhalt

Greta Müller © Copyright 2023:

Alle Rechte vorbehalten. Dieses Werk und alle Inhalte darin sind durch internationale Urheberrechte und andere geistige Eigentumsrechte geschützt. Jegliche Vervielfältigung, Verbreitung, öffentliche Aufführung oder Modifikation des gesamten Werkes oder von Teilen davon ohne schriftliche Genehmigung des Autors ist strengstens untersagt.

Disclaimer - Medizinische Ratschläge:

Die in diesem Buch enthaltenen Informationen dienen ausschließlich zu Informationszwecken und stellen keine medizinische Beratung oder Behandlung dar. Die Autorin ist keine medizinische Fachkraft, und die in diesem Buch vorgestellten Informationen sollten nicht als Ersatz für professionelle medizinische Beratung oder Behandlung angesehen werden.

Einführung:

Depression ist eine komplexe und ernsthafte psychische Erkrankung, die Menschen auf der ganzen Welt betrifft. Sie kann das Leben von Betroffenen und ihren Angehörigen stark beeinflussen und stellt eine der häufigsten Ursachen für Arbeitsunfähigkeit und Beeinträchtigung der Lebensqualität dar. Für Familienangehörige von depressiven Personen kann es eine besondere Herausforderung sein, mit dieser Erkrankung umzugehen und Unterstützung zu bieten.

Dieses Buch richtet sich an alle, die einen geliebten Menschen haben, der unter Depressionen leidet, und die nach Möglichkeiten suchen, ihnen bestmöglich zu helfen. Wir möchten Sie in diesem Buch auf eine Reise mitnehmen, um das Verständnis für die Komplexität der Depression zu vertiefen und Ihnen Werkzeuge und Ressourcen zur Verfügung zu stellen, um eine liebevolle und unterstützende Rolle für Ihre betroffenen Familienmitglieder zu übernehmen.

Mit einem einfühlsamen und verständnisvollen Ansatz werden wir uns gemeinsam mit den Grundlagen der Depression befassen, Symptome erkennen und sensibel mit versteckten Anzeichen umgehen lernen. Wir werden uns mit den möglichen Ursachen der Erkrankung beschäftigen und die Bedeutung von Empathie und achtsamer Kommunikation in der Unterstützung von depressiven Angehörigen beleuchten.

Darüber hinaus werden wir verschiedene Ansätze zur Behandlung von Depressionen erkunden, einschließlich der Rolle von Psychotherapie, Medikamenten und anderen Therapieformen. Speziell werden wir uns mit der möglichen Unterstützung durch homöopathische Mittel auseinandersetzen und wie sie eine ergänzende Rolle in der Behandlung einnehmen können.

Des Weiteren widmen wir uns der langfristigen Auswirkung von Depressionen und wie Sie als Familienmitglied den Weg zur Genesung unterstützen können. Wir werden uns damit beschäftigen, wie Sie mit kritischen Situationen umgehen und angemessene Grenzen setzen können, ohne dabei aufdringlich zu sein.

Ein weiterer wichtiger Aspekt, den wir betrachten werden, ist die Bedeutung von Selbstfürsorge und Achtsamkeit, sowohl für den Betroffenen als auch für die unterstützenden Angehörigen. Wir werden verschiedene Möglichkeiten und Techniken aufzeigen, wie Sie für sich selbst sorgen können, um nicht überfordert zu sein und gleichzeitig eine liebevolle Stütze für Ihren depressiven Familienangehörigen zu sein.

Abschließend möchten wir Ihnen helfen, eine wohlwollende, verständnisvolle und unterstützende Rolle in der Lebensreise Ihrer betroffenen Familienmitglieder einzunehmen. Unsere Hoffnung ist es, dass dieses Buch Ihnen wertvolle Erkenntnisse und Werkzeuge bietet, um Ihre geliebten Menschen auf dem Weg zur Heilung zu begleiten und eine liebevolle und unterstützende Gemeinschaft zu schaffen. Zusammen können wir eine positive Veränderung bewirken und dazu beitragen, dass Depressionen nicht mehr im Dunkeln verharren, sondern in einem Umfeld des Verständnisses und Mitgefühls angegangen werden.

Was ist Depression?

Depression ist eine ernsthafte psychische Erkrankung, die sich auf das emotionale, kognitive und physische Wohlbefinden einer Person auswirken kann. Sie wird oft als Stimmungsstörung charakterisiert und kann das Leben des Betroffenen stark beeinflussen. Menschen, die an Depressionen leiden, erleben oft anhaltende und tiefe Traurigkeit, einen Verlust des Interesses an Aktivitäten, die ihnen einst Freude bereiteten, sowie eine Abnahme von Energie und Antrieb.

Die Ursachen von Depressionen können vielfältig sein, und es gibt nicht immer eine klare und eindeutige Ursache für das Auftreten der Erkrankung. Es wird angenommen, dass eine Kombination von genetischen, biologischen, psychologischen und Umweltfaktoren zu einer Depression führen kann. Neurotransmitter, wie Serotonin und Noradrenalin, spielen eine wichtige Rolle bei der Regulierung der Stimmung, und ein Ungleichgewicht dieser chemischen Botenstoffe kann zu depressiven Symptomen führen.

Depressionen können sich auf verschiedene Weisen manifestieren und variieren von Person zu Person. Einige häufige Symptome können sein:

1. Traurigkeit und Niedergeschlagenheit, die über einen längeren Zeitraum andauern.
2. Verlust des Interesses oder der Freude an Aktivitäten, die einst als angenehm empfunden wurden.
3. Erschöpfung und verminderter Energielevel.
4. Schlafstörungen, wie Schlaflosigkeit oder übermäßiger Schlaf.
5. Veränderungen im Appetit und Gewicht.
6. Schwierigkeiten bei der Konzentration und Entscheidungsfindung.

7. Gefühle von Wertlosigkeit oder übermäßige Schuldgefühle.
8. Gedanken an Tod oder Suizid.

Wenn Sie einen depressiven Familienangehörigen
unterstützen möchten, ist es wichtig, die Symptome und
Anzeichen von Depressionen zu erkennen und einfühlsam zu
sein.
Wenn Sie einen depressiven Familienangehörigen
unterstützen möchten, ist es wichtig, die Symptome und
Anzeichen von Depressionen zu erkennen und einfühlsam zu
sein. Hier sind einige Schritte, die Ihnen helfen können, Ihre
Unterstützung auf medizinische Weise anzubieten:

Hören Sie aktiv zu: Lassen Sie Ihren Familienangehörigen
über seine Gefühle sprechen, und zeigen Sie Interesse an
dem, was er zu sagen hat. Nehmen Sie seine Emotionen ernst
und unterbrechen Sie ihn nicht. Zeigen Sie Mitgefühl und
Verständnis für seine Situation.

Informieren Sie sich über Depressionen: Beschäftigen Sie
sich mit dem Thema Depression, um die Erkrankung besser
zu verstehen. Dadurch können Sie einfühlsamer auf die
Gefühle und Bedürfnisse Ihres Familienmitglieds reagieren.

Ermutigen Sie zur professionellen Hilfe: Depressionen
erfordern oft eine fachliche Behandlung. Ermutigen Sie Ihren
Familienangehörigen, professionelle Hilfe von einem
Psychiater, Psychologen oder Therapeuten in Anspruch zu
nehmen. Bieten Sie Ihre Unterstützung an, wenn es um die
Suche nach geeigneten Fachleuten geht.

Zeigen Sie Geduld: Der Heilungsprozess bei Depressionen
kann langwierig sein. Zeigen Sie Geduld und bleiben Sie an
der Seite Ihres Familienmitglieds, auch wenn es Rückschläge
gibt. Erinnern Sie ihn daran, dass es okay ist, Zeit zu
brauchen, um sich zu erholen.

<u>Respektieren Sie seine Grenzen:</u> Jeder Mensch geht anders mit Depressionen um. Respektieren Sie die Grenzen Ihres Familienangehörigen, wenn er über seine Gefühle sprechen möchte oder lieber Zeit für sich allein benötigt.

<u>Achten Sie auf Selbstfürsorge:</u> Unterstützung eines depressiven Familienmitglieds kann emotional belastend sein. Nehmen Sie sich Zeit für Ihre eigene Selbstfürsorge und suchen Sie bei Bedarf Unterstützung, um mit den Herausforderungen umzugehen.

<u>Gemeinsame Aktivitäten:</u> Ermutigen Sie Ihren Familienangehörigen zu Aktivitäten, die ihm früher Freude bereitet haben, auch wenn es ihm schwerfällt. Gemeinsame Unternehmungen können eine positive Auswirkung auf seine Stimmung haben.

<u>Zeigen Sie Liebe und Zuneigung:</u> Depressionen können das Selbstwertgefühl beeinträchtigen. Zeigen Sie Ihrem Familienangehörigen, dass er geliebt und geschätzt wird, unabhängig von seiner Erkrankung.

Abschließend ist es wichtig zu betonen, dass Unterstützung und Empathie für einen depressiven Familienangehörigen einen bedeutenden Unterschied machen können. Durch einfühlsames Zuhören, Ermutigung zur professionellen Hilfe und Respektierung seiner Grenzen können Sie dazu beitragen, dass er sich nicht allein fühlt und die Unterstützung erhält, die er für seine Genesung benötigt. Es ist entscheidend, ihn auf seinem Weg zur Besserung zu begleiten und ihm zu zeigen, dass er nicht allein mit seinen Gefühlen ist.

Die Auswirkungen von Depressionen auf das Familienleben und ihre Risiken

Depressionen haben nicht nur eine herausfordernde Wirkung auf den Betroffenen selbst, sondern können auch das Familienleben erheblich beeinflussen. In diesem Kapitel werden wir die Auswirkungen von Depressionen auf das Familiengefüge aus medizinischer Perspektive betrachten. Dabei werden wir sowohl die emotionalen Auswirkungen als auch die damit verbundenen Risiken für die Familie beleuchten. Zudem werden wir auf die Schwierigkeiten eingehen, mit einem depressiven Familienmitglied zu interagieren.

Die emotionale Belastung, die eine Depression auf das Familienleben ausübt, kann signifikant sein. Familienangehörige können sich oft hilflos und überfordert fühlen, da sie möglicherweise nicht wissen, wie sie ihrem depressiven Familienmitglied am besten helfen können. Die ständige Sorge um den Betroffenen kann die Gefühle von Angst und Frustration verstärken und zu einer anhaltenden Belastung führen.

Diese Belastung kann zu einer verminderten Lebensqualität der Familienangehörigen führen. Konflikte und Missverständnisse können aufgrund von Kommunikationsschwierigkeiten mit dem depressiven Familienmitglied auftreten. Insgesamt kann die Depression das Familiengefüge beeinträchtigen, wenn die Belastung nicht angemessen bewältigt wird.

Das Verhalten eines depressiven Familienmitglieds kann sich verändern und zu Schwierigkeiten in der Interaktion führen. Die Betroffenen können sich zurückziehen, kommunizieren weniger oder haben Schwierigkeiten, ihre Gefühle auszudrücken. Diese Verhaltensänderungen können es für die anderen Familienmitglieder schwierig machen, angemessen zu reagieren und die richtige Unterstützung zu bieten.

Es besteht ein Risiko für Missverständnisse und Unverständnis aufgrund der veränderten Kommunikation und Verhaltensweisen des depressiven Familienmitglieds. Konflikte und Spannungen können in der Familie auftreten, wenn die Familienmitglieder nicht angemessen auf die Verhaltensänderungen reagieren. Das Gefühl der Überforderung und Hilflosigkeit kann sich bei den anderen Familienmitgliedern entwickeln, wenn sie nicht wissen, wie sie dem Betroffenen am besten helfen können.

Um die Auswirkungen von Depressionen auf das Familienleben zu bewältigen, ist es entscheidend, dass die Familienmitglieder sich selbst und den Betroffenen unterstützen. Offene Kommunikation und das Verständnis für die Herausforderungen, mit denen das depressive Familienmitglied konfrontiert ist, können dazu beitragen, die Belastung zu verringern. Darüber hinaus kann professionelle Hilfe in Form von Therapie oder Beratung sowohl für den Betroffenen als auch für die Familie von großem Nutzen sein. Gemeinsam können Familien Wege finden, um die Herausforderungen der Depression zu bewältigen und eine unterstützende Umgebung für die Genesung zu schaffen.

"Gemeinsam Stark: Wie du deinen Angehörigen bei Depressionen unterstützt"

Während wir uns auf diese Reise der Unterstützung und Heilung begeben, ist es wichtig, dass wir uns selbst Raum geben, um zu lernen und zu wachsen. Wir sollten uns daran erinnern, dass wir als Angehörige nicht perfekt sind und dass es in Ordnung ist, Fehler zu machen. Was zählt, ist unser aufrichtiges Bemühen, einfühlsam zu sein und unsere geliebten Menschen bedingungslos zu unterstützen.

Die psychoanalytische Perspektive lehrt uns, die tieferen Schichten der menschlichen Psyche zu verstehen und die komplexen Wechselwirkungen von Gedanken und Emotionen zu erkennen. Indem wir uns bemühen, aufmerksame Zuhörer zu sein und die zugrunde liegenden Gefühle hinter den Worten zu erfassen, können wir unseren Familienmitgliedern dabei helfen, ihre eigenen inneren Kämpfe zu entdecken und zu verstehen.

Der Weg der Heilung von Depressionen mag lang und kurvenreich sein, aber wir können sicher sein, dass wir unsere Angehörigen auf diesem Weg nicht allein lassen werden. Unsere Unterstützung, unsere Hand und unser Herz werden ihnen in den dunkelsten Momenten Halt geben und sie daran erinnern, dass sie nicht alleine sind.

Lasst uns auch eine Atmosphäre der Gelassenheit und Entspanntheit schaffen, in der unsere geliebten Menschen sich öffnen können, ohne Angst vor Urteilen oder Verurteilung. Durch unsere liebevolle Präsenz geben wir ihnen die Freiheit, ihre Gefühle auszudrücken und ihre innersten Gedanken mitzuteilen.

Während wir uns in die Tiefen der Psychoanalyse begeben, wollen wir immer in Erinnerung behalten, dass wir Menschen sind - mit all unseren eigenen Herausforderungen und Gefühlen. Indem wir unsere Menschlichkeit akzeptieren, können wir uns auf Augenhöhe mit unseren Angehörigen begeben und gemeinsam eine Atmosphäre des Vertrauens und der Offenheit schaffen.

Es kann Momente geben, in denen wir uns hilflos fühlen oder nicht wissen, wie wir am besten reagieren sollen. In solchen Zeiten ist es wichtig, Unterstützung von anderen zu suchen, sei es von professionellen Therapeuten oder von anderen Familienangehörigen. Wir sind nicht allein auf dieser Reise, und es ist in Ordnung, nach Hilfe zu fragen, wenn wir sie brauchen.

Als Angehörige werden wir eine wichtige Rolle im Leben unserer geliebten Menschen spielen, und es ist ein Privileg, an ihrer Seite zu sein, wenn sie gegen die Depression kämpfen. Wir können Licht in ihre Dunkelheit bringen und sie daran erinnern, dass es Hoffnung und Möglichkeiten gibt, selbst in den schwierigsten Zeiten.

Gemeinsam werden wir lernen, zu verstehen, zu unterstützen und zu heilen. Die Reise wird möglicherweise nicht immer einfach sein, aber sie wird uns und unsere Familienmitglieder stärker machen. Lasst uns also mit Empathie und Verständnis voranschreiten, denn die wahre Essenz des Lebens liegt in der Verbundenheit und im liebevollen Miteinander.

So wollen wir uns auf den Weg machen, um unseren Familienmitgliedern dabei zu helfen, Depressionen zu überwinden. Mögen die Erkenntnisse und Einsichten, die wir gewinnen, uns nicht nur im Umgang mit Depressionen, sondern auch in unserem eigenen Leben bereichern.

Die Bedeutung der Unterstützung für Angehörige mit Depressionen

Die Bedeutung der Unterstützung für Angehörige mit Depressionen ist von unschätzbarem Wert. Wenn ein geliebter Mensch unter Depressionen leidet, kann es eine äußerst schwierige und herausfordernde Zeit für alle Beteiligten sein. Als Angehörige stehen wir in der einzigartigen Position, unserem Liebsten in dieser dunklen Phase seines Lebens beizustehen und eine wichtige Stütze zu bieten.

Depression ist eine psychische Erkrankung, die nicht nur die betroffene Person selbst betrifft, sondern auch das gesamte soziale Umfeld beeinflussen kann. Es ist wichtig zu verstehen, dass die Unterstützung und das Verständnis von Angehörigen einen erheblichen Einfluss auf den Verlauf und die Genesung der Depression haben können.

In einer Zeit, in der sich der Betroffene möglicherweise isoliert und einsam fühlt, können wir als Angehörige eine Brücke sein, die ihn mit der Außenwelt verbindet. Einfühlsame Gespräche, gemeinsame Unternehmungen und einfach nur da zu sein und zuzuhören, können eine immense Bedeutung haben.

Doch Unterstützung bedeutet nicht, dass wir die Rolle von Therapeuten oder Ärzten einnehmen sollten. Es ist entscheidend zu erkennen, dass wir als Angehörige keine Experten sind und professionelle Hilfe und Therapie oft unerlässlich sind. Unsere Rolle besteht darin, Verständnis zu zeigen, zu ermutigen und die Betroffenen dazu zu ermutigen, professionelle Unterstützung in Anspruch zu nehmen.

Es ist auch wichtig, auf uns selbst zu achten, wenn wir Angehörige von depressiven Menschen sind. Die emotionale Belastung kann auch auf uns lasten, daher müssen wir unsere eigenen Grenzen kennen und für unsere eigene Selbstfürsorge sorgen. Auf diese Weise können wir eine dauerhafte Unterstützung für unseren geliebten Menschen sein, ohne uns selbst zu vernachlässigen.

Die Bedeutung der Unterstützung durch Angehörige zeigt sich in dem Gefühl von Zusammenhalt und Vertrauen, das sie vermitteln kann. Wir können zu einem Anker in stürmischen Zeiten werden, der unserem Liebsten hilft, sich sicher und verstanden zu fühlen. Unsere Unterstützung kann Hoffnung und Zuversicht vermitteln, dass es Wege zur Bewältigung der Depression gibt und dass sie nicht allein damit kämpfen müssen.

Indem wir einfühlsam und liebevoll sind, können wir unseren Angehörigen die Sicherheit geben, dass wir trotz der Herausforderungen fest an ihrer Seite stehen. Gemeinsam können wir den Weg der Genesung beschreiten und Licht in die Dunkelheit bringen. Unsere Unterstützung kann einen entscheidenden Unterschied machen und dazu beitragen, dass sich der Betroffene verstanden, akzeptiert und geliebt fühlt, während er gegen die Depression kämpft.

In dieser Reise der Unterstützung lernen wir als Angehörige auch viel über Empathie und die Bedeutung von seelischer Gesundheit. Es ist eine wertvolle Erfahrung, die uns näher zusammenbringen und uns als Familie oder Freunde stärken kann.

Insgesamt können wir durch unsere Unterstützung dazu beitragen, dass sich unser geliebter Mensch nicht allein und unverstanden fühlt, sondern von einer Gemeinschaft umgeben ist, die ihn bedingungslos unterstützt. Es ist ein Prozess, der Geduld, Mitgefühl und Respekt erfordert, aber es ist eine Reise, die das Potenzial hat, das Leben unseres Angehörigen nachhaltig zum Positiven zu verändern. Gemeinsam können wir stark sein und gemeinsam können wir die Herausforderungen der Depression bewältigen.

Sensibler und liebevoller Umgang mit dem Thema

Herzlich willkommen zu einem Kapitel, das sich dem sensiblen und liebevollen Umgang mit dem Thema Depression widmet. Hier geht es darum, wie wir als Angehörige eine unterstützende Rolle einnehmen können, um unseren geliebten Menschen in seiner Zeit der Dunkelheit zu begleiten. Lassen Sie uns gemeinsam eintauchen und eine entspannte, verständnisvolle Atmosphäre schaffen, in der wir die Essenz von Empathie und menschlicher Verbundenheit spüren können.

In der Psychoanalyse betrachten wir Depressionen als eine komplexe Verflechtung von Emotionen und Erfahrungen, die tief in der Seele verankert sind. Jeder Mensch hat eine einzigartige Geschichte, die seine Depression beeinflussen kann, und es ist unsere Aufgabe als Angehörige, diese Individualität zu achten und zu respektieren.

Es ist ganz normal, dass wir uns zu Beginn unsicher fühlen und nicht immer wissen, wie wir am besten reagieren sollen. Aber lassen Sie mich Ihnen versichern, dass es keinen perfekten Weg gibt, um mit dem Thema umzugehen. Der Schlüssel liegt darin, authentisch zu sein und Ihrem geliebten Menschen zu zeigen, dass Sie für ihn da sind, ohne Urteile und Vorwürfe.

Ein einfühlsamer Umgang mit dem Thema bedeutet, dass wir uns Zeit nehmen, zuzuhören, wenn unser Angehöriger sprechen möchte. Manchmal können Worte nicht ausdrücken, was in der Seele gefangen ist, und das ist in Ordnung. Einfach da zu sein, ohne Druck auf Gespräche auszuüben, kann ein wertvolles Geschenk sein.

Denken Sie daran, dass die Depression nicht durch äußere Faktoren verursacht wird und dass unser geliebter Mensch keine Kontrolle über seine Gefühle hat. Es ist wichtig, Mitgefühl zu zeigen und Verständnis dafür zu haben, dass es keine einfache Lösung gibt. Unsere Rolle ist es, Unterstützung zu bieten und geduldig zu sein, während er seine eigenen Wege zur Bewältigung findet.

Es ist auch essentiell, sich selbst Raum für emotionale Reflexion zu geben. Es kann herausfordernd sein, den Schmerz und die Schwere der Depression zu sehen, aber es ist in Ordnung, unsere eigenen Gefühle zu haben. Denken Sie daran, sich selbst zu erlauben, Gefühle zu empfinden und Hilfe zu suchen, wenn Sie sie brauchen. Sie sind nicht allein in diesem Prozess.

Neben der emotionalen Unterstützung können wir auch praktische Wege finden, um unserem geliebten Menschen zu helfen. Dies kann von alltäglichen Aufgaben wie Einkaufen oder Haushaltsarbeiten bis hin zur Suche nach professioneller therapeutischer Unterstützung reichen. Der entscheidende Punkt ist, dass wir es gemeinsam tun und uns gegenseitig stärken.

In diesem Prozess ist es auch wichtig, Grenzen zu setzen und unsere eigenen Bedürfnisse zu berücksichtigen. Es ist okay, Nein zu sagen, wenn wir uns überfordert fühlen. Selbstfürsorge ist keine Egoismus, sondern eine Notwendigkeit, um langfristig unterstützend zu sein.

Wenn wir die Reise des sensiblen und liebevollen Umgangs mit dem Thema Depression antreten, öffnen wir unsere Herzen für eine tiefere Verbindung. Wir lernen nicht nur mehr über unseren geliebten Menschen, sondern auch über uns selbst. Es ist eine Reise, die uns wachsen und stärker werden lässt.

Ich möchte Sie ermutigen, sanft mit sich selbst zu sein und sich nicht von Rückschlägen entmutigen zu lassen. Jeder Tag ist eine neue Gelegenheit, liebevoller zu sein und unsere Verbundenheit zu stärken. Gemeinsam können wir uns auf diese Reise begeben, ohne Angst vor den ungewissen Pfaden zu haben, denn wir haben einander.

In der Ruhe und Offenheit der psychoanalytischen Perspektive können wir eine Atmosphäre des Verstehens schaffen, die unserem geliebten Menschen zeigt, dass er nicht allein ist. Gemeinsam können wir seine Last teilen und ihm helfen, das Licht in der Dunkelheit zu finden.

Verständnis der grundlegenden Symptome und Anzeichen

Es ist wichtig, dass wir uns Zeit nehmen, um die Zeichen zu erkennen, die unser geliebter Mensch möglicherweise zeigt, um ihm so früh wie möglich Unterstützung bieten zu können. Tauchen wir in diese sensible und entspannte Atmosphäre ein und entdecken wir gemeinsam die Nuancen dieses wichtigen Themas.

Die Psychoanalyse lehrt uns, dass die Symptome von Depressionen oft mehr sind als nur äußere Anzeichen. Sie können tiefer in der Seele verwurzelt sein und auf ungelöste Konflikte oder unterdrückte Emotionen hinweisen. Als Angehörige können wir lernen, diese subtilen Zeichen zu erkennen und zu verstehen, dass sie Ausdruck von inneren Kämpfen sein können.

Ein häufiges Symptom von Depressionen ist eine anhaltende Niedergeschlagenheit oder Traurigkeit. Ihr geliebter Mensch kann sich zurückgezogen fühlen, den Antrieb verlieren oder sich schuldig und wertlos fühlen. Es ist wichtig, auf Veränderungen in seiner Stimmung und seinem Verhalten zu achten und einfühlsam nachzufragen, wenn Sie das Gefühl haben, dass etwas nicht stimmt.

Auch der Schlaf kann von Depressionen beeinflusst werden. Ihr Angehöriger kann Schwierigkeiten haben einzuschlafen oder durchgehend schlechten Schlaf haben. Andererseits kann es auch sein, dass er vermehrt schlafen möchte und sich trotzdem müde und erschöpft fühlt. Schlafprobleme sind oft ein deutliches Zeichen dafür, dass etwas nicht in Ordnung ist.

Depressionen können auch den Appetit beeinflussen. Ihr geliebter Mensch könnte entweder den Wunsch haben, ständig zu essen, um sich zu trösten, oder den Appetit verlieren und das Interesse an Essen verlieren. Diese Veränderungen können zu Gewichtsschwankungen führen und sollten sensibel angesprochen werden, um eine mögliche Verschlimmerung zu verhindern.

Ein weiteres Symptom ist der Verlust von Interesse und Freude an Dingen, die früher als angenehm empfunden wurden. Aktivitäten, die einst Spaß gemacht haben, können nun uninteressant oder sogar belastend erscheinen. Als Angehörige können wir versuchen, einfühlsam und liebevoll zu ermutigen, ohne Druck auszuüben, sondern Raum für Erholung zu schaffen.

Gleichzeitig können körperliche Symptome auftreten, die mit der psychischen Belastung einhergehen. Kopfschmerzen, Magenbeschwerden oder andere körperliche Beschwerden können mögliche Anzeichen von Depressionen sein und sollten ernst genommen werden.

Es ist wichtig zu verstehen, dass Depressionen kein Zeichen von Schwäche sind, sondern eine komplexe psychische Erkrankung. Oft verbergen Betroffene ihre Gefühle aus Scham oder Angst vor Verurteilung. Als Angehörige können wir ein unterstützendes Umfeld schaffen, in dem unser geliebter Mensch sich sicher fühlt, über seine Gefühle zu sprechen.

Indem wir uns Zeit nehmen, zuzuhören und zu verstehen, können wir ihm helfen, in dieser schwierigen Zeit nicht allein zu sein.

Die feinfühlige Wahrnehmung verborgener Zeichen der Depression

In diesem Kapitel wollen wir eintauchen in die Welt der Psychoanalyse und uns der sensiblen Wahrnehmung widmen, die nötig ist, um verborgene Zeichen der Depression bei unseren geliebten Menschen zu erkennen. Es bedarf einer tiefen, empathischen Einsicht, um die subtilen Anzeichen zu erfassen, die hinter der äußeren Fassade verborgen sind. Lassen Sie uns gemeinsam in diese entspannte Atmosphäre eintauchen und lernen, wie wir unsere Angehörigen auf einer tieferen Ebene verstehen können.

Jeder Mensch trägt seine eigenen inneren Kämpfe und Sorgen, die sich oft nicht sofort offenbaren. Die Psychoanalyse lehrt uns, nicht nur auf das Offensichtliche zu achten, sondern auch auf die leisen Zwischentöne in den Worten und Gesten unserer geliebten Menschen. Ein unscheinbares Seufzen, ein flüchtiger Blick oder ein verstecktes Zögern können möglicherweise mehr sagen als tausend Worte.

Es ist ein fortwährender Prozess, unsere Beobachtungsgabe zu schärfen, um die feinen Veränderungen im Verhalten und der Stimmung unserer Familienmitglieder zu erfassen. Manchmal zeigen sich verborgene Zeichen der Depression durch einen scheinbar gleichgültigen Rückzug, während andere durch ein übertrieben fröhliches Auftreten versuchen, ihre inneren Kämpfe zu verbergen. Die Psychoanalyse hilft uns, hinter die Fassaden zu schauen und die zugrunde liegenden emotionalen Strömungen zu ergründen.

Unser geliebter Mensch mag versuchen, seine Gefühle zu verbergen, sei es aus Scham, Angst oder anderen Gründen. Indem wir eine entspannte, nicht-wertende Haltung einnehmen, können wir ihnen Raum geben, sich zu öffnen, ohne Angst vor Ablehnung. Es ist eine Reise der Einfühlung und des Respekts, bei der wir gemeinsam in die verborgenen Tiefen ihrer Seele eintauchen.

Die Sprache der Depression ist vielfältig und individuell. Einige mögen ihre inneren Kämpfe offen preisgeben, während andere sie hinter einer sorgsam errichteten Mauer verbergen. Als Angehörige können wir uns darauf einlassen, ohne zu drängen oder voreilige Schlüsse zu ziehen. Es ist eine Kunst der feinfühligen Aufmerksamkeit, bei der wir lernen, die subtilen Nuancen ihrer inneren Welt zu verstehen.

Es gibt keine pauschale Formel, um verborgene Zeichen der Depression zu erkennen. Jeder Mensch ist ein einzigartiges Puzzle von Gefühlen und Erfahrungen. Die Psychoanalyse ermutigt uns, unsere eigene innere Welt zu reflektieren, um besser zu verstehen, wie wir auf die Gefühle und Verhaltensweisen unserer Familienmitglieder reagieren. So können wir eine Atmosphäre des Vertrauens und der Offenheit schaffen, in der sie sich sicher fühlen, ihre Gedanken und Emotionen mit uns zu teilen.

Während wir uns auf dieser Reise der sensiblen Wahrnehmung befinden, wollen wir uns Zeit nehmen, um zuzuhören und zuzulassen, dass sich unsere geliebten Menschen in ihrem eigenen Tempo öffnen. In dieser entspannten, einfühlsamen Atmosphäre können wir eine Brücke der Kommunikation bauen, die ihnen erlaubt, ihre Gefühle auszudrücken, ohne Angst vor Urteilen.

Es mag Momente geben, in denen wir uns hilflos fühlen oder nicht wissen, wie wir am besten reagieren sollen. Doch gerade in solchen Zeiten ist unsere feinfühlige Gegenwart von unschätzbarem Wert. Unsere liebevolle Präsenz kann ihnen die Sicherheit geben, dass sie nicht allein sind, und dass wir sie bedingungslos unterstützen, egal wie komplex ihre Gefühlswelt sein mag.

Durch die psychoanalytische Herangehensweise lernen wir, die unsichtbaren Fäden der Depression zu erkennen, die das Innenleben unserer Familienmitglieder durchziehen. Mit Empathie und Verständnis wollen wir ihnen beistehen und ihnen helfen, ihre inneren Kämpfe zu bewältigen. In dieser Reise der einfühlsamen Wahrnehmung entdecken wir die Magie der Verbundenheit und die Heilkraft der Menschlichkeit. Mögen uns diese Erkenntnisse begleiten und uns auf unserem Weg der Unterstützung und Heilung stärken.
Die sensible Wahrnehmung verborgener Anzeichen von Depressionen ist von entscheidender Bedeutung, um unseren geliebten Menschen die Unterstützung zu bieten, die sie benötigen. Oft sind die Symptome nicht offensichtlich und können subtil sein, aber wenn wir aufmerksam sind, können wir die Veränderungen im Verhalten und in der Stimmung unserer Familienmitglieder bemerken. Zum Beispiel könnten sie sich zurückziehen, weniger Interesse an ihren Hobbys oder sozialen Aktivitäten haben, oder plötzlich an Gewicht verlieren oder zunehmen. Eine verminderte Energie und Antriebslosigkeit können ebenfalls auf eine mögliche Depression hinweisen. Wir sollten aufmerksam sein, wenn sie vermehrt negative Gedanken äußern oder sich häufig über Gefühle von Wertlosigkeit oder Schuld äußern. Es ist wichtig, dass wir einfühlsam und verständnisvoll sind und unseren geliebten Menschen ermutigen, über ihre Gefühle zu sprechen. Indem wir achtsam auf die versteckten Anzeichen achten und liebevoll auf sie eingehen, können wir ihnen zeigen, dass sie nicht alleine sind und dass wir für sie da sind, um sie auf ihrem Weg zur Heilung zu begleiten.

Das Verständnis der Entstehung von Depressionen

Tief in den Seelen der Menschen schlummern verborgene Abgründe, deren Dunkelheit sich manchmal als Depression manifestiert. Die Entstehung dieser komplexen psychischen Erkrankung ist ein Rätsel, das sich aus den tiefen Schichten der Psyche entschlüsseln lässt. Die Psychoanalyse, als Schlüssel zu den verborgenen Türen der menschlichen Seele, lehrt uns, diese Abgründe zu ergründen.
Die Wurzeln der Depression können vielschichtig sein, gewoben aus traumatischen Erlebnissen vergangener Tage und chronischem Stress, der langsam an der Psyche zehrt. In den verborgenen Ecken der Psyche nisten sich ungelöste emotionale Konflikte und unterdrückte Gefühle ein, die ihre Spuren hinterlassen. Die Psychoanalyse, als sanfter Führer, lässt uns diese Schatten erkennen.

Die Kindheit trägt oft den Samen der Depression in sich. Erlebnisse von Vernachlässigung, Ablehnung oder Verlust, wie dunkle Schatten, die sich über die Jahre hinweg ausbreiten und das Gemüt umhüllen. Die Psychoanalyse, als Archäologe der Psyche, hilft uns, die Verbindung zwischen Vergangenheit und Gegenwart zu entdecken und zu verstehen, wie diese Erlebnisse den Lauf der Depression beeinflussen.

Das Selbstwertgefühl und das Gefühl von Selbstwirksamkeit spielen eine entscheidende Rolle in diesem düsteren Tanz. Diejenigen, die sich selbst als wertlos und ohnmächtig empfinden, sind anfälliger für das schleichende Gift der Depression. Indem wir diese Verbindungen erforschen, können wir Licht auf die Pfade der Heilung werfen.

Manchmal kann die Depression als ein Schutzschild dienen, eine Mauer, die errichtet wird, um sich vor der Welt zu verstecken. Ein verzweifelter Versuch, sich vor dem emotionalen Schmerz abzuschirmen, doch die Wunden bleiben. Die Psychoanalyse, als Spürhund der Gefühle, hilft uns, diese Mechanismen zu erkennen und die wahren Emotionen darunter zu enthüllen.

Depression ist keine Schwäche, sondern eine echte psychische Erkrankung, die den Geist und die Seele bedrückt. Als Angehörige ist es unsere Rolle, empathisch und ohne Vorurteile zu unterstützen. Die Psychoanalyse, als Kompass des Verständnisses, zeigt uns den Weg, ohne Schuldzuweisungen oder Verurteilung.

Jeder Mensch ist ein komplexes Universum mit eigenen inneren Kämpfen und Gefühlen. Unsere Aufgabe ist es, mit offenen Augen und einem wohlwollenden Herzen zu begegnen. Die Psychoanalyse, als Führer durch das Labyrinth der Gefühle, lehrt uns, auf gleicher Augenhöhe zu wandeln

Tief in der Seele der Menschen lauern dunkle Abgründe, die manchmal als Depressionen zutage treten. Die Entwicklung dieser komplexen psychischen Erkrankung ist ein Rätsel, das in den Tiefen der Psyche verborgen liegt. Psychoanalyse kann uns helfen, diese verborgenen Abgründe zu erkunden.

Depressionen sind verwoben aus vergangenen Verletzungen und unausgesprochenen Ängsten. Sie sind wie ein dichter Nebel, der die Sicht auf das Wesentliche trübt. Die Psychoanalyse bietet uns den Kompass, um durch diesen Nebel zu navigieren.
Die Vergangenheit formt die Gegenwart, und die Vergangenheit prägt die Zukunft. Die Psychoanalyse enthüllt die Verbindungen zwischen vergangenen Traumata und

gegenwärtigen Seelenqualen. Wir müssen behutsam vorgehen, um die Spuren der Vergangenheit zu entdecken.
Depressionen können auch eine Art Schutzschild sein, eine Art Zuflucht vor der Welt da draußen. Die Psychoanalyse kann uns helfen, dieses Schutzschild zu durchbrechen und die wahren Emotionen ans Licht zu bringen.
Depression ist keine Schwäche, sondern ein komplexes Zusammenspiel von Erfahrungen und Emotionen. Die Psychoanalyse lehrt uns, mitfühlende Beobachter zu sein und die Gefühle unserer Mitmenschen zu respektieren.
Die Reise des Verständnisses führt uns in die Tiefen der menschlichen Seele. Die Psychoanalyse ist unser Kompass, der uns den Weg weist. Gemeinsam entwirren wir die Geheimnisse der menschlichen Psyche.

Ursachen und Faktoren, die zur Entstehung von Depressionen beitrage

Im dichten Nebel der Depression verbergen sich vielfältige Ursachen und Einflüsse, die zum Entstehen dieser dunklen Wolke beitragen. Es ist von großer Bedeutung, diese verborgenen Wurzeln zu erkennen und behutsam zu erforschen. Wie aufmerksame Forscher begeben wir uns auf eine Reise, um die tiefgreifenden Gründe hinter diesem inneren Leid zu verstehen.

Die Entstehung von Depressionen ist ein komplexes Puzzle aus verschiedenen Faktoren, einzigartig und individuell für jeden Betroffenen. Frühere Traumata und unverarbeitete Erfahrungen können wie schmerzhafte Schatten über die Seele legen und allmählich die Lebenskraft entziehen. Es ist von Bedeutung, diesen verdrängten Erinnerungen Aufmerksamkeit zu schenken und ihnen Raum zu geben. Auch biologische Faktoren spielen eine Rolle bei der Entstehung von Depressionen. Ein chemisches Ungleichgewicht im Gehirn kann zu emotionalen Stürmen führen, die die Gemütslage in Dunkelheit hüllen. Es ist von großer Bedeutung, die Verbindung zwischen Körper und Seele zu erkennen und zu respektieren.

In der hektischen Welt von heute, geprägt von raschem Wandel und ständiger Überforderung, können Stress und Belastungen zu einem Nährboden für Depressionen werden. Wie ein gewaltiges Unwetter, das über das Land zieht, können diese äußeren Einflüsse das innere Gleichgewicht stören. Die Erforschung der Verstrickungen von äußeren Einflüssen und inneren Emotionen ist von essentieller Bedeutung.Die Reise durch die Tiefen der Depression führt uns zu den charakteristischen Verhaltensweisen und Gefühlen der Betroffenen. Wie einfühlsame Beobachter entdecken wir die versteckten Nuancen ihrer Seelenlandschaften und erfahren, wie sie mit dieser inneren Dunkelheit umgehen.

Traurigkeit und Niedergeschlagenheit sind oft die ständigen Begleiter derer, die von Depressionen heimgesucht werden. Wie stille Schatten begleiten diese Gefühle sie durch den Alltag und trüben das Licht ihrer Lebensfreude. Es ist von großer Bedeutung, diese Gefühle zu respektieren und anzuerkennen, ohne sie zu verurteilen.

Die Müdigkeit, die durch die Last der Depression verursacht wird, kann wie eine bleierne Decke auf der Seele liegen. Sie lähmt die Lebenskraft und erschwert selbst die einfachsten Aufgaben des Alltags. Mitfühlende Unterstützung ist in diesem Erschöpfungszustand von großer Bedeutung. Gefühle der Hoffnungslosigkeit und Wertlosigkeit können wie giftige Dornen das Herz durchbohren. Sie verleiten die Betroffenen dazu, sich von der Welt zurückzuziehen und sich in ihren eigenen Gedanken zu verlieren. Es ist von großer Bedeutung, ihnen in diesen Momenten beizustehen und ihnen Trost zu spenden. Der Verlust des Interesses an Aktivitäten, die einst Freude bereiteten, ist ein weiteres charakteristisches Merkmal der Depression. Wie ein Fluss, der sein Bett verlassen hat, fließt die Lebensenergie in andere Richtungen. Es ist von großer Bedeutung, diese Veränderung der Interessen mit den inneren Kämpfen zu verstehen.

In unserer Reise der Unterstützung und Heilung ist es von entscheidender Bedeutung, Stigmatisierung und Schuldzuweisungen zu vermeiden. Wie ein unsichtbares Netz können diese Vorurteile die Betroffenen gefangen halten und sie daran hindern, Hilfe zu suchen. Es ist von großer Bedeutung, ein Klima des Verständnisses und der Akzeptanz zu schaffen. Depressionen sind keine Schwäche oder Charakterfehler, sondern eine echte psychische Erkrankung. Wir müssen unsere eigenen Vorurteile erkennen und ablegen, um wahre Unterstützung bieten zu können. Es ist von großer Bedeutung, bedingungslosen Respekt und Mitgefühl zu zeigen.

In unserer Rolle als Unterstützerinnen und Unterstützer sollten wir vermeiden, Schuldzuweisungen auszusprechen oder zu urteilen. Jeder Mensch hat seine eigenen Kämpfe und

Herausforderungen. In dieser Atmosphäre der Offenheit und Verständigung können wir eine Brücke der Verbundenheit schaffen, die es den Betroffenen ermöglicht, sich geöffnet und verstanden zu fühlen. In dieser menschlichen Verbundenheit liegt die wahre Kraft der Heilung.

Empathisches Einfühlungsvermögen und emotionale Unterstützung

In den dunklen Stunden der Depression erweist sich unser Mitgefühl als wertvoller Schatz, der die Schatten der Verzweiflung durchdringt. Wie ein aufmerksamer Begleiter nehmen wir die Gefühle unserer Liebsten wahr und bieten ihnen unser Herz als sicheren Hafen an. Indem wir uns in ihre Lage versetzen, ohne zu urteilen, öffnen wir die Tür für eine tiefere Verbindung. So können unsere einfühlsamen Worte und beruhigenden Gesten einen wahren Unterschied machen und eine Atmosphäre des Trostes schaffen.

Die Schaffung einer unterstützenden und beruhigenden Umgebung

In unserer Rolle als Unterstützerinnen und Unterstützer errichten wir einen Zufluchtsort des Verständnisses und der Geborgenheit für unsere geliebten Menschen. Wie ein sicherer Hafen bieten wir ihnen Schutz vor den Stürmen ihrer Emotionen und schaffen einen Raum für Offenheit und Vertrauen. Das Zuhören wird zur Kunst, wenn wir die unsichtbaren Fäden ihrer Gedankenwelt wahrnehmen und einfühlsam auf sie eingehen.

Die Bedeutung von Geduld und Verständnis

Die Reise der Heilung ist oft ein langwieriger Prozess, der von Geduld und Verständnis geprägt ist. Wie ein ruhiger Fluss fließen unsere Worte der Ermutigung und Zuversicht, und wir begleiten sie beharrlich auf ihrem Weg. In Momenten der Dunkelheit zeigen wir unsere Ausdauer und lassen sie wissen, dass wir an ihrer Seite bleiben, auch wenn die Wege holprig sind. Indem wir sie in ihrem individuellen Tempo wachsen und heilen lassen, erkennen wir die Kraft der inneren Stärke, die in ihnen ruht.

Mit jedem liebevollen Blick und jeder fürsorglichen Geste vermitteln wir, dass wir sie bedingungslos unterstützen. Unsere einfühlsame Begleitung soll ihnen helfen, aus dem Dunkel der Depression ans Licht zu gelangen. Indem wir behutsam in ihrer Gedankenwelt eintauchen und ihre inneren Kämpfe anerkennen, zeigen wir ihnen, dass sie nicht alleine sind und dass wahre Verbindung und Heilung in der Kraft der menschlichen Seele liegen.

So möge unsere warmherzige Präsenz ihnen in schwierigen Zeiten Halt geben und sie auf ihrem Weg der Genesung begleiten. Unsere Unterstützung soll ihnen ermöglichen, ihre eigene innere Stärke zu entdecken und neue Wege zu finden, um das Licht und die Freude des Lebens wiederzufinden.

Die Rolle der Homöopathie bei der Unterstützung von Depressionen

In den verschlungenen Pfaden der menschlichen Psyche finden wir eine alternative Form der Heilung - die Homöopathie. Wie ein aufmerksamer Beobachter spürt sie die verborgenen Ursachen der Depression auf und bietet eine sanfte Unterstützung für die Seele. Die psychoanalytische Perspektive lehrt uns, diese heilende Kunst zu würdigen und in unserer Begleitung zu integrieren.

Die Homöopathie betrachtet den Menschen als ein Ganzes - Körper, Geist und Seele in einem kunstvollen Zusammenspiel. Wie ein feinfühliger Therapeut erforscht der Homöopath die verborgenen Muster und tiefen Sehnsüchte, die hinter der Depression liegen. Die psychoanalytische Herangehensweise zeigt uns, wie wir diese Verbindung zwischen Homöopathie und Psychologie nutzen können, um unsere geliebten Menschen besser zu unterstützen.

Natürliche Mittel und ihre beruhigende Wirkung auf den Geist

In der Fülle der homöopathischen Mittel finden wir sanfte Helfer, die wie Balsam für die gequälte Seele wirken. Kamille, Ignatia und Passionsblume - wie leise Melodien für das Gemüt lindern sie die inneren Stürme der Depression. Die psychoanalytische Perspektive lehrt uns, die subtilen Facetten dieser Mittel zu verstehen und ihre beruhigende Wirkung in unserer Unterstützung zu nutzen.

Die Homöopathie ist ein zartes Echo der Natur, das tief in die Wurzeln der Depression eindringt und den Weg zur Heilung ebnet. Wie ein beruhigendes Lied berühren homöopathische Mittel das Herz und bringen Frieden in die gequälte Seele. Die psychoanalytische Herangehensweise zeigt uns, wie wir die harmonischen Schwingungen dieser Mittel in unsere Unterstützung einbeziehen können.

Ratschläge zur Konsultation eines erfahrenen Homöopathen

Die Suche nach einem erfahrenen Homöopathen ist wie eine Reise in die Tiefen der menschlichen Psyche. In diesem Reich der Heilung ist der Homöopath wie ein erfahrener Führer, der die verborgenen Pfade der Depression entdeckt. Die psychoanalytische Perspektive lehrt uns, eine Atmosphäre des Vertrauens zu schaffen, in der unsere geliebten Menschen die Unterstützung finden, die sie benötigen.

Eine gründliche Anamnese ist der Schlüssel, der das Tor zu einer passenden homöopathischen Behandlung öffnet. Wie ein aufmerksamer Zuhörer erkundet der Homöopath die verborgenen Träume und verdrängten Wünsche, die in der Dunkelheit der Depression lauern. Die psychoanalytische Herangehensweise zeigt uns, wie wir diese kostbare Verbindung zwischen Psychologie und Homöopathie in unserer Begleitung nutzen können.

In der Obhut eines erfahrenen Homöopathen entdecken unsere geliebten Menschen die geheimnisvolle Kraft der Heilung. Wie ein erfahrener Analyst deckt der Homöopath die verborgenen Schichten der Depression auf und führt unsere Liebsten sicher auf dem Weg der Genesung. Die psychoanalytische Perspektive lehrt uns, diese Form der Unterstützung zu schätzen und in unsere liebevolle Begleitung einzubinden.

Möge die Homöopathie wie ein warmes Licht den Weg unserer geliebten Menschen in Zeiten der Depression erleuchten. In dieser Symbiose von Psychoanalyse und Homöopathie finden sie Trost und Heilung. Wie ein fachkundiger Analytiker versteht der Homöopath die verborgenen Bedürfnisse und Sehnsüchte, die das Leiden der Seele auslösen. Gemeinsam bilden sie ein harmonisches Duett, das die Heilung in Gang setzt und das Leben mit neuer Hoffnung und Stärke erfüllt.

Ein Beispiel für homöopathische Medizin und tägliche Hausmittel

In den labyrinthartigen Tiefen der menschlichen Seele finden wir eine einzigartige Form der Heilung - die Homöopathie. Eines der faszinierendsten homöopathischen Mittel ist Nux vomica - eine Pflanze mit vielfältigen heilenden Eigenschaften. Lassen Sie uns einen genaueren Blick auf dieses bemerkenswerte Heilmittel werfen und einige beruhigende Hausmittel kennenlernen, die uns in unserem Alltag unterstützen können.

Nux vomica - Die heilsame Nux-Pflanze

Die Nux vomica ist eine bemerkenswerte Pflanze, die in den Tiefen der Wälder gedeiht. Ihre kleinen, braunen Samen bergen die Kraft der Natur, die uns bei Magen-Darm-Beschwerden und emotionalen Störungen unterstützen kann. In der Homöopathie wird Nux vomica als sanftes Mittel zur Behandlung von Stress, Reizbarkeit und Schlafstörungen eingesetzt. Ihre beruhigende Wirkung auf den Geist kann helfen, die Belastungen des Alltags zu bewältigen.

Tägliches Hausmittel - Lavendelöl:

Lavendel ist ein Duft, der die Sinne beruhigt und eine harmonisierende Wirkung auf den Geist hat. Als tägliches Hausmittel kann Lavendelöl als beruhigende Aromatherapie verwendet werden, um den Stress des Tages zu mildern und einen ruhigen Schlaf zu fördern.

<u>Anwendung von Lavendelöl:</u>

1. Geben Sie ein paar Tropfen Lavendelöl auf ein
Taschentuch oder ein Duftkissen.
2. Atmen Sie den beruhigenden Duft ein und spüren Sie, wie
Ihre Sinne zur Ruhe kommen.

In diesen wertvollen Hausmitteln und homöopathischen
Heilmitteln finden wir eine Quelle der Ruhe und
Unterstützung für die Seele. Wie ein einfühlsamer Therapeut
erforschen sie die Tiefen unserer Emotionen und bieten
Trost und Heilung. Indem wir uns der Kraft der Natur
anvertrauen, eröffnen wir den Weg zu einem ausgeglichenen
und gesunden Leben. Lassen Sie uns diese kostbaren Gaben
der Homöopathie und Aromatherapie in unseren Alltag
integrieren und unsere Seele in ihrem wohltuenden Balsam
baden.

Bewältigung kritischer Situationen

In den unergründlichen Tiefen der menschlichen Psyche stoßen wir manchmal auf lebensverändernde Herausforderungen, die unsere ganze Fürsorge erfordern. Wie einfühlsame Begleiter tauchen wir mutig in diese stürmischen Gewässer ein, bereit, unseren Liebsten in kritischen Momenten beizustehen und ihnen ein hoffnungsvolles Licht zu sein. Lassen Sie uns tiefer in dieses Kapitel eintauchen und die fesselnden Wege erkunden, wie wir angemessen reagieren und eine aufrichtige Unterstützung bieten können.

In diesen emotional aufwühlenden Situationen ist es von zentraler Bedeutung, potenziell verschlimmernde Verhaltensweisen zu meiden. Unsere Worte und Taten können wie Wellen auf dem Ozean der Gefühle unserer Liebsten wirken. Daher setzen wir alles daran, eine warmherzige und unterstützende Atmosphäre zu schaffen. Unsere eigenen Reaktionen werden zu einem Tanz der Empathie, der das Leid unserer Nächsten mildert und ihnen Halt gibt, wenn die Wellen der Emotionen toben.

Wenn das Leben raue Stürme bringt, sind wir wie ein ruhiger Hafen in der aufgewühlten See. Unsere Präsenz ist eine sichere Insel inmitten der tobenden Wogen, denn wir stehen unseren Liebsten bedingungslos zur Seite und reichen ihnen unsere helfende Hand. Wir lassen keine Zeichen der Not unbemerkt und eilen ihnen zur Seite, wenn sie uns brauchen. Wie ein sanfter Regen auf dem verdorrten Boden, so bringen wir ihnen beruhigende Mittel aus der Homöopathie, wie Kamillentee und Lavendelöl, um ihre Seelen zu erfrischen und eine Atmosphäre der Ruhe zu schaffen.

Doch während wir uns mit ganzer Hingabe um unsere Liebsten kümmern, vergessen wir oft uns selbst. In diesen tiefgründigen Momenten der Fürsorge erinnert uns das Schicksal daran, auch auf unsere eigene Seele Acht zu geben. Wie ein wacher Geist im nächtlichen Wald erkennen wir die Bedeutung der Selbstfürsorge und machen sie zu unserer treuen Begleiterin. Unsere eigene Stabilität ist der Anker, der uns erlaubt, einfühlsam zu handeln und mitfühlend zu sein, wenn unsere Liebsten uns brauchen. Wir wissen, dass wir nur dann ein leuchtender Leuchtturm für andere sein können, wenn wir auch unser eigenes Licht pflegen.

Ein Beispiel für eine kritische Situation könnte sein, wenn ein geliebter Mensch plötzlich einen schweren Verlust erleidet, wie den Tod eines engen Familienmitglieds oder eines besten Freundes. In solchen Momenten der tiefen Trauer und Verzweiflung ist es wichtig, einfühlsam und unterstützend zu sein, da die betroffene Person mit einer Vielzahl von starken Emotionen konfrontiert ist. Als einfühlsamer Begleiter können wir unsere eigene Trauer beiseitelegen und uns ganz auf die Bedürfnisse unseres Liebsten konzentrieren, indem wir ihnen einen Raum bieten, in dem sie ihre Gefühle ausdrücken können, ohne Urteil oder Vorwürfe. Durch unser Mitgefühl und unsere Präsenz können wir ihnen helfen, diese schwierige Zeit zu bewältigen und langsam den Weg der Heilung einzuschlagen.

Die langfristigen Auswirkungen von Depressionen

In den tiefen Abgründen der menschlichen Psyche verbirgt
sich manchmal die Wurzel für langanhaltende Depressionen.
Wie ein gewissenhafter Forscher sind wir bestrebt, die
verborgenen Quellen zu entdecken, die das Leiden über einen
längeren Zeitraum verstärken können. Die psychologische
Perspektive offenbart uns, dass vergangene traumatische
Ereignisse, unausgesprochene Emotionen und tief
verwurzelte Konflikte eine bedeutende Rolle bei der
Entstehung langanhaltender Depressionen spielen können.
Indem wir diese versteckten Ursachen ans Licht bringen,
helfen wir unseren Liebsten, sich ihrer inneren Welt bewusst
zu werden und den ersten Schritt auf dem Weg der Heilung
zu tun. Unsere Reise führt uns tief in das Dunkel der
Vergangenheit, um es zu verstehen und schließlich zu
überwinden.
Die Förderung wirksamer Bewältigungsstrategien für
Familienmitglieder und Betroffene ist unerlässlich. Wie ein
einfühlsamer Freund suchen wir nach Möglichkeiten, ihnen
zu helfen, mit den Wellen der Emotionen umzugehen. Die
psychologische Perspektive lehrt uns, dass Selbstfürsorge,
offene Kommunikation und Geduld entscheidende Elemente
sind, um ihnen Stabilität und Unterstützung zu bieten.
Indem wir ihnen eine Schulter zum Anlehnen bieten und ein
offenes Ohr für ihre innersten Gedanken haben, ermöglichen
wir ihnen, ihre Gefühle auszudrücken und ihren inneren
Konflikt zu entwirren. Unsere Reise öffnet einen Raum der
Heilung, in dem wir mit unseren Liebsten gemeinsam das
Dunkel durchleuchten und das Licht der Hoffnung
entzünden.
Der Aufbau eines unterstützenden Netzwerks ist von
unschätzbarem Wert, wenn wir uns in Zeiten der Dunkelheit

befinden. Wie ein geschickter Knotenknüpfer verbinden wir uns mit anderen, um eine Gemeinschaft der Fürsorge und des Trostes zu schaffen. Die psychologische Perspektive lehrt uns, wie wir eine starke Verbindung mit anderen aufbauen können, die ebenfalls nach Heilung streben.

Gemeinsam erschaffen wir eine Umgebung der Unterstützung, in der unsere Liebsten die Kraft finden, sich aus den Schatten der Depression zu erheben. Unsere Reise führt uns auf einen Weg des Verständnisses, der Empathie und der gegenseitigen Unterstützung.

Bewältigung - Eine Oase im Strudel des Lebens

Das Leben, ein ständiges Fließen von Erlebnissen, birgt sowohl Freude als auch Herausforderungen. Die Kunst des Bewältigens ist ein kostbares Instrument, das uns ermöglicht, die Strömungen des Lebens zu meistern und uns inmitten der Wirbel zu erden. Wie ein tapferer Held betrachten wir die Bewältigung als eine epische Reise, die uns lehrt, uns selbst besser zu verstehen und unsere innere Stärke zu entfesseln.

Bewältigung ist die Fähigkeit, mit den Herausforderungen, Stressoren und Schwierigkeiten des Lebens auf gesunde und konstruktive Weise umzugehen. Es ist eine innere Reise, bei der wir uns unseren Ängsten, Sorgen und Emotionen stellen, um sie zu verstehen und zu akzeptieren. Die Bewältigung befähigt uns, unsere Ressourcen zu nutzen und neue Wege zu finden, um mit den Wellen des Lebens zu tanzen.

Methoden der Bewältigung:

1. Selbstreflexion: Indem wir in uns hineinhorchen, können wir unsere Gefühle und Gedanken erkennen und benennen. Die Selbstreflexion erlaubt uns, uns mitfühlend zu begegnen und unsere eigenen Bedürfnisse zu verstehen.

2. Achtsamkeit: Die Praxis der Achtsamkeit hilft uns, im gegenwärtigen Moment zu verweilen und unsere Erfahrungen bewusst wahrzunehmen. Dadurch können wir uns von Sorgen um die Zukunft und Bedauern über die Vergangenheit befreien.

3. Unterstützung suchen: Sich mit anderen zu verbinden und Unterstützung zu suchen, ist ein wichtiger Teil der Bewältigung. Durch den Austausch von Erfahrungen und Emotionen erfahren wir Trost und Solidarität.

4. Kreative Ausdrucksformen: Kunst, Musik oder Schreiben können als Ventil dienen, um Emotionen auszudrücken und einen tieferen Einblick in unser Inneres zu gewinnen.

5. Selbstfürsorge: Die Pflege von Körper, Geist und Seele ist von entscheidender Bedeutung für die Bewältigung. Indem wir uns um uns selbst kümmern, stärken wir unsere innere Resilienz.

Verwendung der Bewältigung:

Die Bewältigung kann in allen Lebensbereichen angewendet werden. In Zeiten des Verlusts, der Trauer, der Veränderung oder der Angst ist sie ein treuer Begleiter. Sie ermöglicht es uns, durch die düstersten Stunden des Lebens zu navigieren und am Ende gestärkt daraus hervorzugehen. Die Bewältigung eröffnet uns neue Perspektiven und ermöglicht uns, die Schönheit des Lebens auch in schwierigen Zeiten zu erkennen.

Sensibles Umgehen mit Familienmitgliedern und ihren Gefühlen

In den vielschichtigen Beziehungen innerhalb der Familie entdecken wir die zarte Kunst des Einfühlungsvermögens. Wie ein einfühlsamer Therapeut erkennen wir die Bedeutung, mit Liebe und Achtsamkeit auf die Gefühle unserer Angehörigen einzugehen. In diesem Kapitel werden wir die Wege der Sensibilität erkunden, wie wir Grenzen setzen und unsere innere Stärke erkennen können.

Sensibilität ist die Fähigkeit, einfühlsam auf die Gefühle und Bedürfnisse unserer Familienmitglieder einzugehen. Sie erfordert ein offenes Herz und ein wachsames Auge, um die Nuancen ihrer Emotionen zu erkennen. Die psychoanalytische Perspektive zeigt uns, dass unsere Familienbeziehungen durch eine tiefe emotionale Verbindung geprägt sind, die es uns ermöglicht, mit Mitgefühl und Verständnis zu agieren.

Methoden der Sensibilität:

1. Aktives Zuhören: Indem wir unseren Angehörigen aktiv zuhören, zeigen wir ihnen, dass wir ihre Gefühle wahrnehmen und respektieren. Das Zuhören ohne Urteil ermöglicht es ihnen, sich geachtet und verstanden zu fühlen.

2. Einfühlungsvermögen zeigen: Durch Empathie können wir uns in die Lage unserer Familienmitglieder versetzen und ihre Perspektiven besser verstehen. Einfühlsamkeit hilft uns, liebevolle Unterstützung zu bieten und ihnen beizustehen, wenn sie es am meisten benötigen.

3. Kommunikation der Gefühle: Offene und ehrliche Kommunikation fördert ein Verständnis füreinander. Indem

wir unsere eigenen Gefühle teilen, ermutigen wir unsere Angehörigen, ihre Emotionen ebenfalls auszudrücken.

4. Grenzen respektieren: Die Sensibilität beinhaltet auch das Erkennen und Respektieren persönlicher Grenzen. Wir erkennen, dass unsere Angehörigen individuelle Bedürfnisse haben, die wir achten sollten, ohne aufdringlich zu sein.

5. Stärken betonen: Indem wir die Stärken unserer Familienmitglieder hervorheben, unterstützen wir ihr Selbstwertgefühl und ermutigen sie, ihre innere Resilienz zu erkennen.

Anwendung der Sensibilität:

Die Sensibilität ist in allen Facetten des Familienlebens von großer Bedeutung. In Zeiten der Freude, des Konflikts oder des Kummer ist sie ein wichtiger Leitfaden. Die Sensibilität ermöglicht uns, die Bindungen innerhalb der Familie zu vertiefen und eine Atmosphäre des Vertrauens und der Offenheit zu schaffen.
Indem wir unsere Sensibilität stärken, schaffen wir eine Oase der Heilung und des Mitgefühls innerhalb unserer Familie. Wie ein sanfter Fluss fließt die Sensibilität durch unsere Beziehungen und verbindet uns in einer Weise, die uns alle stärker und belastbarer macht.
Durch die Anwendung der Sensibilität öffnen wir unsere Herzen und Geister für die reiche Palette menschlicher Gefühle. Wir erkennen, dass es keine einfachen Antworten oder Lösungen gibt, sondern dass die wahre Stärke darin liegt, uns gegenseitig zu unterstützen und gemeinsam zu wachsen. Ein Schlüssel zur Sensibilität liegt auch darin, Grenzen zu setzen und die Bedürfnisse jedes Familienmitglieds zu respektieren. Wie ein kluger Beobachter lernen wir, die

Zeichen der Überforderung oder des Rückzugs zu erkennen und Raum für die persönliche Entfaltung zu lassen.

Die Sensibilität eröffnet uns auch die Möglichkeit, Konflikte auf eine konstruktive Weise anzugehen. Anstatt in Streitigkeiten verwickelt zu werden, suchen wir nach liebevollen und respektvollen Wegen, um unsere Standpunkte zu teilen und gemeinsame Lösungen zu finden.

Indem wir uns der Sensibilität hingeben, erkennen wir auch unsere eigene innere Stärke und Resilienz. Wie ein furchtloser Entdecker tauchen wir in unser eigenes Wesen ein und entdecken die Kraft, die uns befähigt, schwierige Situationen zu meistern.

Die Sensibilität lehrt uns auch, uns selbst und unsere Gefühle zu akzeptieren. Wir erkennen, dass es in Ordnung ist, verletzlich zu sein und dass unsere Emotionen uns nicht schwach, sondern menschlich machen.

Es ist wichtig zu betonen, dass Sensibilität kein Zeichen von Schwäche ist, sondern ein Ausdruck von Stärke und Einfühlungsvermögen. Sie ermöglicht es uns, echte und bedeutungsvolle Beziehungen aufzubauen und unsere Familienbande zu festigen.

In der kunstvollen Anwendung der Sensibilität schaffen wir eine wahrhaftige und unterstützende Umgebung für unsere Familie. Wie ein einfühlsamer Regisseur lenken wir unsere Beziehungen in eine Richtung, die von Liebe, Verständnis und Harmonie geprägt ist.

Den Umgang mit Panikattacken meistern

In den komplexen Tiefen der menschlichen Psyche offenbaren sich die verstörenden Natur von Panikattacken und ihre destabilisierenden Auswirkungen. Als sorgfältige Beobachter streben wir danach, die zugrunde liegenden Ursachen zu verstehen, um Wege zu finden, die Macht der Panik zu mildern. In diesem Abschnitt werden wir die Komplexität von Panikattacken erforschen, Strategien zur Reduzierung dieser Ängste erlernen und Maßnahmen zur sofortigen Beruhigung und Unterstützung erforschen.

Eine grundlegende Erkenntnis über Panikattacken und ihre Auslöser:

Panikattacken manifestieren sich als plötzliche Anfälle intensiver Angst, die von körperlichen und psychischen Symptomen begleitet werden. In ihrer vielschichtigen Natur können sie tiefer liegende Ängste und unbewusste Konflikte widerspiegeln. Durch sorgfältige Analyse dieser Zusammenhänge können wir einen Weg finden, ihre Auswirkungen zu mildern.

Strategien zur Bewältigung von Panikattacken:

Der Umgang mit Panikattacken erfordert ein Bewusstsein für ihre zugrunde liegenden Auslöser. In unserer Rolle als aufmerksame Beobachter suchen wir nach wiederkehrenden Mustern und Verbindungen in unseren Erfahrungen und Emotionen. Die Möglichkeit der Selbstreflexion und therapeutischer Unterstützung ermöglicht die Identifizierung und Bearbeitung der zugrunde liegenden Ängste und Konflikte.

Um Panikattacken besser bewältigen zu können, ist es hilfreich, Entspannungstechniken und Strategien zur

Angstbewältigung zu erlernen. Atemübungen können dazu beitragen, die Atmung zu regulieren und körperliche Anspannung zu reduzieren. Ein vertieftes Bewusstsein für unsere eigenen Gefühle und Gedanken ermöglicht eine effektivere Kontrolle über die Panik.

<u>Sofortige Maßnahmen zur Beruhigung und Unterstützung:</u>

In Momenten akuter Panik benötigen wir unmittelbare Maßnahmen zur Beruhigung und Unterstützung. Als fürsorgliche Unterstützer wenden wir uns uns selbst zu und suchen nach Strategien, um uns zu beruhigen. Die Möglichkeit der Selbstfürsorge und positiver Selbstgespräche verleiht uns Trost und Sicherheit.

Hier sind einige häufige Faktoren, die Panikattacken begünstigen können:

1. Vergangene traumatische Ereignisse: Erfahrungen von schweren Traumata oder belastenden Situationen können eine lang anhaltende emotionale Wirkung haben und Panikattacken auslösen.

2. Stress und Überlastung: Ein anhaltender Zustand von Stress und Überlastung, sei es in persönlichen Beziehungen, beruflichen Verpflichtungen oder anderen Lebensbereichen, kann zu Panikattacken führen.

3. Phobien und Ängste: Bestimmte Phobien und Ängste, sei es vor engen Räumen, Höhen, öffentlichen Auftritten oder sozialen Situationen, können Panikattacken hervorrufen.

4. Genetische Veranlagung: Es gibt Hinweise darauf, dass eine genetische Veranlagung für Angststörungen und Panikattacken eine Rolle spielen kann.

5. Medizinische Faktoren: Bestimmte medizinische Bedingungen, wie Schilddrüsenerkrankungen oder Herzprobleme, können Panikattacken auslösen oder verschlimmern.

6. Substanzmissbrauch: Der Missbrauch von Substanzen wie Alkohol, Drogen oder bestimmten Medikamenten kann Panikattacken begünstigen.

7. Veränderungen und Lebensübergänge: Große Veränderungen im Leben, wie Umzüge, Trennungen oder der Verlust eines geliebten Menschen, können zu emotionaler Belastung führen und Panikattacken auslösen.

Es ist wichtig zu betonen, dass die Auslöser von Panikattacken von Person zu Person variieren können. Was bei einer Person eine Panikattacke auslöst, muss bei einer anderen Person nicht zwangsläufig dasselbe Ergebnis haben. Eine individuelle Analyse und therapeutische Unterstützung sind daher entscheidend, um die spezifischen Ursachen und Wege der Bewältigung zu identifizieren.

In unseren Bemühungen, den Umgang mit Panikattacken zu meistern, sollten wir uns bewusst machen, dass es kein schnelles oder einfaches Heilmittel gibt. Es erfordert Zeit, Selbstreflexion und oft professionelle Hilfe, um langfristige Verbesserungen zu erzielen. Doch in unserer Entschlossenheit und unserem Streben nach innerem Gleichgewicht liegt die Kraft, die Macht der Panik zu mindern und unser Leben mit Zuversicht und Stärke zu führen.
In diesen Zeiten der Bewältigung mögen wir uns daran erinnern, dass wir die Architekten unseres eigenen Lebens sind. Indem wir uns mit Entschlossenheit, Mitgefühl und der Bereitschaft, Hilfe anzunehmen, auf den Weg machen, können wir die Macht der Panik mindern und uns eine

Zukunft erschaffen, in der wir uns selbst mit Zufriedenheit und Stolz betrachten können.

Die Bedeutung von Achtsamkeit und Selbstakzeptanz

Die wissenschaftliche Forschung hat deutlich gezeigt, dass die Praxis der Achtsamkeit nicht nur für Menschen, die von Depressionen betroffen sind, von großer Bedeutung ist, sondern auch für ihre Angehörigen. Oftmals fühlen sich Angehörige hilflos oder überfordert, wenn sie mit der Depression eines geliebten Menschen konfrontiert sind. Indem sie die Achtsamkeit kultivieren, können Angehörige lernen, mit ihren eigenen Emotionen umzugehen und sich auf das gegenwärtige Hier und Jetzt zu konzentrieren, was ihnen helfen kann, mit der Herausforderung der Depression umzugehen.

Eine achtsame Haltung gegenüber einem geliebten Menschen mit Depression bedeutet, ihm Raum zu geben, sich auszudrücken, ohne ihn zu beurteilen oder zu kritisieren. Es bedeutet, ihm aufmerksam zuzuhören, ohne sofort nach Lösungen zu suchen, sondern einfach da zu sein und ihm zu erlauben, seine Gefühle und Gedanken frei zu äußern. Dies kann für den Betroffenen eine große Erleichterung bedeuten, da er sich verstanden und angenommen fühlt.

Zusätzlich können Angehörige von der Praxis der Achtsamkeit selbst profitieren, indem sie Zeit für Selbstreflexion nehmen und ihre eigenen Gefühle und Bedürfnisse erforschen. Dies kann ihnen helfen, besser mit ihren eigenen Emotionen umzugehen und sich selbst liebevoll zu begegnen. Durch Achtsamkeit können Angehörige lernen, sich nicht selbst zu vernachlässigen und für ihre eigenen Bedürfnisse zu sorgen, was ihre Fähigkeit stärkt, für ihren geliebten Menschen da zu sein.

Die Praxis der Achtsamkeit kann auch dazu beitragen, die Kommunikation zwischen Betroffenen und ihren Angehörigen zu verbessern. Durch achtsame Gespräche können Missverständnisse vermieden und die Verbindung zwischen ihnen gestärkt werden. Indem Angehörige lernen, ihre eigenen Emotionen und Reaktionen zu erkennen und zu akzeptieren, können sie in schwierigen Situationen ruhiger und einfühlsamer reagieren.

Ein weiterer bedeutender Aspekt der Achtsamkeit ist die Fähigkeit, im gegenwärtigen Moment zu bleiben und nicht zu sehr in die Vergangenheit oder Zukunft zu schweifen. Angehörige neigen oft dazu, sich Sorgen um die Zukunft zu machen oder sich Gedanken über vergangene Ereignisse zu machen. Durch die Praxis der Achtsamkeit können sie lernen, sich auf das Hier und Jetzt zu konzentrieren und sich nicht von ihren Ängsten oder Sorgen überwältigen zu lassen.

Darüber hinaus bieten Achtsamkeits-Atemübungen eine wertvolle Möglichkeit, die Achtsamkeitspraxis in den Alltag zu integrieren. Indem man sich bewusst auf seinen Atem konzentriert, kann man zur Ruhe kommen, Stress reduzieren und eine tiefere Verbindung zum gegenwärtigen Moment herstellen.

Insgesamt bietet die Praxis der Achtsamkeit den Betroffenen und ihren Angehörigen wertvolle Werkzeuge, um mit der Herausforderung der Depression umzugehen und eine tiefere Verbindung zu sich selbst und zueinander aufzubauen. Indem sie achtsam miteinander umgehen, können sie gemeinsam einen Weg finden, die Depression zu bewältigen und eine liebevolle und unterstützende Umgebung für den Heilungsprozess zu schaffen.

Atemübung 1: Bauchatmung

1. Setzen Sie sich bequem hin oder legen Sie sich hin, und stellen Sie sicher, dass Ihr Rücken gerade ist.
2. Legen Sie eine Hand auf Ihren Bauch und die andere Hand auf Ihre Brust.
3. Atmen Sie langsam und tief durch die Nase ein und spüren Sie, wie sich Ihr Bauch unter Ihrer Hand ausdehnt. Ihre Brust sollte sich dabei kaum bewegen.
4. Halten Sie den Atem für einen Moment an.
5. Atmen Sie langsam durch den Mund aus und spüren Sie, wie sich Ihr Bauch wieder zusammenzieht.
6. Wiederholen Sie diese Bauchatmung für mehrere Atemzüge und konzentrieren Sie sich dabei nur auf Ihren Atem. Lassen Sie andere Gedanken und Sorgen los.

Atemübung 2: Zähl-Atmung

1. Setzen Sie sich in eine bequeme Position und schließen Sie sanft Ihre Augen.
2. Atmen Sie tief durch die Nase ein und zählen Sie innerlich bis vier.
3. Halten Sie den Atem für eine Sekunde an.
4. Atmen Sie langsam durch den Mund aus und zählen Sie wieder bis vier.
5. Halten Sie den Atem erneut für eine Sekunde an, bevor Sie den nächsten Atemzug nehmen.
6. Wiederholen Sie diese Zähl-Atmung für einige Minuten. Versuchen Sie, sich vollständig auf die Zählung und Ihren Atem zu konzentrieren, um den Geist zu beruhigen.

<u>Atemübung 3: Progressive Muskelentspannung mit Atemtechnik</u>

1. Setzen Sie sich bequem hin oder legen Sie sich hin und schließen Sie Ihre Augen.
2. Atmen Sie tief durch die Nase ein und spannen Sie gleichzeitig Ihre Muskeln für etwa fünf Sekunden an - beginnen Sie mit den Schultern und arbeiten Sie sich bis zu den Zehen vor.
3. Lösen Sie die Anspannung und atmen Sie langsam durch den Mund aus, während Sie die Muskeln entspannen und locker lassen.
4. Wiederholen Sie diesen Vorgang für jede Muskelgruppe in Ihrem Körper.
5. Konzentrieren Sie sich weiterhin auf Ihre Atmung, während Sie die progressive Muskelentspannung durchführen. Lassen Sie jede Anspannung und Sorge los und spüren Sie, wie Ihr Körper und Geist sich entspannen.

Diese Atemübungen können Ihnen helfen, Ihren Geist zu beruhigen, Stress abzubauen und eine tiefe Entspannung von Körper und Geist zu erreichen. Regelmäßiges Üben kann Ihnen dabei helfen, Ihre Achtsamkeit zu steigern, besser mit Herausforderungen umzugehen und Ihre innere Balance wiederherzustellen. Nehmen Sie sich regelmäßig Zeit für diese Übungen und lassen Sie sich von ihrer wohltuenden Wirkung auf Körper und Geist inspirieren.

Ernährung zur Unterstützung bei Depressionen

Nahrungsmittel, die vermieden und bevorzugt werden sollten, Umgang mit fehlendem Appetit, und wie man den Konsum von energieraubenden und fettreichen Lebensmitteln begrenzt; Verhalten von Angehörigen von Personen mit Depression

Ernährung spielt eine bedeutende Rolle bei der Unterstützung von Menschen, die unter Depressionen leiden. In diesem Kapitel werden wir uns mit den empfohlenen und zu vermeidenden Nahrungsmitteln befassen, sowie mit dem richtigen Umgang, wenn der Appetit beeinträchtigt ist. Außerdem werden wir betrachten, wie der Konsum von energieraubenden und fettreichen Lebensmitteln eingeschränkt werden kann. Darüber hinaus werden wir die richtige Verhaltensweise von Angehörigen von Personen mit Depressionen untersuchen.
Eine ausgewogene Ernährung kann eine positive Auswirkung auf die Stimmung und das Wohlbefinden haben. Empfohlene Nahrungsmittel sind solche, die reich an Vitaminen, Mineralstoffen und Omega-3-Fettsäuren sind, wie zum Beispiel fettreiche Fische, Nüsse, Samen und grünes Blattgemüse. Diese Lebensmittel können dazu beitragen, die Serotoninproduktion zu unterstützen, was sich positiv auf die Stimmung auswirken kann.
Bestimmte Nahrungsmittel können sich negativ auf die Stimmung und das Energielevel auswirken und sollten daher vermieden werden. Dazu gehören zuckerhaltige und stark verarbeitete Lebensmittel sowie koffeinhaltige Getränke. Der Konsum von Alkohol sollte ebenfalls begrenzt werden, da er die Stimmung beeinträchtigen kann und das Risiko für depressive Verstimmungen erhöht.

Depressionen können den Appetit beeinflussen und dazu führen, dass Betroffene das Interesse am Essen verlieren. In solchen Fällen ist es wichtig, sanft und einfühlsam zu sein. Angehörige können versuchen, kleine, nahrhafte Mahlzeiten anzubieten und den Betroffenen ermutigen, auch wenn es schwerfällt, etwas zu essen. Es kann hilfreich sein, leicht verdauliche Lebensmittel anzubieten, wie Suppen, Joghurt oder Smoothies.

Einschränkung des Konsums von energieraubenden und fettreichen Lebensmitteln:Energieraubende und fettreiche Lebensmittel können die Stimmung und das Energielevel negativ beeinflussen. Angehörige können unterstützen, indem sie solche Lebensmittel nicht in großen Mengen zur Verfügung stellen und stattdessen gesündere Alternativen anbieten. Gemeinsame Mahlzeiten können genutzt werden, um gesunde Essgewohnheiten zu fördern und das Bewusstsein für eine ausgewogene Ernährung zu schärfen. Angehörige von Menschen mit Depressionen spielen eine wichtige Rolle bei der Unterstützung und Genesung. Empathie, Verständnis und Geduld sind entscheidend. Sie sollten darauf achten, nicht zu urteilen oder zu kritisieren, sondern ein offenes Ohr zu haben und für den Betroffenen da zu sein. Angehörige können ermutigen, professionelle Hilfe in Anspruch zu nehmen und die Betroffenen darin unterstützen, ihre Selbstfürsorge zu stärken.
Die richtige Ernährung kann eine wichtige Rolle bei der Unterstützung von Menschen mit Depressionen spielen. Durch die Auswahl von nahrhaften Lebensmitteln und den Verzicht auf ungesunde Optionen kann die Stimmung und das Energielevel positiv beeinflusst werden. Wenn der Appetit beeinträchtigt ist, ist es wichtig, sanft und einfühlsam zu sein und den Betroffenen zu ermutigen, auch kleine Mahlzeiten zu sich zu nehmen.

<u>Hier sind einige Beispiele:</u> Fettreiche Fische: Lachs, Makrele und Sardinen sind reich an Omega-3-Fettsäuren, die eine positive Wirkung auf die Stimmung haben können.

Nüsse und Samen: Walnüsse, Leinsamen und Chiasamen sind reich an Nährstoffen, die das Gehirn unterstützen und die Stimmung stabilisieren können.

Grünes Blattgemüse: Spinat, Grünkohl und Brokkoli sind reich an Folsäure und anderen Vitaminen, die für die psychische Gesundheit wichtig sind.

Vollkornprodukte: Haferflocken, Vollkornreis und Vollkornbrot können den Blutzuckerspiegel stabilisieren und die Energielevel ausgleichen.

Hülsenfrüchte: Linsen, Kichererbsen und Bohnen sind eine gute Quelle für Proteine und Ballaststoffe, die den Energielevel unterstützen können.

Frisches Obst: Äpfel, Beeren und Bananen sind reich an Antioxidantien und Vitaminen, die die Stimmung aufhellen können.

Joghurt oder Kefir: Diese probiotischen Lebensmittel können die Darmgesundheit fördern und einen positiven Einfluss auf die Stimmung haben.

Die Bedeutung der Mithilfe in der Küche bei der Zubereitung von Gerichten

Die aktive Beteiligung an der Zubereitung von Mahlzeiten ermöglicht es den Menschen, bewusster mit ihrer Ernährung umzugehen. Indem sie die Zutaten auswählen, die Rezepte auswählen und die Gerichte zubereiten, können sie ihre Nahrungsmittelwahl besser steuern und gesündere Optionen bevorzugen. Dies kann zu einer ausgewogeneren Ernährung führen, die reich an Nährstoffen und Vitaminen ist und somit die allgemeine Gesundheit fördert.

Das gemeinsame Kochen und Zubereiten von Mahlzeiten schafft eine wertvolle Gelegenheit für soziale Interaktion und stärkt das Gemeinschaftsgefühl. Menschen können sich in der Küche zusammenschließen, um gemeinsam an einem Ziel zu arbeiten und sich dabei austauschen, unterhalten und einander unterstützen. Dies stärkt nicht nur die familiären Bindungen, sondern fördert auch die Freundschaften und das Miteinander.

Die aktive Beteiligung am Kochprozess kann das Selbstbewusstsein stärken und das Gefühl der Selbstständigkeit fördern. Wenn Menschen ihre kulinarischen Fähigkeiten entwickeln und sich selbst in der Küche versorgen können, gewinnen sie an Selbstvertrauen und Unabhängigkeit. Dies kann sich positiv auf ihr allgemeines Wohlbefinden auswirken und das Gefühl der Selbstwirksamkeit erhöhen.

Die Zubereitung von Mahlzeiten kann eine stressabbauende und entspannende Tätigkeit sein. Das Eintauchen in die kulinarische Welt ermöglicht es den Menschen, sich von Alltagssorgen und negativem Stress abzulenken. Es bietet ihnen die Möglichkeit, im Hier und Jetzt zu sein und den Moment zu genießen. Dies kann dazu beitragen, das psychische Wohlbefinden zu verbessern und die Belastbarkeit im Umgang mit Stresssituationen zu erhöhen.

Das Kochen erfordert Konzentration und Aufmerksamkeit auf die einzelnen Schritte und Zutaten. Dies fördert die Achtsamkeit und das bewusste Handeln im gegenwärtigen Moment. Indem Menschen achtsam kochen, lernen sie, im Hier und Jetzt zu sein und ihre Sinne zu schärfen. Dies kann die Lebensqualität erhöhen und das allgemeine Wohlbefinden steigern.

Zusammenfassend lässt sich sagen, dass die Mithilfe in der Küche bei der Zubereitung von Gerichten eine Reihe von positiven Auswirkungen auf die physische und psychische Gesundheit haben kann. Die Förderung gesunder Ernährungsgewohnheiten, das Gemeinschaftsgefühl und die soziale Interaktion, die Steigerung des Selbstbewusstseins und der Selbstständigkeit, der Stressabbau und die Entspannung sowie die Förderung der Achtsamkeit sind allesamt wichtige Aspekte, die die Bedeutung dieser Mithilfe unterstreichen. Es lohnt sich, Zeit und Energie in die Küche zu investieren, um diese positiven Effekte zu erfahren und das allgemeine Wohlbefinden zu steigern.

Empathie - Natürliches Einfühlungsvermögen ohne aufdringlich zu sein

Empathie ist eine wichtige menschliche Fähigkeit, die es uns ermöglicht, die Gefühle, Bedürfnisse und Perspektiven anderer Menschen zu verstehen und mit ihnen mitzufühlen.

Empathie bezeichnet die Fähigkeit, sich in die Emotionen und Gedanken anderer Menschen hineinzuversetzen und diese nachzuvollziehen. Sie spielt eine wichtige Rolle in zwischenmenschlichen Beziehungen, da sie das Verständnis und die Verbindung zu anderen Menschen vertieft. Durch Empathie können wir uns in die Lage anderer Menschen versetzen und ihnen eine unterstützende und liebevolle Umgebung bieten.
Eine der wichtigsten Eigenschaften von Empathie ist das aktive Zuhören. Wenn wir aktiv zuhören, geben wir unserem Gegenüber volle Aufmerksamkeit und zeigen Interesse an dem, was sie sagen. Wir unterbrechen nicht und werten ihre Gefühle oder Gedanken nicht ab. Stattdessen hören wir aufmerksam zu und zeigen durch nonverbale Signale wie Nicken und Augenkontakt, dass wir ihre Emotionen ernst nehmen.

Empathie zeigt sich auch in unserer Art zu kommunizieren. Wir können einfühlsam und verständnisvoll reagieren, indem wir unsere eigenen Erfahrungen und Urteile zurückstellen und uns stattdessen darauf konzentrieren, die Gefühle und Bedürfnisse unseres Gegenübers zu verstehen. Einfühlsame Kommunikation drückt Wertschätzung und Respekt aus und schafft eine vertrauensvolle Atmosphäre.
Um empathisch zu sein, ist es wichtig, auf die Körpersprache und die Emotionen unseres Gegenübers zu achten. Oftmals

drücken Menschen ihre Gefühle nicht direkt in Worten aus, sondern durch ihre Körpersprache und Mimik. Indem wir auf diese nonverbalen Signale achten, können wir besser verstehen, was unser Gegenüber fühlt und denkt.

Empathie bedeutet nicht, sich in die Probleme und Emotionen anderer Menschen einzumischen. Es ist wichtig, sensibel für persönliche Grenzen zu sein und respektvoll zu handeln. Wenn jemand nicht über seine Gefühle sprechen möchte oder seine Privatsphäre schützen möchte, ist es wichtig, dies zu akzeptieren und nicht weiter nachzuhaken.

Achtsamkeit für die eigenen Emotionen:

Um empathisch zu sein, ist es auch wichtig, achtsam für unsere eigenen Emotionen zu sein. Wenn wir uns unserer eigenen Gefühle bewusst sind, können wir besser nachvollziehen, wie andere Menschen sich fühlen. Achtsamkeit ermöglicht es uns, unsere eigenen Vorurteile und vorgefassten Meinungen zu erkennen und sie beiseite zu legen, um offener für die Gefühle anderer zu sein.

Zusammenfassend lässt sich sagen, dass Empathie eine wertvolle Fähigkeit ist, die es uns ermöglicht, uns mit anderen Menschen zu verbinden und ein unterstützendes Umfeld zu schaffen. Durch aktives Zuhören, einfühlsame Kommunikation und die Beobachtung von Körpersprache und Emotionen können wir empathisch sein, ohne aufdringlich zu wirken. Es ist wichtig, sensibel für persönliche Grenzen zu sein und achtsam für unsere eigenen Emotionen, um die Qualität unserer Empathie zu verbessern. Indem wir Empathie in unser tägliches Leben integrieren, können wir das Verständnis und die Verbindung zu anderen Menschen vertiefen und eine liebevolle und unterstützende Gemeinschaft aufbauen.

Bieten Sie Ihre Hilfe und Unterstützung an, ohne sie aufzudrängen. Statt zu sagen: "Du musst mit mir darüber sprechen" können Sie sagen: "Wenn du reden möchtest, bin ich immer hier für dich." Lassen Sie die depressive Person die Kontrolle über ihre eigenen Gefühle und Bedürfnisse behalten und respektieren Sie ihre Entscheidungen.

Umgang mit der Scham, ein Familienmitglied mit Depressionen zu haben

In diesem Kapitel werden wir uns mit einem zutiefst menschlichen Gefühl auseinandersetzen - der Scham. Als Familienmitglieder eines geliebten Menschen mit Depressionen können wir uns manchmal von diesem überwältigenden Gefühl überwältigt fühlen. Scham entsteht oft aus dem Gefühl, dass wir versagt haben oder dass wir nicht in der Lage sind, unserem Liebsten die Hilfe zu bieten, die er oder sie braucht. In diesem wissenschaftlichen Tonfall werden wir erkunden, wie Scham entsteht, welche Auswirkungen sie haben kann und vor allem, wie wir sie überwinden und lernen können, uns nicht zu schämen, sondern eine unterstützende Rolle einzunehmen.
Scham ist ein tief verwurzeltes Gefühl der Unzulänglichkeit und des Minderwertigkeitsgefühls. Als Familienmitglieder eines Betroffenen können wir uns manchmal für die Depression unseres geliebten Menschen verantwortlich fühlen, als ob wir versagt hätten, ihn oder sie zu schützen oder zu unterstützen. Diese Selbstvorwürfe und das Gefühl des Versagens können zu einem Gefühl der Scham führen.

<u>Die Auswirkungen der Scham:</u>

Die Scham kann sich auf verschiedene Weisen in unserem Leben manifestieren. Sie kann dazu führen, dass wir uns von anderen zurückziehen, aus Angst, verurteilt oder abgelehnt zu werden. Wir könnten uns auch zurückhalten, unsere eigenen Bedürfnisse auszudrücken oder Unterstützung zu suchen, weil wir uns schämen, dass unser Familienmitglied an Depressionen leidet.

<u>Die Überwindung der Scham:</u>

a) Selbstreflexion: Der erste Schritt zur Überwindung der Scham besteht darin, uns selbst mitfühlend zu betrachten und uns zu erlauben, unsere eigenen Gefühle zu erkennen und zu akzeptieren. Wir sollten uns bewusst machen, dass die Depression unseres geliebten Menschen nicht unsere Schuld ist und dass wir nicht alle Antworten haben müssen.

b) Offene Kommunikation: Die Scham kann sich verstärken, wenn wir unsere Gefühle verbergen und uns zurückziehen. Offene Kommunikation innerhalb der Familie ermöglicht es uns, unsere Sorgen und Ängste zu teilen und Unterstützung voneinander zu suchen.

c) Bildung und Verständnis: Je mehr wir über Depressionen und ihre Ursachen erfahren, desto besser können wir sie verstehen und desto weniger schämen wir uns dafür. Die Kenntnis von Fakten und wissenschaftlichen Erkenntnissen kann helfen, Mythen und Missverständnisse über Depressionen zu beseitigen.

d) Professionelle Unterstützung: Es ist wichtig zu erkennen, dass wir nicht alles alleine bewältigen müssen und dass professionelle Hilfe verfügbar ist. Sich selbst oder unserem geliebten Menschen die Möglichkeit zu geben, eine Therapie in Anspruch zu nehmen, kann uns dabei unterstützen, die Scham zu überwinden und den Weg der Heilung zu unterstützen.
Einer der wichtigsten Schritte zur Überwindung von Scham ist die Entwicklung einer mitfühlenden Haltung sich selbst gegenüber. Oft neigen wir dazu, uns selbst zu kritisieren und uns Vorwürfe zu machen, wenn unser Familienmitglied mit Depressionen zu kämpfen hat. Es ist jedoch wichtig zu verstehen, dass Depressionen eine komplexe Erkrankung sind und dass wir nicht die alleinige Verantwortung dafür tragen. Indem wir uns selbst mit Liebe und Mitgefühl

begegnen und uns erlauben, Fehler zu machen, können wir Schamgefühle allmählich reduzieren.

Sich von Stigma befreien:

In vielen Gesellschaften gibt es immer noch ein Stigma und Missverständnisse rund um das Thema Depressionen. Dieses Stigma kann zu zusätzlicher Scham führen, wenn wir das Gefühl haben, dass wir oder unser Familienmitglied von der Gesellschaft verurteilt werden. Indem wir uns aktiv für die Aufklärung über Depressionen einsetzen und uns von stigmatisierenden Ansichten befreien, können wir dazu beitragen, das Schamgefühl zu reduzieren.
Es ist entscheidend zu erkennen, dass wir nicht alleine mit unseren Gefühlen und Herausforderungen sind. Der Austausch mit anderen Familienmitgliedern, Freunden oder professionellen Helfern kann uns helfen, unsere Gedanken und Emotionen zu verarbeiten und eine unterstützende Gemeinschaft aufzubauen. Gemeinsam können wir lernen, mit der Scham umzugehen und unsere Liebsten besser zu unterstützen.

Selbstfürsorge praktizieren:

Während wir uns um unser Familienmitglied mit Depressionen kümmern, vergessen wir manchmal unsere eigenen Bedürfnisse. Es ist wichtig, dass wir uns selbst Zeit nehmen, um auf unsere körperliche und emotionale Gesundheit zu achten. Selbstfürsorge kann helfen, unsere Resilienz zu stärken und uns dabei unterstützen, besser mit den Herausforderungen der Scham umzugehen.

Die Scham, die wir als Familienmitglieder eines geliebten Menschen mit Depressionen empfinden können, ist ein komplexes und normales Gefühl. Indem wir uns selbst mitfühlend begegnen, uns von Stigma befreien, Unterstützung suchen und Selbstfürsorge praktizieren, können wir lernen, mit der Scham umzugehen und uns nicht mehr zu schämen. Unsere Unterstützung und Liebe sind von unschätzbarem Wert für unsere Familienmitglieder, die mit Depressionen kämpfen, und wir können eine wertvolle Rolle dabei spielen, sie auf ihrem Weg der Genesung zu begleiten. Möge dieses Kapitel uns dazu inspirieren, die Scham zu überwinden und eine warmherzige und unterstützende Umgebung für unsere geliebten Menschen zu schaffen. "Kleine Siege auf dem Weg zur Heilung: Die Kraft der Hoffnung und Ausdauer bei der Unterstützung geliebter Menschen mit Depressionen"

Die Bedeutung des Feierns kleiner Siege auf dem Weg zur Heilung sollte nicht unterschätzt werden. Oft konzentrieren wir uns so sehr auf das große Ziel der vollständigen Genesung, dass wir die kleinen Fortschritte und positiven Momente übersehen. Doch gerade diese kleinen Siege sind es, die uns Mut machen und uns die Zuversicht geben, dass wir auf dem richtigen Weg sind.

Jeder Schritt vorwärts, sei es auch noch so klein, ist ein Erfolg und ein Zeichen dafür, dass unsere Bemühungen Früchte tragen. Es kann ein Moment der Freude sein, wenn unser geliebtes Familienmitglied eine neue Bewältigungsstrategie anwendet, ein Hindernis überwindet oder eine schwierige Emotion ausdrückt. Diese kleinen Erfolgserlebnisse zeigen uns, dass es möglich ist, die Depression Schritt für Schritt zu bewältigen.

Das Feiern kleiner Siege hat auch eine positive Auswirkung auf unsere Liebsten. Wenn wir ihre Fortschritte anerkennen und würdigen, fühlen sie sich unterstützt und ermutigt, weiterhin ihr Bestes zu geben. Es gibt ihnen das Vertrauen, dass sie stark und fähig sind, auch wenn der Weg noch steinig sein mag.

Es ist wichtig, dass wir als Unterstützende die Bedeutung dieser kleinen Siege erkennen und bewusst würdigen. Wir können sie mit unseren Liebsten teilen, sie ermutigen, sich selbst für ihre Fortschritte zu loben und ihnen zeigen, wie stolz wir auf sie sind. Das Feiern kleiner Siege schafft eine positive Atmosphäre der Ermutigung und Hoffnung, die den Heilungsprozess weiter vorantreiben kann.

Als Familienmitglieder können wir uns gegenseitig ermutigen, unsere Erfolge zu feiern und uns daran zu erinnern, dass auch kleine Schritte bedeutende Fortschritte sind. Indem wir diese positiven Erfahrungen würdigen, geben wir uns selbst und unseren Liebsten die Kraft, den Weg zur Heilung mit Optimismus und Entschlossenheit zu beschreiten. Möge das Feiern kleiner Siege uns daran erinnern, dass jeder Fortschritt zählt und uns auf dem Weg zur Genesung voranbringt.

Umgang mit Wut und der Angst, sie nicht bewältigen zu können - Die körperliche Belastung der Angst

Wut ist eine mächtige Emotion, die in jedem von uns aufkommen kann. Als Familie können wir Zeugen der Wut unserer Liebsten sein und uns manchmal hilflos fühlen, wenn wir nicht wissen, wie wir damit umgehen sollen. Die Angst, die Wut nicht bewältigen zu können, kann uns zusetzen und unsere Beziehungen belasten. In diesem Kapitel werden wir uns mit der Bedeutung des Umgangs mit Wut und der damit verbundenen Angst beschäftigen, da Angst uns auch körperlich krank machen kann.

Wut ist eine normale Emotion, die entsteht, wenn wir uns verletzt, missverstanden oder frustriert fühlen. Für unsere Liebsten kann es jedoch besonders schwierig sein, ihre Wut zu kontrollieren, insbesondere wenn sie mit Depressionen oder anderen Herausforderungen kämpfen. Als unterstützende Familienmitglieder können wir lernen, achtsam mit ihrer Wut umzugehen und eine Atmosphäre des Verständnisses und der Akzeptanz zu schaffen.

Es ist wichtig zu erkennen, dass Wut oft eine tiefere Bedeutung hat. Unter der Wut können sich andere Emotionen verbergen, wie zum Beispiel Angst, Traurigkeit oder Frustration. Indem wir unseren Liebsten ermutigen, über ihre Gefühle zu sprechen und sie zu validieren, können wir ihnen helfen, ihre Wut besser zu verstehen und angemessen zu reagieren.

Die Angst, die Wut nicht bewältigen zu können, kann sowohl für unsere Liebsten als auch für uns selbst eine Herausforderung sein. Wir können uns überfordert fühlen, wenn wir nicht wissen, wie wir auf ihre Wut reagieren sollen, oder uns sorgen, dass die Wut ihre Depression oder ihre

Beziehungen belasten könnte. In solchen Momenten ist es wichtig, auf unsere eigene emotionale Gesundheit zu achten und möglicherweise professionelle Hilfe in Anspruch zu nehmen, um mit der Angst umzugehen.

Es ist auch wichtig zu erkennen, dass Angst uns körperlich krank machen kann. Chronische Angst kann das Immunsystem schwächen, den Blutdruck erhöhen und zu anderen gesundheitlichen Problemen führen. Deshalb ist es so wichtig, dass wir als Familie eine unterstützende Umgebung schaffen, in der unsere Liebsten ihre Ängste teilen können, ohne sich zu schämen.

Indem wir uns Zeit nehmen, unsere Liebsten zu verstehen und auf ihre Bedürfnisse einzugehen, können wir ihnen helfen, ihre Wut und Ängste besser zu bewältigen. Durch offene Kommunikation und Mitgefühl können wir eine Atmosphäre der Unterstützung schaffen, die es ihnen ermöglicht, ihre Emotionen auszudrücken und ihre Beziehungen zu stärken.

Es ist normal, dass wir manchmal Angst haben, wie wir mit der Wut unserer Liebsten umgehen sollen. Aber indem wir uns auf die Bedeutung ihrer Emotionen einlassen und ihnen zeigen, dass wir für sie da sind, können wir ihnen dabei helfen, ihre Wut besser zu verstehen und zu bewältigen. Gleichzeitig ist es wichtig, auf unsere eigene emotionale Gesundheit zu achten und gegebenenfalls professionelle Unterstützung in Anspruch zu nehmen. Mit liebevoller Unterstützung und Achtsamkeit können wir als Familie gemeinsam einen Weg finden, die Herausforderungen der Wut zu meistern und eine stärkende Verbindung aufzubauen.

Die Herausforderung der Heilung von Depressionen - Realistische Erfolgsaussichten

Die Heilung von Depressionen ist eine komplexe und herausfordernde Reise. Es gibt keinen universellen Ansatz, der für jeden Betroffenen gleichermaßen wirksam ist. Die Erfolgsquote bei der Heilung von Depressionen ist variabel und hängt von einer Vielzahl von Faktoren ab. In diesem Kapitel werden wir die realistischen Erfolgsaussichten beleuchten, wissenschaftliche medizinische Argumente betrachten und Beispiele für den Heilungsprozess bei Depressionen anführen.

Zunächst ist es wichtig zu verstehen, dass die Heilung von Depressionen nicht immer vollständig möglich ist. Depressionen sind eine komplexe psychische Erkrankung, die oft mit tief verwurzelten Ursachen verbunden ist. Die individuelle Resilienz, die Schwere der Depression, genetische Veranlagungen und andere persönliche Faktoren beeinflussen die Heilungschancen jedes Einzelnen.

Die Kombination von Therapien, Medikamenten und Lebensstiländerungen kann dazu beitragen, die Symptome zu lindern und die Lebensqualität zu verbessern. Psychotherapie, insbesondere kognitive Verhaltenstherapie, hat sich als wirksam erwiesen, um negative Denkmuster zu durchbrechen und Bewältigungsstrategien zu entwickeln. Antidepressiva können ebenfalls zur Linderung von Symptomen beitragen, insbesondere bei schwereren Formen von Depressionen.

Trotz dieser Behandlungsmöglichkeiten ist die Erfolgsquote bei der vollständigen Heilung von Depressionen nicht sehr hoch. Studien zeigen, dass etwa die Hälfte der Menschen, die eine Behandlung gegen Depressionen beginnen, auch nach einem Jahr noch Symptome aufweisen können. Einige Betroffene können möglicherweise ihre Depressionen erfolgreich überwinden und ein erfülltes Leben führen, während andere weiterhin mit Rückfällen oder chronischen Symptomen zu kämpfen haben.

Ein weiterer Faktor, der die Erfolgsquote beeinflusst, ist die Behandlungskontinuität. Die Aufrechterhaltung einer regelmäßigen Behandlung und Therapie ist entscheidend für den Heilungsprozess. Manche Menschen neigen dazu, die Behandlung vorzeitig abzubrechen, was die Chancen auf eine erfolgreiche Genesung verringern kann.

Trotz der Herausforderungen gibt es auch positive Beispiele für den Heilungsprozess bei Depressionen. Menschen, die frühzeitig professionelle Hilfe suchen, kontinuierlich an ihrer Behandlung teilnehmen und sich auf den Heilungsprozess einlassen, können Verbesserungen in ihrem Zustand erfahren. Die Unterstützung durch liebevolle Familienmitglieder und soziales Umfeld kann ebenfalls einen positiven Einfluss auf den Heilungsverlauf haben.

Es ist wichtig, realistische Erwartungen zu haben und sich bewusst zu sein, dass die Heilung von Depressionen Zeit, Geduld und Ausdauer erfordert. Es gibt keine schnellen Lösungen, und es ist normal, Rückschläge auf dem Weg zur Genesung zu erleben. Die Akzeptanz dieses Prozesses und die Bereitschaft, kontinuierlich an der eigenen Gesundheit zu arbeiten, sind entscheidend für die Verbesserung der Erfolgsaussichten.

Es ist wichtig zu betonen, dass Erfolg nicht immer gleichbedeutend mit vollständiger Genesung ist. Erfolg im Kontext der Behandlung von Depressionen kann auch bedeuten, dass Betroffene ihre Lebensqualität verbessern, ihre Symptome besser bewältigen und einen angemessenen

Umgang mit ihrer Erkrankung finden. Jeder Fortschritt, wie klein er auch sein mag, ist ein Grund zur Anerkennung und Feier.

Die Stigmatisierung von Depressionen und psychischen Erkrankungen im Allgemeinen kann ebenfalls die Heilungsaussichten beeinflussen. Das Vorurteil und die Unwissenheit in der Gesellschaft können dazu führen, dass Betroffene sich schämen, Hilfe zu suchen oder über ihre Gefühle zu sprechen. Diese Scham kann eine Barriere für den Heilungsprozess darstellen und es schwierig machen, Unterstützung zu erhalten.

Um die Erfolgsaussichten bei der Heilung von Depressionen zu verbessern, ist eine breitere Sensibilisierung und Aufklärung über psychische Gesundheit von großer Bedeutung. Die Reduzierung des Stigmas kann Betroffenen helfen, sich offener über ihre Erfahrungen auszutauschen und Unterstützung von ihren Familien, Freunden und der Gesellschaft insgesamt zu erhalten.

Darüber hinaus spielen Selbstfürsorge und der Umgang mit Stress eine wichtige Rolle bei der Bewältigung von Depressionen. Das Erlernen von Techniken zur Stressbewältigung, wie Achtsamkeitsübungen, Entspannungstechniken oder körperliche Aktivität, kann dazu beitragen, die Symptome zu reduzieren und das Wohlbefinden zu steigern.

Es ist auch wichtig, dass Angehörige und Familienmitglieder die Bedeutung ihrer Unterstützung erkennen und die Herausforderungen, mit denen ein Betroffener konfrontiert ist, einfühlsam anerkennen. Das Angebot eines sicheren und unterstützenden Umfeldes kann Betroffenen helfen, ihre Gefühle besser zu bewältigen und sich nicht allein gelassen zu fühlen.

Abschließend ist es entscheidend zu verstehen, dass die Heilung von Depressionen ein individueller Prozess ist, der von verschiedenen Faktoren beeinflusst wird. Realistische Erwartungen und Geduld sind unerlässlich. Eine frühzeitige Diagnose, professionelle Behandlung und die Bereitschaft, aktiv an der eigenen Gesundheit zu arbeiten, können die Erfolgsaussichten erheblich verbessern. Durch das Schaffen eines unterstützenden und sensiblen Umfeldes sowie einer breiteren gesellschaftlichen Akzeptanz können wir gemeinsam dazu beitragen, dass Menschen mit Depressionen die Hilfe und Unterstützung erhalten, die sie benötigen, um ihre Reise zur Genesung anzutreten.

Trotz der Fortschritte in der Unterstützung und Behandlung von Depressionen in Deutschland gibt es immer noch viel Raum für Verbesserungen. Eine besorgniserregende Tatsache ist, dass nicht alle Menschen mit Depressionen angemessene Hilfe suchen oder erhalten. Laut Studien der Weltgesundheitsorganisation (WHO) erhalten nur etwa 50% der Menschen mit Depressionen in Deutschland die notwendige Behandlung.

Es gibt verschiedene Gründe, warum Menschen möglicherweise keine Hilfe suchen. Einer der Hauptgründe ist nach wie vor die Stigmatisierung von psychischen Erkrankungen. Viele Menschen mit Depressionen fühlen sich immer noch stigmatisiert und haben Angst vor negativen Reaktionen aus ihrem sozialen Umfeld. Dies kann dazu führen, dass sie ihre Symptome verheimlichen oder die Schwere ihrer Erkrankung bagatellisieren.

Ein weiteres Hindernis für den Zugang zur Behandlung ist der Mangel an Wissen über Depressionen und verfügbare Unterstützungsmöglichkeiten. Viele Menschen wissen möglicherweise nicht, dass sie an einer Depression leiden, oder sie wissen nicht, wo sie Hilfe suchen können. Eine verbesserte Aufklärung über psychische Gesundheit und die Verfügbarkeit von Behandlungsmöglichkeiten sind daher entscheidend, um das Bewusstsein zu erhöhen und den Zugang zur Hilfe zu erleichtern.

Die COVID-19-Pandemie hat die Situation zusätzlich verschärft, indem sie neue Herausforderungen für die psychische Gesundheit mit sich gebracht hat. Die soziale Isolation, finanzielle Belastungen und die Unsicherheit über die Zukunft haben zu einem Anstieg der depressiven Symptome bei vielen Menschen geführt. Die Bewältigung der psychischen Auswirkungen der Pandemie wird weiterhin eine große Herausforderung sein.

Um die Erfolgsquote bei der Heilung von Depressionen zu verbessern, müssen daher mehr Ressourcen in die psychische Gesundheitsversorgung investiert werden. Eine bessere Verfügbarkeit von psychotherapeutischen Behandlungen und eine Reduzierung der Wartezeiten sind dringend erforderlich. Darüber hinaus ist es wichtig, das Bewusstsein für psychische Gesundheit zu stärken und die Stigmatisierung zu bekämpfen.

Die Rolle der Hausärzte und anderer medizinischer Fachkräfte ist ebenfalls von entscheidender Bedeutung. Eine frühzeitige Erkennung von Depressionen und eine angemessene Weiterleitung an spezialisierte Fachleute können einen großen Unterschied im Heilungsprozess machen.

Abschließend ist es wichtig anzuerkennen, dass die Heilung von Depressionen ein komplexer Prozess ist und nicht immer linear verläuft. Es erfordert Ausdauer, Geduld und eine umfassende Unterstützung durch das soziale Umfeld und das Gesundheitssystem. Indem wir als Gesellschaft gemeinsam an der Beseitigung von Stigmatisierung arbeiten und den Zugang zur Behandlung verbessern, können wir dazu beitragen, dass immer mehr Menschen erfolgreich ihre Depressionen überwinden und ein erfülltes Leben führen können.

Die Auswirkungen von COVID-19 auf die psychische Gesundheit

Die COVID-19-Pandemie hat die Welt in vielerlei Hinsicht verändert und auch einen erheblichen Einfluss auf die psychische Gesundheit vieler Menschen gehabt. Während die Bedrohung durch das Virus selbst offensichtlich ist, sind die langfristigen Auswirkungen auf die psychische Gesundheit ebenso besorgniserregend. In diesem Kapitel werden wir uns eingehend mit den wissenschaftlich-medizinischen Auswirkungen von COVID-19 auf die psychische Gesundheit befassen und die Herausforderungen beleuchten, mit denen Menschen während dieser beispiellosen Zeit konfrontiert sind.

1. Soziale Isolation und Einsamkeit:
Eine der herausragenden Folgen von COVID-19 war die Notwendigkeit sozialer Distanzierung, um die Ausbreitung des Virus zu verlangsamen. Dies führte zu einem drastischen Anstieg von sozialer Isolation und Einsamkeit bei vielen Menschen. Studien haben gezeigt, dass soziale Isolation das Risiko für Angstzustände und Depressionen erhöhen kann. Der Mangel an persönlichem Kontakt und sozialer Unterstützung hat bei vielen das Gefühl der Verzweiflung verstärkt.

2. Ängste und Sorgen:
Die Unsicherheit im Zusammenhang mit der Pandemie, wie die Angst vor einer Ansteckung, finanziellen Schwierigkeiten und beruflicher Instabilität, hat bei vielen Menschen zu starken Ängsten und Sorgen geführt. Chronischer Stress und Ängste können sich auf die psychische Gesundheit auswirken und das Risiko für psychische Erkrankungen erhöhen.

3. Zunahme von Depressionen:

Studien deuten darauf hin, dass die Prävalenz von Depressionen während der COVID-19-Pandemie erheblich zugenommen hat. Die Kombination aus sozialer Isolation, Ängsten und der allgemeinen Unsicherheit hat zu einem Anstieg depressiver Symptome bei vielen Menschen geführt. Die hohe Belastung durch die Pandemie hat auch Menschen, die zuvor keine psychischen Probleme hatten, anfällig für depressive Stimmungen gemacht.

4. Posttraumatische Belastungsstörung (PTBS): Frontline-Arbeiter und Menschen, die selbst oder in ihrer Familie von COVID-19 betroffen waren, erleben möglicherweise traumatische Ereignisse, die zu einer PTBS führen können. Die Bedrohung durch das Virus und der Verlust von Angehörigen können langfristige psychische Auswirkungen haben und eine professionelle Unterstützung erforderlich machen.

5. Bewältigungsstrategien und Resilienz: Trotz der Herausforderungen haben viele Menschen während der Pandemie auch Resilienz und Bewältigungsstrategien entwickelt. Die Fähigkeit, mit Stress umzugehen und sich an die veränderten Lebensbedingungen anzupassen, ist ein wichtiger Faktor, der die psychische Gesundheit beeinflussen kann. Positive Ressourcen wie soziale Unterstützung, Selbstfürsorge und die Nutzung von Technologien zur Aufrechterhaltung sozialer Verbindungen haben sich als hilfreich erwiesen.

6. Langzeitauswirkungen auf die psychische Gesundheit: Es wird erwartet, dass die psychischen Auswirkungen von COVID-19 noch lange nach der eigentlichen Pandemie andauern werden. Die Bewältigung von Traumata, Angstzuständen und Depressionen wird für viele Menschen ein langwieriger Prozess sein, der weiterhin Unterstützung und Zugang zu psychischer Gesundheitsversorgung erfordert.

Insgesamt hat die COVID-19-Pandemie zu einer Krise der psychischen Gesundheit geführt, die nicht ignoriert werden kann. Die Auswirkungen der Pandemie auf die psychische Gesundheit sind real und erfordern eine umfassende Reaktion von Gesellschaft, Regierung und Gesundheitseinrichtungen. Die Unterstützung und Entlastung für Menschen mit psychischen Erkrankungen müssen verstärkt werden, und es muss ein größerer Fokus auf die psychische Gesundheit im Gesundheitssystem gelegt werden. Die Anerkennung und Bewältigung der psychischen Auswirkungen von COVID-19 sind entscheidend, um eine bessere psychische Gesundheit für Einzelpersonen und die Gesellschaft als Ganzes zu gewährleisten.

Die Zukunft der psychischen Gesundheit in Bezug auf die COVID-19-Pandemie ist vielversprechend, da immer mehr Ressourcen und Forschung in diesem Bereich investiert werden. Hier sind einige Entwicklungen und Möglichkeiten, die in Zukunft erwartet werden:

1. Telemedizin und digitale Gesundheit: Die Nutzung von Telemedizin und digitalen Gesundheitsplattformen hat während der Pandemie stark zugenommen. Dies ermöglicht den Menschen den Zugang zu psychischer Gesundheitsversorgung von zu Hause aus. In Zukunft werden diese Technologien weiterentwickelt und verbessert, um eine noch breitere Palette von psychischen Gesundheitsdiensten anzubieten.

2. Therapeutische Innovationen: Die Forschung zur Entwicklung neuer therapeutischer Ansätze für psychische Erkrankungen geht weiter. Von neuen Medikamenten bis hin zu innovativen psychotherapeutischen Techniken werden immer mehr Optionen zur Behandlung von Depressionen, Angstzuständen und anderen psychischen Störungen erforscht.

3. Früherkennung und Prävention: Ein Schwerpunkt wird auf die Früherkennung und Prävention von psychischen Erkrankungen gelegt. Frühzeitige Interventionen und Programme zur Förderung der psychischen Gesundheit sollen dazu beitragen, das Auftreten von psychischen Störungen zu reduzieren und Menschen dabei zu unterstützen, mit Stress und Belastungen besser umzugehen.

4. Stigma-Reduktion und Sensibilisierung: Die Pandemie hat gezeigt, wie wichtig es ist, das Stigma im Zusammenhang mit psychischen Erkrankungen zu reduzieren. Die Sensibilisierung und Aufklärung der Öffentlichkeit über psychische Gesundheit wird zunehmend an Bedeutung gewinnen, um eine unterstützende Umgebung für Menschen mit psychischen Erkrankungen zu schaffen.

5. Ganzheitlicher Ansatz zur Gesundheit: In Zukunft wird ein ganzheitlicher Ansatz zur Gesundheit immer wichtiger, bei dem die körperliche, geistige und emotionale Gesundheit gleichermaßen berücksichtigt werden. Dies könnte dazu beitragen, die Prävalenz von psychischen Erkrankungen zu reduzieren und die psychische Widerstandsfähigkeit der Menschen zu stärken.

6. Integration in das Gesundheitssystem: Die psychische Gesundheit wird zunehmend in das Gesundheitssystem integriert, um sicherzustellen, dass Menschen mit psychischen Erkrankungen Zugang zu einer angemessenen Versorgung haben. Eine verbesserte Integration könnte die Koordination der Behandlung und die Qualität der Versorgung verbessern.

Es ist wichtig anzuerkennen, dass die Auswirkungen der Pandemie auf die psychische Gesundheit noch lange andauern werden. Die psychische Gesundheit sollte als zentrales Thema in der öffentlichen Gesundheit und im Gesundheitssystem behandelt werden. Investitionen in die psychische Gesundheit, die Stigma-Reduktion und die

Entwicklung innovativer Behandlungsmethoden sind von entscheidender Bedeutung, um die psychische Gesundheit der Menschen zu fördern und ihre Fähigkeit zu stärken, Herausforderungen erfolgreich zu bewältigen. Zusammen können wir eine bessere Zukunft für die psychische Gesundheit gestalten und sicherstellen, dass Menschen, die von psychischen Erkrankungen betroffen sind, die Unterstützung und Hilfe erhalten, die sie benötigen.

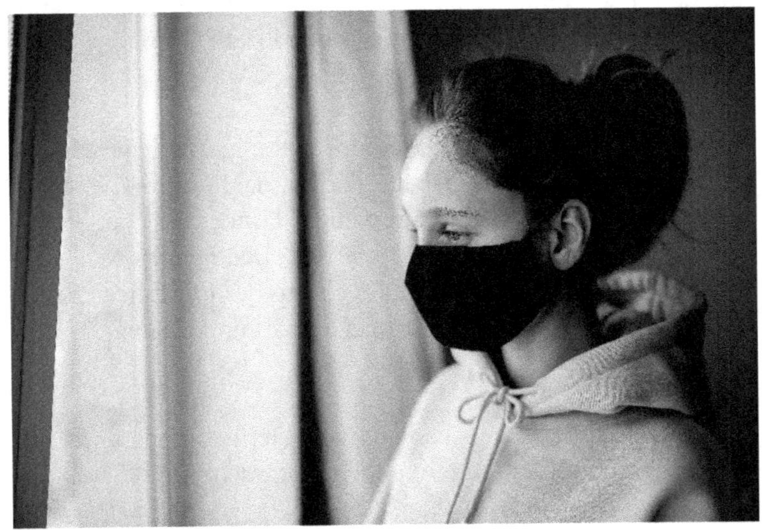

Schlussfolgerungen.

In diesem Buch haben wir uns auf eine Reise der Unterstützung und Heilung begeben, um denjenigen beizustehen, die mit Depressionen und anderen psychischen Herausforderungen konfrontiert sind. Wir haben gemeinsam in die tiefen Abgründe der menschlichen Psyche geblickt und die vielschichtigen Auswirkungen psychischer Erkrankungen auf unsere Liebsten erkannt.

In den Wirren der menschlichen Psyche haben wir gelernt, wie wichtig es ist, eine unterstützende Atmosphäre zu schaffen und vermeidbare Verhaltensweisen zu verhindern. Durch Krisenintervention und rechtzeitige Unterstützung haben wir uns als ruhige Anker erwiesen und unseren Liebsten in schwierigen Momenten eine helfende Hand gereicht.

Die Bedeutung der Achtsamkeit wurde uns klar, nicht nur für die Betroffenen selbst, sondern auch für ihre Angehörigen. Indem wir achtsam und mitfühlend sind, haben wir gelernt, eine tiefere Verbindung zu unseren Liebsten herzustellen und eine Unterstützung zu bieten, die sie in ihrem Heilungsprozess stärkt.

Wir haben uns der Herausforderung gestellt, mit Scham und Stigma umzugehen, und haben erkannt, dass unsere Liebe und Akzeptanz die Macht haben, diese Hindernisse zu überwinden. Indem wir unsere Liebsten bedingungslos annehmen, schaffen wir eine Umgebung der Offenheit und Ehrlichkeit, in der sie sich frei von Scham und Stigma ausdrücken können.

Die Erfolgsquote bei der Heilung von Depressionen und anderen psychischen Erkrankungen mag nicht immer so hoch sein, wie wir es uns wünschen, aber wir dürfen die kleinen Siege und Fortschritte nicht übersehen. Jeder Schritt, den unsere Liebsten machen, verdient Anerkennung und Feier. Es sind diese kleinen Siege, die ihre Hoffnung stärken und ihnen das Vertrauen geben, dass sie auf dem richtigen Weg sind.

Die COVID-19-Pandemie hat zweifellos eine enorme Belastung für die psychische Gesundheit gebracht, aber sie hat auch eine verstärkte Sensibilisierung und eine größere Bereitschaft zur Veränderung hervorgerufen. Die Zukunft der psychischen Gesundheit sieht vielversprechend aus, da immer mehr Ressourcen und Forschung in diesem Bereich investiert werden. Wir können auf neue Technologien und innovative Therapien hoffen, die den Zugang zur psychischen Gesundheitsversorgung verbessern und die Heilung unterstützen.

Es ist wichtig zu betonen, dass die Reise der Unterstützung und Heilung keine leichte ist. Es erfordert Geduld, Ausdauer und Mitgefühl. Doch indem wir uns gegenseitig unterstützen und gemeinsam den Weg gehen, können wir eine Welt schaffen, in der psychische Gesundheit die Anerkennung bekommt, die sie verdient.

Abschließend möchte ich Ihnen, liebe Leserinnen und Leser, meinen aufrichtigen Dank aussprechen. Ihre Bereitschaft, sich mit diesem Thema auseinanderzusetzen und sich für Ihre Liebsten starkzumachen, ist bewundernswert. Ihre Liebe, Ihre Unterstützung und Ihr Verständnis können einen entscheidenden Unterschied in den Leben Ihrer Liebsten bewirken.

Möge dieses Buch eine Quelle der Inspiration und der Ermutigung für Sie sein, während Sie die Herausforderungen der Unterstützung Ihrer Liebsten auf ihrem Heilungsweg meistern. Möge es Ihnen helfen, Ihre Liebsten besser zu verstehen, ihnen beizustehen und eine Umgebung der Liebe und des Verständnisses zu schaffen.

Die Reise der Unterstützung und Heilung ist eine gemeinsame Reise, und ich danke Ihnen von Herzen, dass Sie daran teilgenommen haben. Möge dieses Buch dazu beitragen, das Bewusstsein für die Bedeutung der psychischen Gesundheit zu fördern und eine positive Veränderung in unserer Gesellschaft zu bewirken.

In der Hoffnung auf eine Zukunft, in der psychische Gesundheit gleichberechtigt mit körperlicher Gesundheit behandelt wird, verabschiede ich mich und wünsche Ihnen alles Gute auf Ihrer Reise der Unterstützung und Heilung. Mögen Ihre Liebe, Ihr Mitgefühl und Ihre Achtsamkeit eine Welle der Heilung in den Herzen Ihrer Liebsten entfachen und eine positive Veränderung in unserer Welt bewirken. <u>Liebe Leserinnen und Leser,</u>

wir möchten uns von Herzen bei Ihnen bedanken, dass Sie sich die Zeit genommen haben, unser Buch "Depressionen Buch für Angehörige" zu lesen. Es war uns eine Herzensangelegenheit, dieses Buch zu verfassen und wir hoffen, dass es Ihnen wertvolle Einsichten und Unterstützung geboten hat.

Ihr Interesse an diesem Thema zeigt uns, wie wichtig es ist, liebevolle und verständnisvolle Unterstützung für Menschen mit Depressionen zu bieten. Ihre Bereitschaft, sich tiefer mit diesem Thema auseinanderzusetzen, um Ihre Liebsten besser zu unterstützen, ist bewundernswert.

Unser Ziel war es, Ihnen praxisnahe Anleitungen, wissenschaftliche Erkenntnisse und inspirierende Geschichten zu bieten, die Ihnen dabei helfen, eine harmonische Atmosphäre zu schaffen und Hoffnung in schwierigen Zeiten zu bringen. Ihre Unterstützung und

Mitwirkung tragen dazu bei, dass dieses Thema in unserer Gesellschaft mehr Aufmerksamkeit bekommt und Menschen mit Depressionen nicht allein gelassen werden.

Wir sind zutiefst dankbar für Ihr Vertrauen und hoffen, dass Sie aus diesem Buch wertvolle Impulse für Ihre persönliche Situation mitnehmen konnten. Ihre Wertschätzung und Unterstützung bedeuten uns viel und bestärken uns darin, weiterhin Bücher zu verfassen, die Menschen in schwierigen Lebenslagen unterstützen und begleiten.

Nochmals von ganzem Herzen: Vielen Dank, dass Sie Teil dieser Reise waren und uns die Möglichkeit gegeben haben, Sie zu begleiten. Wir wünschen Ihnen und Ihren Liebsten alles Gute auf dem Weg zur Heilung und zur Harmonie.

Mit herzlichen Grüßen und besten Wünschen,

Greta Müller 

Positive Psychologie

" Ein Einsteigerleitfaden zur Förderung von Glück, Resilienz und Wohlbefinden im Alltag."

Greta Müller

"Jeden Tag ist eine neue Chance, das Beste aus dir selbst herauszuholen."

Inhalt

Greta Müller

Rechtlicher Hinweis

Die Informationen in diesem Buch und deren Inhalte sind nicht als Ersatz für jegliche Form von medizinischer oder professioneller Beratung gedacht und sollen nicht die Notwendigkeit für medizinische, finanzielle, rechtliche oder andere Meinungen oder Dienstleistungen ersetzen, die möglicherweise erforderlich sind. Der Inhalt und die Informationen in diesem Buch dienen ausschließlich Bildungs- und Freizeitzwecken.

Der Inhalt und die Informationen in diesem Buch wurden aus Quellen zusammengetragen, von denen angenommen wird, dass sie verlässlich sind, und entsprechen nach bestem Wissen, Informationen und Überzeugungen des Autors der Wahrheit. Der Autor kann jedoch nicht für deren Genauigkeit und Gültigkeit garantieren und ist daher nicht für Fehler und/oder Auslassungen verantwortlich zu machen. Darüber hinaus werden in diesem Buch bei Bedarf regelmäßige Änderungen vorgenommen. Wenn es angebracht und/oder notwendig ist, sollten Sie vor der Anwendung von in diesem Buch vorgeschlagenen Mitteln, Techniken und/oder Informationen einen Fachmann (einschließlich, aber nicht beschränkt auf Ihren Arzt, Anwalt, Finanzberater oder einen anderen Fachmann) konsultieren.

Durch die Verwendung des Inhalts und der Informationen in diesem Buch erklären Sie sich bereit, den Autor von allen Schäden, Kosten und Ausgaben, einschließlich Anwaltsgebühren, freizustellen, die aus der Anwendung von Informationen in diesem Buch resultieren können. Diese Warnung gilt für jeden Verlust, Schaden oder Verletzung, der durch die Anwendung des Inhalts dieses Buches, direkt oder indirekt, bei Vertragsbruch, Fahrlässigkeit, Personenschaden, vorsätzliche Straftat oder unter anderen Umständen verursacht wird.

Sie erklären sich bereit, alle Risiken zu akzeptieren, die sich aus der Verwendung der in diesem Buch präsentierten Informationen ergeben.

Sie stimmen zu, dass Sie beim Weiterlesen dieses Buches, wenn es angebracht und/oder notwendig ist, einen Fachmann (einschließlich, aber nicht beschränkt auf Ihren Arzt, Anwalt, Finanzberater oder einen anderen Fachmann) konsultieren werden.

Einleitung:

In meinem Bekanntenkreis gab es einen Mann, der fest davon überzeugt war, dass Erfolg hauptsächlich vom Glück abhängt. Er führte immer wieder an, dass die reichsten Menschen der Welt heute nicht notwendigerweise fleißiger seien als die Armen. Tatsächlich würden die Armen oft härtere und anspruchsvollere Arbeit leisten als die Reichen. Trotzdem häuften die Reichen weiterhin Reichtum an, während die Armen in ihrer Armut verharrten.

Diese Realität ist weltweit anzutreffen, und heute möchte ich betonen, dass Erfolg in erster Linie von der richtigen Denkweise abhängt. Aber wie steht es um die Denkweise vieler armer Menschen? Wie viele besiegen ihre Ängste, Misserfolge oder Niederlagen durch die richtige Einstellung? Oft schreiben Menschen ihren Erfolg einfach dem Glück zu, da sie nicht daran glauben, dass sie im Leben erfolgreich sein können. Zusätzlich zu ihrer Denkweise sind Menschen, die Erfolg mit Glück verknüpfen, oft von ungesunden Gewohnheiten geprägt.

In meiner Zeit als Profi und Autor habe ich erkannt, dass unsere Denkweise das Ergebnis all unserer Gewohnheiten, Aktivitäten und Reaktionen ist. Erinnern Sie sich an das letzte Mal, als Sie bei einer bestimmten Aufgabe gescheitert sind, und an den nächsten Versuch, bei dem es Ihnen leichter gefallen ist? Die Wahrheit ist, dass uns Lebenserfahrungen widerstandsfähiger machen.

Ich selbst habe mein Leben lang mit Herausforderungen zu kämpfen gehabt. Ich hatte mit schlechten Freunden zu tun, Misserfolgen, Jobverlust, finanziellen Problemen und problematischen Beziehungen. Doch wenn ich auf diese Momente zurückblicke, sehe ich nicht nur die Hindernisse, sondern vor allem mein persönliches Wachstum und die Entwicklung, die in meinem Leben stattgefunden haben.

Die Denkweise ist untrennbar mit unseren Erfahrungen, Gewohnheiten, Fehlern und der Umgebung verbunden, in der wir leben. Unsere mentale Stärke zeigt sich, wenn wir uns in verschiedenen Aktivitäten unserer unmittelbaren Umgebung engagieren. Eine starke Denkweise wird auch durch gesunde und positive Gewohnheiten gefördert.

Aus diesem Grund habe ich dieses Buch verfasst. Ich erkannte, wie entscheidend Gewohnheiten für unser Leben sind. Ich habe einige gesunde Gewohnheiten entwickelt, wie zum Beispiel Blickkontakt zu halten, täglich Nachrichten zu lesen und die Zeit mit meiner Familie zu schätzen. Mir wurde bewusst, dass meine Gesundheit, mein Erfolg und meine Beziehungen nur durch gesunde Gewohnheiten erfolgreich sein können.

Daher möchte ich Ihnen in diesem Buch helfen, Ihr Leben zu verbessern. Jedes Kapitel widmet sich verschiedenen Themen, angefangen bei Gewohnheiten über die Umgebung bis hin zur Angst vor Misserfolg und Erfolg, proaktivem und positivem Denken, Fehlern und vielem mehr. Ich lade Sie herzlich dazu ein, dieses Buch mit einem offenen Geist zu lesen, denn ich bin fest davon überzeugt, dass Sie daraus zahlreiche Vorteile ziehen werden.

Willkommen zu dieser Reise, die Ihr Leben verändern wird.

Kapitel 1: Die Angst vor dem Scheitern

Die Angst vor dem Scheitern wurzelt oft tief in uns und bildet eine unsichtbare Barriere für das Erreichen unseres Potenzials. Haben Sie jemals vor einer entscheidenden Wahl für Ihren eigenen Erfolg gestanden, nur um zu zögern, weil die Angst vor dem Scheitern Sie gelähmt hat? Haben Sie möglicherweise großartige Chancen und Angebote von potenziellen Partnern und Vorgesetzten abgelehnt, weil Zweifel an Ihrem eigenen Können Ihnen im Weg standen? Vielleicht haben Sie sich mehr auf das Negative als auf das Positive konzentriert. Im Laufe des Lebens habe ich erkannt, dass Scheitern ein ganz normales Phänomen ist; es macht uns stärker. Scheitern führt zur Entwicklung von Glauben an sich selbst, und dieser Glaube erzeugt Widerstandsfähigkeit. Erstaunlicherweise hat jeder erfolgreiche Mensch seinen Anteil an Misserfolgen gehabt. Aber die entscheidende Frage lautet: Sollten Sie Angst vor dem Scheitern haben? Sollten Sie jeden Tag Ihres Lebens in Angst leben, dass Sie an der Universität, in Ihrer Karriere oder in Ihrer Ehe scheitern könnten? Nein, das sollten Sie nicht.

Die Angst vor dem Scheitern führt zu Trägheit, Schwäche und einer negativen Denkweise. Angst vor dem Scheitern bedeutet, das Scheitern zu antizipieren. Hier ist ein Szenario:

Jack Williams, ein Absolvent der Universität Exeter mit einem Abschluss in Betriebswirtschaftslehre und Management, hatte während seines Studiums immer im Schatten seiner selbst gelebt. Trotz seiner guten Noten glaubte er nicht, dass er jemals ein erfolgreicher Unternehmensberater werden würde, wie er es sich immer vorgestellt hatte. Obwohl er aufgrund seiner guten Noten immer Empfehlungen und Jobangebote erhielt, scheiterte er regelmäßig bei Vorstellungsgesprächen. Er war immer nervös und ängstlich, sodass er bei grundlegenden Fragen die Kontrolle verlor oder das Gespräch vorzeitig verließ.

Dieser erbärmliche Zustand dauerte sechs Monate. Jack hatte keinen Job, während seine Freunde mit niedrigeren Noten gut bezahlte Stellen hatten. Die Frustration über sein Problem trieb ihn dazu, Hilfe von einem Mentalcoach zu suchen. Während des Coaching-Prozesses wurde Jack gefragt, was seine größte Angst und Motivation sei. Jack antwortete: "Ich bin mir nicht sicher, ob ich eine große Motivation habe; jedoch motiviert mich meine Angst. Der Grund, warum ich Betriebswirtschaftslehre studiert habe, ist, dass ich Unternehmer werden möchte. Aber ich habe Angst zu scheitern, wenn ich diesen Kurs nicht absolviere." Jack machte eine Pause, blickte seinen Coach an und fuhr mit seinen Worten fort, wobei er seine Worte sorgfältig wählte, da er sein ganzes Leben lang nie über solche Dinge nachgedacht hatte.
"Ich weiß nicht, warum ich so ängstlich bin. Während meines gesamten Studiums hatte ich Angst, niemals einen gut bezahlten Job zu finden. Jetzt habe ich einen Bachelor-Abschluss und dennoch habe ich Angst, mich in diese Positionen einzufügen und meine Arbeit rechtzeitig abzuliefern, weil ich unsicher über meine Fähigkeiten bin", seufzte Jack. Es war offensichtlich, dass er alles herausgelassen hatte, was ihn belastete. Der Coach lächelte erneut und bat ihn, tief ein- und auszuatmen.

Hier ist, was er ihm sagte: Scheitern ist normal. Zu verschiedenen Zeiten in unserem Leben erleben wir das Scheitern, aber die Angst vor dem Scheitern wird nur Ihre Ambitionen und Bestrebungen lähmen. Wenn Sie Ihren Geist mit Ihren Misserfolgen, Schwächen und den Fehlern, die Sie noch machen müssen, beschäftigen, sagen Sie Ihrem Geist, dass Sie nicht gut genug sind, um einen Schritt zu machen. Außerdem ist die Angst vor dem Scheitern intern und mental; Diese Denkweise zehrt allmählich an Ihnen und vermittelt

Ihnen den Eindruck, dass Ihre Träume nicht gültig sind und Ihre Ziele schwer zu erreichen sind. Ich möchte auf Jack Bezug nehmen, und ich denke, Sie haben bemerkt, dass Jack gesagt hat, er habe immer in Angst gelebt; seine guten Noten wurden nicht durch Selbstvertrauen, sondern vielmehr durch die Angst vor dem Scheitern erzielt.

Die Angst vor dem Scheitern als Motivation zu wählen, ist falsche Motivation; anstatt ein gutes Ergebnis zu erzielen, führt sie zu negativen Ergebnissen. Denken Sie daran, wann Sie das letzte Mal aus Angst vor einem Test bestanden haben; oft fehlt Ihnen das Selbstvertrauen, um Ihre Ergebnisse zu verteidigen. Ich glaube, Jack fehlte das Vertrauen in seine Noten und in sich selbst. Er lebte immer in einer Illusion von sich selbst, daher war es schwer, die Realität zu akzeptieren, dass er ein ausgezeichneter Unternehmensberater werden würde. Es ist wichtig zu sagen, dass Ihre Verantwortung als Individuum darin besteht, an sich selbst und Ihre Fähigkeiten zu glauben. Tun Sie nicht wie Jack: Fehler zu machen ist in Ordnung, aber verweilen Sie nie bei ihnen. Arbeiten Sie daran und wenn Sie fallen, stehen Sie wieder auf. Die Reise ist lang, und es erfordert mentale Stärke, um weiterzumachen.

Sind Sie wie Jack? Haben Sie Schwierigkeiten, Entscheidungen zu treffen, ohne dass die Angst vor dem Scheitern Sie ablenkt oder Ihren Verstand vernebelt? Hier sind 5 Schritte, um die Angst vor dem Scheitern zu überwinden:

1. Definieren Sie Ihre Angst
   Jack wurde gebeten, seine Ängste zu definieren und erkannte, was sie waren. In diesem Moment möchte ich, dass Sie die Frage beantworten: "Was ist Ihre größte Angst?" Für einige ist es die Angst vor dem Scheitern, für andere ist es die Angst vor Scheidung und Stigmatisierung. Aber unabhängig von Ihrer Angst sollten Sie sie definieren und in Ihr Tagebuch schreiben.

2. Lassen Sie das Licht der Positivität auf Ihre Angst scheinen
Die Angst nistet sich im Dunkeln ein. Die Angst siegt am meisten, wenn sie persönlich genommen und ihr Macht verliehen wird; auf diese Weise beginnt sie, Ihr Leben zu kontrollieren. Nachdem Sie Ihre Angst definiert haben, lassen Sie das Licht der Positivität auf Ihre Angst scheinen. Wenn Sie immer geglaubt haben, kein erfolgreicher Arzt werden zu können, fangen Sie an zu behaupten, dass Sie erfolgreich sein werden. Sie müssen jedoch Maßnahmen ergreifen, um die Angst in Ihrem Geist drastisch zu reduzieren.

Nehmen wir an, Sie haben immer geglaubt, kein erfolgreicher Krankenpfleger werden zu können, weil Sie Schwierigkeiten haben, Anatomie und Physiologie zu verstehen. In diesem Fall müssen Sie einige Schritte unternehmen, um Anatomie besser zu verstehen.

Neudefinition von Zielen

Was sind Ihre Ziele? Was möchten Sie erreichen? Welche Wünsche und Ambitionen hegen Sie? Es ist wichtig, Ihre Ziele neu zu formulieren und vielleicht klein anzufangen. Wenn Sie der nächste erfolgreiche digitale Stratege dieses Jahrhunderts werden wollen, stellen Sie sicher, dass Sie Ihre Ziele in kleinere Etappenziele aufteilen.
Zuerst setzen Sie sich ein Ziel für drei Monate; zum Beispiel, stellen Sie sich vor, Sie stellen sich täglich auf Ihrer Social-Media-Seite vor, schaffen Wert und helfen Menschen für 60 Tage. Danach könnten Sie ein Webinar für Menschen organisieren. Es ist nicht schlimm, ein großes Ziel zu haben, wenn Sie über alle Ressourcen und Fähigkeiten verfügen, es zu erreichen; das ist kein Problem. Dennoch sollten Sie Ihre Ziele in kurz- und langfristige Ziele aufteilen.

Vorbereitung auf das Unbekannte

Viele Menschen haben Schwierigkeiten, die Angst vor dem Scheitern zu überwinden, weil sie in der Mentalität der Unmöglichkeit gefangen sind. Sie glauben, dass sie nichts im Leben erreichen können, und haben daher Schwierigkeiten, die richtigen Entscheidungen zu treffen. Eine Möglichkeit, die Angst vor dem Scheitern zu überwinden, besteht darin, sich auf das Unbekannte vorzubereiten. Was sind die möglichen Dinge, die passieren können, wenn Sie eine neue Entscheidung treffen? Ich muss sagen, dass sich auf das Unbekannte vorzubereiten nicht dasselbe ist wie das Festhalten an Misserfolgen oder Unmöglichkeiten. Bereiten Sie sich auf das Schlimmste vor, aber behalten Sie Ihr Ziel im Auge. Ich habe gelernt, dass Menschen, die sich nicht auf das Unbekannte vorbereiten, Schwierigkeiten haben, negative Umstände zu bewältigen, die sie umgeben.

Positive Worte an sich selbst richten

Die Angst vor dem Scheitern ist innerlich, und wenn sie bekämpft werden soll, muss sie innerlich angegangen werden. Ich ermutige Sie, eine personalisierte Liste täglicher Affirmationen für sich selbst zu haben. Sie können Ihre eigenen Affirmationen erstellen, oder noch besser, hier sind einige Affirmationen, die Ihnen helfen werden, eine positive Denkweise aufzubauen:

- Ich bin gesund und selbstbewusst.
- Ich bin erfolgreich.

- Ich wage es, meine Ziele zu verfolgen und Risiken einzugehen.
- Ich werde nicht von meinen Unsicherheiten und den Unmöglichkeiten um mich herum erdrückt.
- Ich glaube an meine Fähigkeiten, an mich selbst und meine Stärke.

Die Angst vor dem Scheitern ist der Ursprung des Scheiterns selbst. Vermeiden Sie es wie die Pest. Wachen Sie jeden Tag mit dem Geist eines Gewinners auf. Sie können es schaffen. Ihre Träume sind nie zu groß.

Kapitel 2: Angst vor dem Erfolg

Erfolg ist wunderbar. Doch Erfolg ist keine einmalige Sache. Viele Menschen denken, dass Erfolg einen bestimmten Klang, ein bestimmtes Aussehen oder eine bestimmte Farbe hat. Das ist jedoch völlig falsch. Erfolg ist einfach Erfolg. Obwohl viele Menschen ihre eigene Definition von Erfolg haben, können wir nicht leugnen, dass die Angst vor dem Erfolg weit verbreitet ist.
Haben Sie Schwierigkeiten, Führungspositionen anzunehmen? Mögen Sie es nicht, ein Team aus irgendeinem Grund zu leiten? Fällt es Ihnen schwer, Verantwortung und Aufgaben zu übernehmen? Fühlen Sie sich unwohl oder schüchtern, wenn Sie für Ihre harte Arbeit gelobt werden? Wenn ja, haben Sie wahrscheinlich Angst vor dem Erfolg. Jedes Mal, wenn ich in meinem Leben eine neue Entscheidung treffen möchte, erschrecke ich bei dem Gedanken, neue Pläne zu schmieden, Risiken einzugehen und neue Entscheidungen zu treffen. Ich hatte einst Schwierigkeiten, die Wahrheit über meine Führungsfähigkeiten anzuerkennen. Ich hatte Angst, ein Anführer zu sein, vor Menschenmengen zu sprechen, Menschen zu sagen, was sie tun sollten, und für andere verantwortlich zu sein. Aber als ich erkannte, dass das Wachstum, das ich mir wünschte, niemals eintreten würde, änderte ich meine Denkweise, und der Erfolg wurde meiner.

Die Angst vor dem Erfolg kann hinterhältig sein, wie das Aufschieben eines wichtigen Projekts, das Ablehnen großer Chancen unter dem Deckmantel von Stress und Ressourcenmangel. Oft frage ich mich, was junge Menschen davon abhält, große Chancen abzulehnen. Manchmal ist es nicht fair, es ist einfach die Angst vor dem Erfolg. Wenn Sie beispielsweise ein wichtiges Projekt aufschieben, wie das Einreichen von Geschäftsvorschlägen, die Teilnahme an einer Veranstaltung oder Kampagne, das Einreichen Ihres

Lebenslaufs für einen Job und vieles mehr, haben Sie vielleicht einfach Angst vor dem Erfolg. Brian Tracy sagte: "Wir sind unser schlimmster Feind", und dem kann ich nur zustimmen. Warum denken Sie, hören Menschen auf, Aufmerksamkeit auf Aktivitäten zu richten, die ihnen helfen, besser zu werden oder stärker zu werden? Warum hören Sie auf, sich auf Aktivitäten zu konzentrieren, die Ihnen helfen, besser zu werden oder stärker zu werden? Weil der Erfolg schwerer zu erreichen ist als das Scheitern.
Um Erfolg zu haben, sind viele Übungen, Pläne und Handlungen erforderlich. Erfolg erfordert, dass Sie sich verpflichten und Verantwortung für Ihr Leben und Ihre Handlungen übernehmen. Es ist jedoch anders als das Scheitern; das Scheitern erfordert nicht, dass Sie jeden Morgen um 4 Uhr aufstehen, um vor der Arbeit zu lernen. Das Scheitern verlangt nicht, dass Sie sich in Ihren Plan und Ihr Ziel engagieren, nur der Erfolg tut das. Und ich glaube, jeder liebt es, erfolgreich zu sein, warum haben die Menschen dann immer noch Angst vor dem Erfolg?

Was verursacht die Angst vor dem Erfolg?

Die Angst vor dem Erfolg kann bei verschiedenen Menschen unterschiedlich sein. Nach heutiger Psychologie können Menschen, die in der Vergangenheit Traumata erlebt haben, die Aufregung über den Erfolg leicht mit den Reaktionen in Verbindung bringen, die sie aufgrund traumatischer Erfahrungen empfinden. Aufgrund dieser Reaktion vermeiden diese Personen oft die Aufregung oder ungewöhnlichen Emotionen, die mit erfolgreichen Situationen einhergehen, und entwickeln eine phobische und kurzsichtige Einstellung gegenüber dem Erfolg.

Andererseits fürchten viele Menschen den Erfolg, weil sie im Laufe der Zeit in ihrem Herzen das Bild davon geschaffen haben, wie Erfolg aussehen sollte. Wie ich bereits sagte, hat Erfolg keine bestimmte Definition oder Farbe. Viele Menschen, insbesondere junge Menschen, haben ihren Verstand darauf konditioniert, zu glauben, dass Erfolg nur nach Leiden, Verlusten oder wiederholten Misserfolgen kommt. Auch wenn das teilweise wahr sein mag, ist Erfolg relativ und individuell. Bill Gates wurde nicht gefeuert oder begann im Alter von 13 Jahren für sich selbst zu sorgen. Brian Tracy erlebte Rückschläge, aber seine Geschichte unterscheidet sich von der von Mark Zuckerberg. Die Wahrheit ist, dass Rückschläge unvermeidlich sind; jedoch verlieren nicht alle alles, bevor sie Erfolg haben. Wenn Sie die Einstellung haben, dass Sie Ihren Job verlieren, Ihr Eigentum verlieren, bankrott gehen und verschuldet sein müssen, dann wurde Ihr Verstand falsch programmiert. Es ist an der Zeit sicherzustellen, dass Sie beginnen, sich von der negativen Denkweise und den Bedingungen zu lösen, die Sie sich auferlegt haben.

Auch Angst ist ein weiterer Auslöser für die Angst vor dem Erfolg. Viele Menschen sind ängstlich, wie sie sich verhalten werden, wenn sie reich, berühmt und erfolgreich sind. Einige Menschen sind nervös, wie sie ihre Führungspositionen bewältigen werden. Wenn Sie sich so fühlen, machen Sie jedes Mal tief Luft und stellen Sie sicher, dass Sie positiv sprechen und denken.

Wie man die Angst vor dem Erfolg überwinden kann

Die Wurzeln des Gefühls aufspüren
Viele Menschen, die Angst vor dem Erfolg haben, schämen sich, darüber zu sprechen. Daher ist es schwer, ihnen zu helfen. Während einige Individuen nicht einmal wissen, dass sie Angst vor dem Erfolg haben. Es ist wichtig, zu verstehen, wie man sich fühlt, und die Ursache der Angst zu

identifizieren. Sobald man die Ursache der Angst erkennt, kann man sie überwinden. Um die Ursache dieser Angst zu identifizieren, kann es hilfreich sein, ein Tagebuch zu führen. Hier ist der Prozess des Tagebuchschreibens:

1. Beginnen Sie damit, alles aufzuschreiben, was Ihnen in den Sinn kommt, wenn Sie an die Angst vor dem Erfolg denken.
2. Haben Sie sich in der Vergangenheit jemals so gefühlt? Schreiben Sie das Gefühl und was es ausgelöst hat.
3. Finden Sie heraus, wie Sie dieses Gefühl beim nächsten Mal vermeiden oder umgehen können.

Hier ist ein Szenario: Wenn Sie immer Schwierigkeiten hatten, ein wichtiges Projekt abzuschließen, finden Sie heraus, was das Gefühl der Angst auslöst, wenn Sie versuchen, das Projekt zu beenden. Das nächste Mal, wenn Sie dieses Gefühl des unvollendeten Projekts haben, setzen Sie sich hin und sagen Sie sich selbst, dass Sie es abschließen werden.

Hören Sie auf, Strategien und Aktivitäten zu vermeiden, die Sie zum Erfolg führen werden!
Nachdem Sie die Ursache der Angst gefunden und verfolgt haben, fangen Sie an, Aktivitäten und Strategien zu umarmen, die Ihnen zum Erfolg verhelfen werden. Aktivitäten wie das Abschließen eines Projekts, das Senden von Lebensläufen, das Einreichen eines Geschäftsvorschlags oder das Teilnehmen an einem Vorstellungsgespräch sollten begrüßt werden. Darüber hinaus, wenn Sie aufhören, Strategien und Aktivitäten zu meiden, beginnen Sie, die Angst vor dem Erfolg zu reduzieren. Lehren SieIhr Gehirn absichtlich, den Erfolg zu akzeptieren, was die Angst vor dem Erfolg verringert.

Holen Sie sich Hilfe von einem Therapeuten
Die Angst vor dem Erfolg kann schwierig sein, da sie viele Dinge und Ziele behindern kann. Sie müssen verstehen, dass es wichtig ist, die Quelle Ihrer Angst zu verstehen. Sie

könnten jedoch alleine Schwierigkeiten haben, diese Angst zu verstehen; deshalb benötigen Sie die Hilfe eines Fachmanns. Ein Therapeut kann sehr hilfreich sein. Darüber hinaus haben Studien gezeigt, dass die meisten Menschen, die Angst vor dem Scheitern haben, zu einem Zeitpunkt ihres Lebens traumatische Erfahrungen gemacht haben. Ein weiterer Grund, warum Sie sich an einen Therapeuten wenden sollten, ist, dass Menschen, die Angst vor dem Scheitern haben, oft unter Angststörungen leiden.

Behaupten Sie, bereits erfolgreich zu sein

Affirmationen sind eine großartige Möglichkeit, das Selbstvertrauen zu stärken, sich zu verbessern und darüber nachzudenken, wer man ist. Viele Menschen, sowohl jung als auch alt, kämpfen mit der Angst vor dem Erfolg, denn dieser Kampf ist real. Affirmationen sind eine große Hilfe, um die Angst vor dem Scheitern zu überwinden. Hier sind einige Aussagen, die Sie jeden Tag wiederholen sollten:

- Ich bin bereits ein Erfolg.
- Jedes Projekt, das ich angehe, wird erfolgreich sein.
- Ich erlebe finanziellen und körperlichen Wohlstand zu jeder Zeit.
- Mein Geschäft und mein Leben blühen in jeder Hinsicht.

Zusammenfassend: Versuchen Sie, die Quelle Ihrer Angst vor dem Scheitern zu identifizieren, konfrontieren Sie Ihre Ängste, suchen Sie professionelle Hilfe und unterstützen Sie sich selbst, indem Sie sich positive Dinge nur für sich selbst bestätigen. Die Angst vor dem Erfolg kann für Sie ein hoher Berg sein, den Sie besteigen müssen, aber sie kann leichter überwindbar werden, wenn Sie die oben genannten Schritte befolgen.

Kapitel 3: Sind wir das Ergebnis unserer Umgebung oder können wir sie selbst gestalten?

Wir sind Produkte der Welt, in der wir leben. Gleichzeitig ist die Welt das geworden, was wir daraus gemacht haben. Heute gibt es mehr als 8 Milliarden Menschen auf der Welt, und jeder von uns hat seine eigenen Unterschiede. Diese Unterschiede sind auf Umweltfaktoren und den Hintergrund zurückzuführen, den die meisten Menschen haben. Die Wahrheit ist, dass Menschen aufgrund ihrer Hintergrund und Umweltfaktoren handeln. Umweltfaktoren haben einen großen Einfluss auf das Gesamtwohl eines Menschen in all seinen Formen: geistig, seelisch und körperlich. Tatsächlich sind wir das Ergebnis unserer Umgebung, aber wir können unsere Ergebnisse selbst gestalten. Wir können sicherstellen, dass wir nicht genau wie unser Hintergrund und unsere Umgebung sind, und wir müssen verstehen, dass wir eine neue Welt erschaffen können, die Welt, die wir uns wünschen und wollen.

Das Jahr 2020 brachte viele Veränderungen für die Menschheit; es begann mit Kriegen zwischen Nationen, setzte sich mit der globalen Pandemie fort und mitten in dieser globalen Krise kam die Welt zum Stillstand, als ein Polizist einige Afroamerikaner tötete. Eine der Dinge, die ich während all dieser Ereignisse beobachtet habe, ist, dass wir unsere Umgebung verändern können. Wir haben die Macht, die Welt zu gestalten, in der wir leben möchten. Heute sehe ich bei jeder Überprüfung neue Trends und neue Hashtags, und diese Elemente wurden erstaunlicherweise als Instrumente des Wandels in der Welt verwendet. Es ist an der Zeit, zu glauben, dass auch Sie die Welt von Ihrem eigenen Standpunkt aus verändern können. Es ist an der Zeit zu verstehen, dass kein Beitrag zu klein ist und keine

Anstrengung verschwendet ist. Wenn Sie sich fragen, warum der Titel dieses Kapitels in dieser Form geschrieben wurde, sollten Sie vielleicht über die Dinge um Sie herum nachdenken. Sie sollten sich fragen, wie Ihre Umgebung Sie beeinflusst und welche Auswirkungen sie auf unser Verhaltensmuster hat.

Wie die Umgebung uns beeinflusst

Die menschliche Psyche interagiert auf verschiedene Weisen mit der Umgebung. Sobald ein Kind geboren wird, beginnt es zu wachsen. Während es heranwächst, hört es verschiedene Worte von verschiedenen Menschen; das Kind isst, was andere essen, und sagt, was andere sagen. Im Laufe des Heranwachsens wird der Einfluss der Umgebung im Leben des Kindes deutlicher. Das Kind beginnt, den übrigen Menschen in der Gesellschaft zu ähneln und kann auch einem höheren Risiko für verschiedene Krankheiten ausgesetzt sein, die auch andere Familienmitglieder betreffen. Hier sind drei Arten, wie die Umgebung uns beeinflusst:

1. Die Umgebung kann das Verhalten der Menschen und auch ihre Handlungen beeinflussen. Zum Beispiel neigen Kinder, die in Slums geboren wurden, eher dazu, Drogenmissbrauch und illegale Aktivitäten zu betreiben als Kinder, die in einer gesünderen und förderlichen Umgebung aufwachsen. Die Umgebung kann auch einen Einfluss auf das Denkmuster eines Menschen haben, sodass eine Person ein bestimmtes Denkmuster haben kann, das sich von dem anderer Menschen unterscheidet. Zum Beispiel kann ein Inder aufgrund seiner nationalen und ethnischen Herkunft anders denken als ein Amerikaner.

2. Unsere Umgebung beeinflusst die Interaktionen zwischen Menschen. Einer der Gründe, warum es leicht ist, mit

bestimmten Menschen aus Ihrer Umgebung zu kommunizieren, liegt darin, dass Sie beide dieselbe Umgebung teilen und denselben Umgebungshintergrund haben.

3. Unsere Umgebung kann unsere Stimmung beeinflussen. Zum Beispiel wurde während der Pandemiezeit festgestellt, dass viele Menschen aufgrund der mit der Pandemie verbundenen Angst an Depressionen und Stimmungsschwankungen litten. Ebenso hatten viele Menschen Angst und Sorgen, als gegen Ende des Jahres 2020 einige unangenehme Ereignisse auftraten. Darüber hinaus kann auch die Umgebung, in der wir leben, wie unser Zimmer und unser Büro, unsere Stimmung beeinflussen. Frühere Studien haben gezeigt, dass Umgebungen mit hellem Licht, sei es natürliches oder künstliches Licht, die Stimmung und die Gesundheit verbessern können. Darüber hinaus kann ein gut beleuchteter Raum den Schlaf verbessern, Depressionen, Ängste und Unruhe reduzieren.

Welche Dinge wollten Sie schon immer in Ihrer Umgebung oder Ihrem Hintergrund ändern? Welche Herausforderungen hatten Sie in Ihrer Umgebung zu bewältigen? Wissen Sie, dass Sie all diese Dinge ändern können? Die Wahrheit ist, dass der Wandel bei Ihnen beginnt.

Wie man die Umgebung ändert

Die Veränderung Ihrer Umgebung oder die Schaffung einer neuen Umgebung kann schwierig sein; Ich habe dies in verschiedenen Lebensbereichen unzählige Male gesehen. Ich habe erkannt, dass die Schaffung einer neuen Umgebung eine große Herausforderung sein kann, insbesondere wenn die Veränderungen das Leben anderer Menschen betreffen. Es wird noch schlimmer, wenn die erforderliche Veränderung religiöser oder politischer Natur ist. Sie können in Ihrem eigenen Leben und im Leben anderer positive Veränderungen bewirken, aber ich muss Sie daran erinnern, dass es zu einem Konflikt zwischen Ihnen und dem Rest der Welt kommen kann. Ich glaube, die Schaffung einer neuen Umgebung kann als Revolution bezeichnet werden.

Ich glaube, es ist besser, Ihre Umgebung zu ändern, anstatt Dinge zu reparieren oder zu renovieren. Einige Dinge sind am Arbeitsplatz, in der Familie oder in der Umgebung einfach falsch; Ich habe festgestellt, dass es besser ist, eine neue Welt zu schaffen, indem Sie Dinge eliminieren, die nicht funktionieren, anstatt solche zu erneuern, die nicht funktionieren. Dieses Kapitel konzentriert sich außerdem auf die Veränderung Ihrer unmittelbaren Welt, nicht auf die gesamte Welt. Die Änderung der gesamten Welt oder Ihres Landes kann viele Opfer erfordern, Feindseligkeiten hervorrufen und Sie sich in der Welt verloren fühlen lassen. Bedeutet das, dass Sie nicht danach streben sollten, ein Weltveränderer zu werden? Das sage ich nicht. Dieses Kapitel konzentriert sich stattdessen darauf, ein "Agent des Wandels" in Ihrer Familie und unter Ihren Freunden zu werden. Die Wahrheit ist, dass es einige Dinge gibt, die Sie in Ihrem Leben ändern müssen, wenn Sie Erfolg haben wollen. In dieser Hinsicht ist eine der wichtigsten Fähigkeiten, die Sie benötigen, bevor Sie eine neue Umgebung schaffen können, die Fähigkeit, die richtigen Entscheidungen zu treffen. Der Entscheidungsprozess ist äußerst kritisch, und Sie können Ihre Welt nicht ändern, ohne ihn zuvor durchdacht zu haben. Hier sind einige Beispiele für Dinge, die Sie berücksichtigen sollten, bevor Sie eine Entscheidung treffen:

- Was ist falsch oder schlecht in Ihrem Leben oder Ihrer Umgebung?
- Priorisieren Sie die negativen Situationen, die Sie umgeben und die eine Veränderung erfordern. Zum Beispiel, kämpfen

Sie mit narzisstischen Vorgesetzten? Haben Sie
Schwierigkeiten in Ihren Beziehungen? Haben Sie
Schwierigkeiten, Prüfungen zu bestehen? Finden Sie es
schwer, ein erfolgreicher Unternehmer zu sein?
- Stellen Sie sich vor, die oben genannten Kämpfe gehören
Ihnen, wie würden Sie priorisieren? Welchem würden Sie
höchste Priorität einräumen?

- Beachten Sie die verschiedenen Ereignisse, die auftreten
können, wenn Sie eine neue Welt für sich selbst schaffen.
Beachten Sie, wie viele Freunde Sie verlieren könnten.
Denken Sie über die negativen Auswirkungen Ihrer
Entscheidung auf Ihr Leben nach. Viele Menschen möchten
ihre Welt nicht ändern, weil sie nicht bereit sind,
lebensverändernde Entscheidungen zu treffen. Einige sind
nicht bereit, ihre Freunde zu verlassen, ihren Job zu verlieren
und umzuziehen. Ich habe erkannt, dass Sie einen starken
Geist brauchen, wenn Sie die Welt ändern wollen. Sie sollten
sich niemals darum kümmern, was andere von Ihnen denken;
Es mag für die Menschen in Ihrer Umgebung verrückt
erscheinen, aber glauben Sie mir, Sie werden besser und
erfolgreicher werden.

Darüber hinaus wird es Ihnen leichter fallen, das Richtige zu
tun, wenn Sie Ihre Umgebung ändern, denn eine richtige und
gesunde Umgebung enthält genügend Motivation. Wenn Sie
Ihre Umgebung richtig organisieren und alle Zweifel und
Hindernisse aus Ihrem Weg räumen, wird der Erfolg viel
einfacher, und Sie werden genügend Gründe haben, bessere
Gewohnheiten zu praktizieren. Oft denken viele Menschen,
dass die Schaffung einer neuen Umgebung intern sein muss.
Das heißt, es muss von innen kommen. Aber ich glaube,
Veränderung kann überall stattfinden, sowohl intern als auch
extern. Möglicherweise müssen Sie sich zuerst ändern, wenn
die Änderung mit Überzeugungen, Mentalität oder Religion
zu tun hat. Wenn Sie jedoch bereits die richtige Einstellung
haben, sollten Sie diejenigen ändern, die Sie umgeben, indem

Sie mit gutem Beispiel vorangehen und über die Bedeutung von Veränderung im Leben anderer sprechen. Ich möchte, dass Sie die Veränderung Ihrer Umgebung optimieren, indem Sie Ihre Stimme erheben, wenn Sie Menschen Dinge falsch sagen oder falsche Dinge tun hören. Die Wahrheit ist, dass die kleinen Dinge, die wir tun, einen großen Einfluss auf unser Leben und unsere Gesellschaft haben können. Zweifellos werden die Veränderungen nicht sofort eintreten. Veränderungen können allmählich erfolgen, aber das Ziel ist es, kontinuierlich Veränderungen zu bewirken.

Kapitel 4: Gewohnheiten in unserem Unterbewusstsein

Wie man sie einpflanzt
Jeder Mensch hat Gewohnheiten, die er täglich ausführt;
Aktivitäten wie Schlafen, Essen, körperliche Übungen, Lesen,
Musik hören und viele andere. Gewohnheiten können als
kleine Entscheidungen definiert werden, die getroffen
werden, und als eine Abfolge von Aktivitäten, die täglich
ausgeführt werden. Laut einer Studie der Duke University
sind Gewohnheiten mindestens für 40% unseres Verhaltens
zu jeder Zeit verantwortlich. Die Wahrheit ist, dass Sie das
Ergebnis Ihrer Gewohnheiten und Aktivitäten sind.

Ich kann sagen, dass Ihr Leben im Wesentlichen die Summe
aller Gewohnheiten ist, die Sie täglich praktizieren. Ihr Erfolg
kann durch die Anzahl der guten Gewohnheiten bestimmt
werden, die Sie Tag für Tag praktizieren. Welche Aktivitäten
führen Sie jeden Tag in Ihrem Leben aus? Wie viel Zeit
widmen Sie täglich dem Lesen von Büchern? Was auch
immer Sie tun, jeden Tag hat die Macht, Sie in positiver oder
negativer Weise zu verändern. Frühere Studien haben auch
behauptet, dass das Üben derselben Gewohnheit für
mindestens 21 Tage dazu neigt, zu einer Gewohnheit zu
werden. Gleichzeitig hat Brian Tracy behauptet, dass das
Ausüben derselben Tätigkeit über sechs Jahre hinweg dazu
neigt, Sie in diesem Bereich zu einem Experten zu machen.

Ich glaube, Gewohnheiten sind wie Wassertropfen. Ich
denke, Sie kennen das Sprichwort "Viele Tropfen formen
einen Ozean". Daher macht das regelmäßige Ausüben einer
Aktivität sie zu einer Gewohnheit. Zum Beispiel kann eine
der Gewohnheiten eines Schriftstellers darin bestehen, jeden
Tag zu schreiben. Einige Autoren haben einen bestimmten
Tagesablauf: Einige schreiben 300 Wörter pro Tag, andere
500 und einige 2000. Je nach Kompetenzniveau oder

Entwicklungsbedarf muss jeder Schriftsteller täglich schreiben. Indem Sie täglich schreiben, bauen Sie ein Wissensvermögen auf und steigern Ihre Fähigkeit, neue Informationen aufzunehmen.

Gesunde Gewohnheiten können das richtige Wissen in unser Unterbewusstsein einflößen. Wenn zum Beispiel Ihre tägliche Gewohnheit darin besteht, in den ersten 4 Stunden des Tages zu lesen, werden Sie feststellen, dass Sie nach einigen Tagen das Verlangen verspüren, zu lesen. Gewohnheiten können verschiedene Ideen auf verschiedene Weisen in unseren Verstand einpflanzen, daher ist es wichtig, in Gewohnheiten zu investieren.

Warum in gesunde Gewohnheiten investieren?

Studien besagen, dass etwa 40% Ihrer Handlungen fast immer bewusst sind. Dennoch sind Gewohnheiten wichtige Teile Ihres Lebens, von denen Sie möglicherweise nicht einmal wissen. Das bedeutet einfach, dass es einige Gewohnheiten gibt, die sich manifestieren können, ohne dass Sie es bemerken. Ja, Gewohnheiten sind wesentliche Elemente unseres Lebens, und es lohnt sich, in sie zu investieren. Hier sind Gründe, warum Sie in gesunde Gewohnheiten investieren sollten:

Ihr Leben ist die Summe Ihrer Gewohnheiten, sei es positiv oder negativ.
Ich habe festgestellt, dass viele erfolgreiche Menschen, wenn man sie nach ihrer Erfolgsgeschichte oder ihren täglichen Aktivitäten fragt, ihre Gewohnheiten erwähnen. Einmal stieß ich auf die Routine der reichsten Männer weltweit und stellte fest, dass die meisten von ihnen mindestens 6 Stunden pro Tag schlafen, ins Fitnessstudio gehen, lesen und Obst essen. Diese Übungen und Aktivitäten haben Bill Gates nicht zu einem reichen Mann gemacht, sondern sie haben ihre Fähigkeit verbessert, leicht reich zu werden.

Ihre Gewohnheiten ermöglichen es Ihnen, die Kontrolle über Ihr Leben zu übernehmen.
Wenn Sie ein bestimmtes Schlafmuster und eine bestimmte tägliche Routine haben, die sich im Laufe der Zeit zu einer Gewohnheit entwickelt hat, werden Sie feststellen, dass Sie Ihr Leben leichter in die Hand nehmen können. Im vorherigen Kapitel haben wir besprochen, wie Sie Ihre Welt verändern können. Sie können Ihre Welt jedoch nicht erfolgreich ändern, wenn Sie nicht im Laufe der Zeit gute Gewohnheiten kultiviert haben.

Wenn Sie beispielsweise die Position des Top-Managers in Ihrem Unternehmen erreichen möchten, müssen Sie proaktiv sein, die richtigen Entscheidungen treffen, Integrität haben und loyal sein. Integrität ist jedoch keine Gewohnheit; Einige Menschen werden als integritär angesehen, weil sie im Laufe der Zeit handlungen gezeigt haben, die es wert sind, nachgeahmt zu werden. Aber Gewohnheiten wie nicht zu lügen, ehrlich zu sein und Verantwortung zu übernehmen, können Ihre Integrität anderen gegenüber demonstrieren.

Auf der anderen Seite ermöglichen es Gewohnheiten, Ihr Leben in die Hand zu nehmen. Ich möchte, dass Sie darüber nachdenken, wann Sie das letzte Mal eine Entscheidung treffen wollten und Ihre Gewohnheiten ins Spiel kamen.

Gewohnheiten verschwinden nie, sondern werden von anderen Gewohnheiten überlagert.

Viele Menschen denken, sie hätten schlechte Gewohnheiten überwunden, aber die Wahrheit ist, dass man schlechte Gewohnheiten nicht überwinden kann. Andere Gewohnheiten können sie nur überlagern. Wenn Sie als Kind immer gelogen haben und in Ihrer Jugend aufgehört haben zu lügen, sollten Sie nie sagen, dass Sie aufgehört haben zu lügen oder warum Sie aufgehört haben zu lügen. Sie sollten nie sagen, dass Sie aufgehört haben zu lügen oder dass der Grund, warum Sie aufgehört haben zu lügen, ist, dass Sie jetzt älter sind. Diese Denkweise ist katastrophal und würde dazu führen, dass Sie Gewohnheiten auf eine andere Art und Weise sehen. Gute oder schlechte Gewohnheiten können lange Zeit Teil von uns sein. Oft handelt es sich um Gewohnheiten, die für einen bestimmten Ort notwendig sind, sodass es sehr wahrscheinlich ist, dass sich Ihre Gewohnheiten ändern, wenn Sie Ihren Job, Ihre Karriere, Ihren Arbeitsplatz oder Ihr Zuhause wechseln.

Kapitel 5: Arten von Gewohnheiten

Als junger Mensch dachte ich, dass eine gesunde tägliche Routine überflüssig sei und oft ineffektiv sei. Ich habe immer gedacht, dass Gewohnheiten nicht viel mehr als unsere Handlungen ausmachen, aber ich habe erkannt, dass unsere Gewohnheiten unsere Handlungen antreiben. Kurz gesagt sind unsere Handlungen das Ergebnis unserer Gewohnheiten. Als ich herausfand, dass meine Gewohnheiten mein Leben und meine Produktivität beeinflussen, begann ich, meine Gewohnheiten und Handlungen zu beachten. Auf meinem Weg habe ich gelernt, dass es hauptsächlich zwei Arten von Gewohnheiten gibt: gute und schlechte Gewohnheiten.

Was sind gute und schlechte Gewohnheiten?

Es gibt hauptsächlich zwei Arten von Gewohnheiten, gute und schlechte. Ich glaube, dass jeder gute und schlechte Gewohnheiten hat, die sich in verschiedenen Formen zeigen können. Es ist jedoch die Aufgabe des Einzelnen, zwischen guten und schlechten Gewohnheiten zu unterscheiden. Beispiele für gute Gewohnheiten sind früh schlafen gehen, gesund essen, tägliches Training, Zeit mit der Familie verbringen und lesen. Gleichzeitig umfassen schlechte Gewohnheiten das Streiten, unzureichenden Schlaf, ungesunde Ernährung, Schwierigkeiten bei der Lösung von Konflikten und Uneinigkeit mit anderen, während Bosheit bewahrt wird, sowie mangelnde körperliche Bewegung. Jede Gewohnheit neigt dazu, Auswirkungen auf das Leben und die Karriere zu haben. Haben Sie eine Liste Ihrer täglichen Gewohnheiten? Ich habe eine Liste von Gewohnheiten, die ich jeden Tag praktizieren muss, und ich glaube, dass viele Menschen dasselbe tun. Obwohl ich festgestellt habe, dass die meisten erfolgreichen Menschen eine Liste von Gewohnheiten haben, die sie täglich praktizieren. Hier sind einige Beispiele von einigen der reichsten und einflussreichsten Menschen der Welt:

- Bill Gates, der Gründer von Microsoft und Milliardär, verbringt mindestens eine Stunde auf dem Laufband und schaut sich Kurse von der Teaching Company an.
- Barack Obama macht sein morgendliches Training und seine Cardio-Übungen um 6:45 Uhr, bevor er mit seiner Familie frühstückt. In einem Interview bezeichnete sich Barack Obama als Nachtmensch. Er kommt um etwa 9 Uhr ins Büro, arbeitet bis 18:30 Uhr und verbringt dann Zeit mit seinen Kindern. Er liest die neuesten Zeitungen oder jede andere Form des Lesens, bevor er um 12:30 Uhr schlafen geht.
- Donald Trump wacht jeden Tag um 5:30 Uhr auf und beginnt um 6:00 Uhr zu telefonieren. Er verbringt die restlichen Morgenstunden mit Lesen und Twittern, bevor er um 11 Uhr seinen Tag beginnt. Er frühstückt jedoch nicht und trinkt keinen Kaffee, um wach zu werden. Berichten zufolge schläft Trump nachts 3 oder 4 Stunden.
- Der Milliardär Warren Buffet verbringt Stunden am Tag damit, über 70 Seiten eines Buches zu lesen. Sein tägliches Ziel ist es sicherzustellen, dass er schlauer ins Bett geht, als er aufgestanden ist. Warren Buffet beginnt früh morgens mit dem Lesen, bevor er seine täglichen Aufgaben angeht.
- Oprah Winfrey, eine Milliardärin aus der Unterhaltungsbranche, hat eine detailliertere Morgenroutine als die meisten Milliardäre. Sie verbringt einige Stunden auf dem Laufband und meditiert, bevor sie immer ein nahrhaftes Frühstück isst.

Es ist offensichtlich, dass erfolgreiche Menschen heute tägliche Gewohnheiten haben, die sie praktizieren, und die im Laufe der Zeit ihr Leben und ihre Produktivität verbessert haben.

Arten von Gewohnheiten

In meinem Leben und meiner Arbeit habe ich beobachtet, dass es drei Kategorien von Gewohnheiten gibt, nämlich:

Persönliche Gewohnheiten

Jeder erfolgreiche Mensch hat eine Liste von persönlichen Gewohnheiten, die er praktiziert, die jedoch nicht unbedingt allgemein bekannt sind. Zum Beispiel glaubt Donald Trump, dass er nicht mehr als 4 Stunden pro Tag schlafen muss. Er ist der Ansicht, dass erfolgreiche Menschen nicht mehr Schlaf benötigen. Im Gegensatz dazu trägt Mark Zuckerberg jeden Tag dasselbe Hemd. Er trägt dasselbe Hemd jeden Tag und wacht um 8 Uhr morgens auf. Während andere Menschen aus verschiedenen persönlichen Gründen möglicherweise nicht damit einverstanden sind, jeden Tag dieselbe Kleidung zu tragen, hat Mark sich dafür entschieden, dies zu tun.
Ein Geheimnis persönlicher Gewohnheiten besteht darin, dass sie täglich und konsequent praktiziert werden müssen. Außerdem sind die meisten persönlichen Gewohnheiten einzigartig für die Person. Aus eigener Erfahrung habe ich gelernt, dass viele junge Menschen nicht verstehen, dass viele persönliche Gewohnheiten einzigartig sind und nicht imitiert werden müssen. Das Imitieren von Gewohnheiten kann unrealistisch wirken und die Kreativität beeinträchtigen. Ich habe von Menschen gehört, die versuchen, die tägliche Routine erfolgreicher Menschen in ihrer Umgebung nachzuahmen, und manchmal führt dieses Nachahmen nicht zu positiven Ergebnissen. Bedeutet das, dass man andere nicht imitieren sollte? Nein, das habe ich nie gemeint. Es wäre jedoch hilfreich zu verstehen, warum eine Person diese persönliche Gewohnheit hat, bevor man ihr folgt.
Nach diesem Verständnis müssen Sie sicherstellen, dass Ihre persönlichen Gewohnheiten mit Ihren Zielen und Ihrem Leben in Einklang stehen. Zum Beispiel schreibt Stephen King, einer der erfolgreichsten lebenden Autoren der Welt, jeden Tag. Er beginnt zwischen 8.00 und 8.30 Uhr morgens

zu schreiben und hört irgendwann zwischen 11.30 und 13.30 Uhr auf. Andere erfolgreiche Menschen auf der Welt haben unterschiedliche Gewohnheiten, und ein weiteres Beispiel ist Lionel Messi. In einem Interview sagte Messi, dass er viele Gewohnheiten habe und es vorziehe, den Tisch für den nächsten Tag vorzubereiten.

Das Entwickeln einer persönlichen Gewohnheit ist einfach: Erstellen Sie einfach eine Liste von Gewohnheiten, die Sie täglich praktizieren möchten, und setzen Sie sie konsequent um. Das Ziel ist die Verbesserung. Stellen Sie also sicher, dass Sie eine Routine erstellen. Zum Beispiel können Sie damit beginnen, eine tägliche Leseroutine mit zehn Seiten aus einem Buch zu entwickeln. Die Konstanz wird Ihnen helfen, sich zu verbessern, und unbewusst werden Sie mit den Tagen mehr Bücher lesen. Persönliche Gewohnheiten neigen dazu, das tägliche Leben stark zu beeinflussen. Stellen Sie sicher, dass Sie Gewohnheiten auswählen, die mit Ihrem Ziel in Zusammenhang stehen.

Verhaltensgewohnheiten

Das Verhalten eines Individuums wird als die Lebensweise einer Person definiert. Das Verhalten eines Einzelnen beschreibt im einfachsten Sinne die Manieren, das Lebensmuster und die Gesten der Person. Verhaltensgewohnheiten sind einfach Gewohnheiten, die die Lebensweise und das Verhaltensmuster einer Person beeinflussen. Oft werden Gewohnheiten und Verhalten austauschbar verwendet; jedoch beziehen sich Verhaltensgewohnheiten auf Handlungen und Aktivitäten, die das natürliche Verhaltensmuster des Individuums betreffen. Zum Beispiel umfasst gutes Verhalten das respektvolle Verhalten, früh ins Bett gehen, langsam essen, immer in einem höflichen Ton sprechen usw. Diese Beispiele sind natürliche Verhaltensweisen, die die meisten Menschen täglich ausüben. Einige Jugendliche essen langsam, nicht weil sie bewusst langsam kauen möchten, sondern weil es die Art ist, wie sie schon immer gegessen haben.

Nachdem wir die Elemente des Verhaltens verstanden haben, beziehen sich Verhaltensgewohnheiten auf natürliche Lebensweisen, die sich im Laufe der Zeit zu Gewohnheiten entwickeln. Zum Beispiel kannte ich während meiner Schulzeit ein Mädchen, das langsam aß, weil sie immer ein Buch in der Hand hatte. Anfangs habe ich mich gefragt, warum sie das Lesen so sehr liebte, sie war regelrecht süchtig danach. Aber in einem unserer langen Gespräche erzählte sie mir, dass sie beschlossen hatte, während ihrer Mittagspause jeden Tag mindestens zwanzig Seiten zu lesen.

Andere Verhaltensgewohnheiten können darin bestehen, älteren Menschen in öffentlichen Verkehrsmitteln mit ihren Taschen und Gepäckstücken zu helfen, sicherzustellen, dass Sie nach dem Essen das Geschirr abwaschen, jeden Tag Wäsche waschen und vieles mehr. Andererseits können Verhaltensgewohnheiten sowohl positiv als auch negativ sein. Zum Beispiel kann ein Individuum es leicht finden, andere respektlos zu behandeln und Boshaftigkeit gegenüber anderen aufrechtzuerhalten. Der wesentliche Punkt von Verhaltensgewohnheiten ist, dass sie dazu beitragen, einen guten Ruf bei den Menschen in unserer Umgebung aufzubauen. Wenn Ihr Verhalten nicht korrekt ist, ermutige ich Sie, Ihr Verhalten zu ändern und einen neuen Weg einzuschlagen.

Spezifische Gewohnheiten

Oft verstehen Menschen nicht, dass es verschiedene Arten von Gewohnheiten gibt. Einige Gewohnheiten sind spezifisch für die berufliche Umgebung, während andere für Beziehungen gesund sind. Zum Beispiel ist das Versenden von Liebesbriefen eine gesunde Gewohnheit für eine Beziehung, jedoch nicht für den Arbeitsplatz. Stattdessen sollten Gewohnheiten wie Kommunikation und Teamarbeit für Organisationen und Fachleute von großem Wert sein. Zu den glaubwürdigen Gewohnheiten für Geschäftsinhaber und Unternehmer gehören das frühe Aufstehen, das Festlegen täglicher Ziele, das Verfolgen langfristiger Ziele, das tägliche Lesen von Wirtschaftsbüchern und vieles mehr.

Auch in der Geschäftswelt haben einige Fachleute unterschiedliche Gewohnheiten. Zum Beispiel sollten ein Arzt und eine Krankenschwester immer proaktiv sein, Menschen zuhören und gesunde Kommunikationsgewohnheiten haben. Meine Bandscheibenvorfall wurde von Ärzten verschiedener Fachrichtungen behandelt. Der Osteopath empfahl, sie mit Manipulationen zu behandeln, der Orthopäde mit einer Rückenstütze, der Physiotherapeut mit Massagen, der Neurochirurg mit einer Operation. Unter der Annahme der guten Absicht eines jeden von ihnen war die Lösung innerhalb ihres jeweiligen Wissens- und Erfahrungsbereichs zu finden. Jeder gab die Antwort, die seine Kultur und sein technisch-wissenschaftliches Wissen ihm ermöglichten; jeder dieser Gesundheitsfachleute hatte bestimmte Gewohnheiten, die es ihnen ermöglichten, sich angemessen um mich zu kümmern.

Diese Kategorien sind entscheidend und finden sich im Leben von fast allen erfolgreichen Menschen wieder. Jeder erfolgreiche Mensch verbringt jeden Tag seines Lebens damit, neue Gewohnheiten zu entwickeln. Der Kernpunkt gesunder Gewohnheiten besteht darin, produktiv und effizient in Geschäftsangelegenheiten und im Leben zu bleiben. Darüber hinaus ist das Leben ziemlich umfangreich und anspruchsvoll, daher ist es notwendig, widerstandsfähig zu sein, um die eigenen Ziele zu erreichen. Wie ich immer sage, ist jede Wand gut, um den Zimmermannsnagel einzuschlagen, aber die Frage ist, ob der Zimmermannsnagel stark genug und stabil genug ist, um das Gewicht von allem zu tragen, was der Zimmermann darauf platzieren möchte. Viele Menschen stehen vor verschiedenen Situationen im Leben und neigen dazu, basierend auf der allgemeinen Sichtweise, die andere auf das Leben haben, zu reagieren. Dies ist jedoch nicht der richtige Weg. Sie müssen das Beste für sich selbst auswählen, die Gewohnheiten entdecken, die Sie in Ihrem persönlichen Leben, in Beziehungen und in Ihrer Karriere benötigen, und damit beginnen, sie zu entwickeln. Zusammengefasst: Denken Sie immer daran, dass Ihre Erfolgsgeschichte davon abhängt, wie sehr Sie bereit sind, in sich selbst zu investieren.

Kapitel 6: Aufgezwungene Gewohnheiten und Überzeugungen

Der Käfig, in dem Sie leben und den Sie sogar unbewusst bezahlt haben!
Im vorherigen Kapitel haben wir verschiedene Arten von Gewohnheiten betrachtet. Wir haben gute, schlechte, persönliche und Verhaltensgewohnheiten gesehen. Dieses Kapitel widmet sich dem Thema Gewohnheiten und Überzeugungen in verschiedenen aufgezwungenen Paradigmen und erklärt, wie wir aus dem Käfig dieser Gewohnheiten ausbrechen können.
Wir haben für viele Dinge bezahlt. Für unsere Lieben oder für viele Dinge, die wir im Leben verwenden. Aber haben Sie jemals daran gedacht oder sich vorgestellt, dass Sie für einen "Käfig" bezahlen könnten, in dem Sie ohne Ihr Wissen gefangen sein könnten? Ist das nicht ein Rätsel? Dies ist das Rätsel, das ich in diesem Kapitel zu lösen hoffe.

Was sind Glaubensgewohnheiten?

Sie werden mir zustimmen, dass bestimmte Berufe mit bestimmten Gewohnheiten, Fähigkeiten, einem einzigartigen Denk- und Verhaltensmuster, Qualifikationen, Sprach- und Kleidungsstilen einhergehen. Diese Eigenschaften, Gewohnheiten und Verhaltensweisen, die uns durch unsere Karrieren oder Berufe auferlegt werden, werden als Glaubensgewohnheiten bezeichnet. Sie sind Gewohnheiten, die als Ergebnis unserer Qualifikationen oder Zertifikate erworben werden. Sie repräsentieren eine Reihe von Fähigkeiten, Zertifizierungen und Qualifikationen, die eine Person auszeichnen und sie an den Rand beruflichen und akademischen Erfolgs stellen.
In der Arbeitswelt haben verschiedene Berufe unterschiedliche Gewohnheiten in Bezug auf Glaubensgewohnheiten. Zum Beispiel muss eine Kindergärtnerin immer geduldig mit den Schülern sein,

verstehen, dass nicht jeder Schüler im gleichen Tempo lernt, streng, aber liebevoll sein und großartige Geschichtenerzählfähigkeiten haben, da Kinder Geschichten lieben. Für Unternehmer könnte die Gewohnheit von Glaubensgewohnheiten darin bestehen, früh aufzustehen, sich selbst zu motivieren, langfristige Ziele zu setzen, die Trends in ihrer Branche zu lesen und vieles mehr. Darüber hinaus ist die Fähigkeit, zu verstehen, welche Glaubensgewohnheit für eine bestimmte berufliche Umgebung geeignet ist, eine wichtige Fähigkeit.

Paradigmen als Denkmuster

Ich betrachte Paradigmen als ein Reich von Denkprozessen, Ideen oder Möglichkeiten, Philosophien zu kultivieren. Es handelt sich um ein Denk- und Handlungssystem, das durch verschiedene Merkmale begrenzt ist. Da Veränderung grundlegend ist, ist kein Paradigma dazu verdammt, für immer zu bleiben. Daher ist ein Paradigmenwechsel ein drastischer Abkehr von einem bestimmten Denkprozess, einer Ideologie oder Philosophie.
Das geschieht immer wieder. Jahrhundert für Jahrhundert beobachten wir Veränderungen in Systemen, Modellen und Methoden. Technologische Fortschritte und innovative Fähigkeiten führen oft zur Ablösung früherer Paradigmen durch umfassende Forschung und Entwicklung.

Paradigmen, die als Gewohnheiten auferlegt werden

Es gibt einige Paradigmen, die uns durch unsere Qualifikationen auferlegt werden. Sie wissen, dass Sie unter einem solchen Paradigma stehen, wenn alles, was Sie denken, fühlen oder tun können, mit Ihrem Beruf in Verbindung gebracht werden muss. Zum Beispiel ist ein Arzt darauf programmiert, alles aus medizinischer Sicht zu sehen. Wenn

ein Arzt mit etwas konfrontiert wird, denkt er an Medikamente und medizinische Auswirkungen jeder Handlung.
Auch ein Banker wurde darauf programmiert, Dinge aus finanzieller Sicht zu sehen. Er denkt daran, das Geld anderer Menschen zu zählen und zu bewahren. Ein Lehrer kann glauben, dass das Leben darin besteht, anderen beizubringen, und sogar vergessen, still zu sein und von anderen zu lernen. Dies sind nur einige der verschiedenen Paradigmen, die unsere Berufe uns auferlegen, ohne dass wir es merken. Ja, Spezialisierung ist positiv, aber sie kann Sie ohne Ihr Wissen einschränken. Wenn Sie sich nur auf einen Aspekt eines bestimmten Feldes konzentrieren müssen, um sich zu spezialisieren, und andere Dinge ignorieren, und dann eine Veränderung eintritt, die die Relevanz dessen, was Sie wissen, wegfegt, was würden Sie tun? Sie könnten sich gezwungen fühlen, sich zu fragen: "Wer hat meinen Käse verschoben?" Deshalb behaupten einige, dass es gut ist, einerseits alles über etwas zu wissen (Spezialisierung), andererseits aber auch gut ist, eine Vorstellung von allem zu haben (Generalisierung).

Ohne es zu bemerken eingesperrt

Ist es nicht komisch, dass man ohne es zu bemerken eingesperrt sein kann?
Hier ist ein Szenario:
Alex' Traum war es immer gewesen, Modedesigner zu werden, obwohl er Betriebswirtschaft und Finanzen an der Universität studiert hatte. Er wollte immer seine Fähigkeiten und Kenntnisse im Finanzbereich nutzen, um ein äußerst profitables Modeunternehmen aufzubauen.
Nach dem Studium stand Alex jedoch vor dem Problem, dass ihm das Kapital fehlte, um seinen Traum zu verfolgen.
Anstatt untätig zu bleiben, beschloss er, eine Stelle in einer Managementberatungsfirma anzunehmen, für die er qualifiziert war. Er bekam den Job und begann zu arbeiten.
Anfangs plante er, höchstens zwei Jahre dort zu bleiben, aber

als ich diese Geschichte erzähle, hat er bereits neun Jahre in der Firma verbracht. Er hat die Position eines Senior Managers erreicht.

Jedes Jahr wiederholt er denselben Satz: "Dieses Jahr werde ich diesen Job beenden", aber bevor er es merkt, ist das Jahr vorbei und ein weiteres Jahr steht vor der Tür. Einige von Alex' Kollegen bemerkten, dass er eine gewisse Affinität zur Mode hatte, da sein Outfit immer erstklassig war. Er trug immer einzigartige Blazer, perfekte Schuhe und passende Aktentaschen. Während er an seinem Schreibtisch sitzt, verfolgt ihn weiterhin sein Traum, Modedesigner zu werden. Er fühlt sich nicht zufrieden oder erfüllt. Er fühlt sich gefangen. Das ist, wie die Gewohnheiten der Glaubensgewohnheiten uns einsperren können.

Eine andere Geschichte ist die von Martin. Ein älterer Kollege von mir, als ich mein Praktikum in einer Wirtschaftsprüfungsgesellschaft gemacht habe. Er arbeitete seit etwa drei oder vier Jahren, fühlte sich aber unzufrieden mit der Rolle, die er in der Firma spielte. Obwohl er das Zertifikat hatte und den Job bekommen hatte, war er nicht zufrieden. Seine Qualifikationen hatten ihn in diesem Beruf eingesperrt.

Was können wir tun?

Was tun wir, wenn wir uns in Berufen befinden, in denen wir unzufrieden sind und uns eingesperrt fühlen? Bleiben wir so und sind den Rest unseres Lebens unglücklich? Oder machen wir den Sprung ins Unbekannte? Oder fangen wir an, unsere Leidenschaft als Nebentätigkeit zu verfolgen, während wir unseren Job behalten?

Ich glaube nicht, dass es eine eindeutige und vollständige Antwort auf diese Frage gibt. Ich denke, die Antwort hängt von der Person ab. Die bittere Wahrheit ist, dass nicht jeder dafür geeignet ist, Unternehmer zu sein. Nicht jeder kann ein

Startup gründen und die gesamte Organisation eines Unternehmens überwachen.

Einige Menschen sind einfach hervorragend darin, ergänzende Führungspersönlichkeiten zu sein. Sie sind nicht die Hauptführer; sie neigen dazu, besser zu führen, wenn sie sich inmitten der Gruppe befinden. John Maxwell nennt sie 360-Grad-Führer. Daher könnte diese Art von Menschen möglicherweise keinen Erfolg haben, wenn sie sich selbstständig machen. Was sie tun können, ist herauszufinden, was sie wollen. Sie könnten ihre eigene Start-up-Firma haben wollen, nur weil alle um sie herum sagen: "Sei ein Unternehmer", und nicht, weil sie eine Leidenschaft dafür haben. Nach einer angemessenen Selbsteinschätzung könnten sie feststellen, dass sie erfolgreich sein können, indem sie in der Organisation aufsteigen und florieren. Die Idee, ein Unternehmer zu sein, besteht tatsächlich darin, unternehmerisch zu denken. Sie könnten das Funktionieren des Geldes studieren und sicherstellen, dass ihr Geld durch eine diversifizierte Anlagestrategie für sie arbeitet, während sie ihren Job behalten.

Für diejenigen, die im Geschäftsbereich einen Sprung machen möchten, schlage ich vor, das Studium, die Forschung und das Stellen von Fragen in der von ihnen gewählten Branche zu beginnen, auch während sie arbeiten. Auf diese Weise könnten sie auch Geld sparen. Oder wenn sie einen Kredit aufnehmen möchten, ist das auch in Ordnung. Aber ich denke, Ersparnisse sind besser. Ich bin sicher, Sie möchten nicht, dass wir über den emotionalen Stress sprechen, den geliehenes Geld verursachen kann.

Wenn sie genug Geld gespart haben und gelernt haben, wie man anfängt, können sie sicherlich kündigen und ihr Unternehmen starten. Einige derjenigen, die diesen Weg eingeschlagen haben, sagen, dass sie es lieben, weil sie ihre Zeit selbst kontrollieren. Ein weiterer Punkt zu beachten ist, dass dieser Weg Entschlossenheit erfordert, denn jetzt sind Sie der Chef über sich selbst.

Für diejenigen, die ihre Leidenschaft verfolgen möchten, sie aber lieber als Nebenoption anstelle ihres Hauptberufs sehen, behalten sie ihren Job und ähneln der vorherigen Kategorie. Sie beginnen zu lernen und starten sogar ihre Leidenschaft nebenbei. Wenn dies ihre Arbeitszeiten nicht beeinträchtigt, jonglieren sie normalerweise zwischen beidem oder beauftragen jemanden, sich darum zu kümmern. Und wenn ihre Leidenschaft groß genug wird, um sich selbst zu unterstützen, können sie kündigen und sich dem widmen. Ich kann mir das Gefühl vorstellen. Ehrlich gesagt, das zu tun, was man liebt, lässt einen sich wie einen freien und glücklichen Vogel fühlen. Letztendlich denke ich, dass es am besten ist, wenn unsere Gewohnheiten in Bezug auf Qualifikationen und der Beruf, den wir wählen, tatsächlich das sind, was uns Zufriedenheit gibt. Auf diese Weise müssen wir nicht kämpfen, denn wir werden großartig abschneiden.

Kapitel 7: Positive Denkweise zur Reaktion mit persönlichen Gewohnheiten auf von den eigenen Überzeugungen auferlegten Paradigmen

Einer meiner Referenz-Gurus sagte immer: "Der Geist ist das Schlachtfeld jedes Erfolgs." Die Implikation ist, dass es nicht der äußere Kampf ist, der wirklich zählt, sondern der innere Kampf. Der Kampf, der in unserem Geist stattfindet. Dies ist so bedeutend, dass, egal wie sehr äußere Kräfte versuchen, Sie zur Größe zu drängen, wenn Ihr Geist nicht weit genug ist, um diese Motivation anzunehmen, wird er sie sabotieren, sei es bewusst oder unbewusst. Wenn es um Gewohnheiten geht, kann die Notwendigkeit einer positiven Denkweise nie genug betont werden.

Die Denkweise, die das Denkmuster, das Glaubenssystem und die Eigenheiten einer Person beschreibt, kann positiv oder negativ sein, und die verantwortlichen Faktoren sind vielfältig. Vielleicht sind es die Lebenserfahrungen einer Person oder das System, in dem sie aufgewachsen ist. Positivität bedeutet nicht unbedingt, immer zu lächeln und ständig fröhlich zu sein. Es bezieht sich jedoch auf Ihre allgemeine Lebensperspektive und Ihre Tendenz, den Fokus auf die guten und großartigen Aspekte des Lebens zu legen, trotz Rückschlägen.

Es spricht auch von der Fähigkeit, die Chancen zu erkennen, die in Widrigkeiten liegen.

Was ist eine positive Denkweise?

Sie wissen wahrscheinlich bereits, was eine positive Denkweise ist, aber es kann hilfreich sein, mit einer Definition zu beginnen. Laut Remez Sasson ist "positives Denken eine Geisteshaltung, die sich auf die positiven Aspekte des Lebens konzentriert und positive Ergebnisse erwartet". Eine weitere umfassende Definition, die wir in Betracht ziehen könnten, stammt von Kendra Cherry von Very Well Mind. Sie sagt: "Positive Gedanken bedeuten, Probleme im Leben mit einer positiven Sichtweise anzugehen. Das bedeutet nicht unbedingt, schlechte Dinge zu ignorieren oder zu vermeiden, oder sogar so zu tun, als gäbe es keine schlechten Dinge; vielmehr besteht positives Denken darin, das Beste aus jeder Herausforderung herauszuholen und sicherzustellen, dass Sie immer das Beste in Menschen sehen und an das Beste in ihren Fähigkeiten glauben." Extrahierend aus diesen Definitionen können wir eine positive Denkweise als die Tendenz beschreiben, sich auf die positiven Seiten des Lebens zu konzentrieren, positive Ergebnisse zu erwarten und Herausforderungen optimistisch anzugehen. Eine positive Denkweise bedeutet, positives Denken zu einer Gewohnheit zu machen, ständig nach Möglichkeiten in Schwierigkeiten zu suchen und zu lernen, das Beste aus jeder Situation, in der Sie sich befinden, zu ziehen.

Eine positive Denkweise ist bereit, die notwendigen Änderungen vorzunehmen, um das Leben der beteiligten Menschen zu verbessern. Sie bleibt nie in einer Sackgasse stecken, sondern sucht immer nach Möglichkeiten, ein besseres Leben zu führen.

Es gibt verschiedene Eigenschaften und Merkmale, die mit einer positiven Denkweise in Verbindung gebracht werden. Einige davon sind:

Optimismus

Optimismus bezieht sich auf den Wunsch und den Willen, Anstrengungen zu unternehmen und Risiken einzugehen, anstatt davon auszugehen, dass Ihre Anstrengungen keine Ergebnisse bringen werden. Viele psychologische Tests haben gezeigt, dass glückliche Menschen scheinbar eine Einzigartigkeit besitzen, die es ihnen ermöglicht, das Leben zu genießen und ein erfüllteres Leben zu führen als der Durchschnitt.

Erstaunlicherweise ist diese Einzigartigkeit nichts anderes als Optimismus!

Eine großartige Nachricht zum Thema Optimismus ist, dass es erlernt werden kann, was bedeutet, dass Sie lernen können, anders und positiv zu denken, wenn Sie eine optimistische Denkweise annehmen. Tatsächlich, wenn Sie das sagen und tun, was gesunde und glückliche Menschen mit positiven Denkweisen sagen und tun, werden Sie sich bald genauso fühlen wie sie, ähnliche Ergebnisse erzielen und ähnliche Erfahrungen wie sie machen.

Akzeptanz

Es geht darum, anzuerkennen, dass die Dinge nicht immer so laufen werden, wie Sie es möchten, aber demütig genug zu sein, aus Ihren Fehlern zu lernen.

Widerstandsfähigkeit

Wenn Sie widerstandsfähig sind, erholen Sie sich leicht von Widrigkeiten, Enttäuschungen und Misserfolgen, anstatt aufzugeben. Ich kenne einen Freund, dessen Wohnung bei einem Brand zerstört wurde. Anstatt sich hinzusetzen und sein Leben lang zu weinen, erholte er sich innerhalb eines Tages, zog zu einem anderen Freund und setzte seine Arbeit mit den wenigen Dingen, die er aus dem Gebäude gerettet hatte, fort. In kürzester Zeit sammelte er Geld, mietete eine neue Wohnung und lebte glücklich dort. Er erkannte, dass das Sitzen und Trübsal blasen in seinem Leben nichts lösen würde.

Dankbarkeit

In Ihrem Leben gibt es erstaunliche und wunderbare Dinge. Dankbarkeit besteht darin, die schönen Dinge in Ihrem Leben aktiv und kontinuierlich zu schätzen.

Beachten Sie, dass diese Merkmale nicht nur Merkmale einer positiven Denkweise sind, sondern auch in die entgegengesetzte Richtung wirken können. Das bedeutet, eine optimistische, akzeptierende, widerstandsfähige oder dankbare Einstellung aktiv zu übernehmen, wird Ihnen helfen, eine positive Denkweise zu entwickeln. Eine positive Denkweise wird Ihnen auch eine positive Einstellung geben, sodass Sie Schwierigkeiten ins Gesicht sehen und lachen können. Sie können einer scheinbar unlösbaren Situation in die Augen sehen und sagen: Ja, ich kann. Sie können die Macht eines Lächelns nutzen, um die Stimmung einer Situation umzukehren. Sie können aufstehen, wenn Sie fallen. Sie können eine Energiequelle sein, die die Menschen um Sie herum erhebt. Sie können sich eine positive Zukunft vorstellen, auch wenn die aktuellen Umstände kritisch sind, und, was sehr wichtig ist, Sie können den Mut haben, sich über den Erfolg eines anderen zu freuen.

Paradigmen auferlegt durch Gewohnheiten und Überzeugungen

Es wird gesagt, dass "Veränderung" die einzige "Konstante" im Universum ist. Die meisten Dinge, die wir heute in der Welt haben, gab es vor einigen Jahren nicht. Einige der Glaubenssysteme, kulturellen Ausrichtungen, Denk- und Handlungsmodelle, die wir heute haben, gab es vor einigen Jahren nicht.
Der Fortschritt der Technologie hat den gesamten Raum revolutioniert, und sogar einige Karrieren sind entstanden, an die wir nie gedacht hätten. Wenn man zum Beispiel einer Person aus dem 19. Jahrhundert sagen würde, dass es so etwas wie eine Karriere als Social-Media-Manager oder Digital-Marketing-Experte geben würde, könnte sie denken, dass alle verrückt geworden sind. Warum? Weil zu dieser Zeit soziale Medien noch nicht verfügbar waren. Aber was haben wir heute? Es ist das Zeitalter der sozialen Medien geworden. Gespräche in sozialen Medien sind so ernst geworden, dass sogar Nationen über soziale Medien mit ihren Bürgern kommunizieren; erfolgreiche Markenkampagnen finden in sozialen Medien statt.

Die Präsenz einer Sperrung hat die Situation weiter verstärkt, in der Menschen auf die Nutzung des virtuellen Raums angewiesen waren, um miteinander in Kontakt zu treten, da physischer Kontakt eingeschränkt war. Unternehmen haben Wege gesucht, um von zu Hause aus über verschiedene Online-Plattformen zu arbeiten.

All dies sind Veränderungen, die wir paradigmatisch nennen können, dh eine Veränderung im Denk- und Handlungsmodell.

Auch die Gewohnheiten der Glaubwürdigkeit, die ich auch berufliche Gewohnheiten nenne, haben uns einige Paradigmen auferlegt. Verschiedene Arbeitsprozesse sind nicht mehr dieselben. Ich gebe ein Beispiel. Heutzutage kann man nicht behaupten, ein erfolgreicher Vermarkter zu sein, wenn man keine Vorstellung vom digitalen Raum hat und diesen nicht zur Steigerung des Marketingerfolgs nutzt. Obwohl effektive Kommunikation und Teamarbeit grundlegende Gewohnheiten für eine Organisation sind, werden Sie zustimmen, dass es eine andere Art der Kommunikation im digitalen Raum gibt. Wenn Sie die Aufmerksamkeit der Menschen auf sich ziehen möchten, gibt es eine andere Art der Kommunikation über soziale Medien.

Wie eine positive Denkweise Gewohnheiten und Überzeugungen beeinflussen kann

Eine positive Denkweise erstreckt sich über verschiedene Lebensbereiche und kann die manifestierten Gewohnheiten erheblich beeinflussen. Eine Qualität einer positiven Denkweise ist die Flexibilität. Es geht darum, flexibel genug zu sein, um zu sehen und zu glauben, dass aus einer bestimmten Situation etwas Gutes entstehen kann. Flexibel genug zu sein, um zu erkennen, dass es bessere Ebenen gibt und Ihre Weltsicht nicht immer die beste sein wird. Wenn Sie diese Perspektive haben, werden Sie einen Paradigmenwechsel als etwas Positives sehen. Sie werden die Notwendigkeit erkennen, die Kunst der effektiven Kommunikation im digitalen Raum zu erlernen. Mit einer positiven Denkweise werden Sie beginnen zu erkennen, wie dieses neue Modell eine positive Kraft für Ihr Unternehmen oder Ihre Organisation sein kann. Sie müssen bereit sein, sich anzupassen und zu wachsen. Sie müssen bereit sein, sich zu verändern. Ein Mentor von mir hat einmal gesagt, dass das, was sich nicht ändert, nicht wächst, und das, was nicht wächst, ist im Sterben begriffen. Kurz gesagt, eine positive Denkweise ist eine starke Kraft, die Sie vorantreibt, motiviert und dazu anspornt, sich immer an die Paradigmenänderungen anzupassen, die es immer in unserer Welt geben wird.

Kapitel 8: Ausbrechen aus den Mustern mit dem Erfolgsparadigma

Die Bedeutung guter Gewohnheiten im Leben eines Menschen kann nicht genug betont werden. Mit zunehmendem Alter, insbesondere zwischen 20 und 30 Jahren, erinnern uns die Menschen in unserer Umgebung, die Artikel, die wir lesen, und sogar die sozialen Medien ständig daran, wie wichtig es ist, das Beste aus uns herauszuholen, zu wachsen, unsere Talente zu entwickeln, unsere Zeit zu verwalten und ein besseres, erfüllteres Leben zu führen, sowie zahlreiche andere motivierende Ratschläge, die unsere Gedanken täglich für die Notwendigkeit des kontinuierlichen Vorwärtsdrängens öffnen.

Leider können diese vermeintlichen Motivationen, wenn eine Person ihren Geist nicht aufgebaut und ihre täglichen Routinen nicht mit der erforderlichen Disziplin festgelegt hat, um dieses Bild zu schaffen, diese Ambition zu verwirklichen und diese Ziele zu erreichen, sich umkehren und die Person in Depression und ein Scheiternsmindset führen.

Die Schaffung von Erfolgsparadigmen handelt von Mustern, um aus der Box auszubrechen, in der man sich bereits mit Glaubensgewohnheiten erstickt hat. Das Bilden neuer Gewohnheiten konzentriert sich auf ein neu definiertes Ziel. Zum Beispiel könnte der Wunsch, von jemandem akzeptiert zu werden, den Sie physisch bewundern, das Hauptziel sein, das Sie dazu führen wird, einige neue Gewohnheiten zu etablieren, wie eine gesunde Ernährung (sowohl zum Abnehmen als auch für die Gesundheit), die Pflegeroutine ernst zu nehmen, Bücher zu lesen (auch wenn Sie möglicherweise nur Bücher finden, die den Titel "Wie man einen Mann erobert!" tragen). Aber unabhängig von der Absicht ist die Idee, dass Sie gute Gewohnheiten entwickeln werden, basierend auf der Lösung eines neuen Ziels.

Praktische Schritte zur Bildung guter Gewohnheiten

Jeden Tag haben wir 24 Stunden zur Verfügung:
Übernehmen Sie die Kontrolle!
Denzel Washington sagte einmal, dass jeder Mensch jeden
Tag 86.400 Dollar zur Verfügung hat, um auszugeben. Wenn
er an einem Tag 10 Dollar verliert, verschwendet er den Rest
nicht wegen des Schmerzes über das verlorene Geld, sondern
konzentriert sich darauf, wie er den Rest nutzen kann.
Tatsächlich sind dieselben 86.400 Sekunden global für alle
Menschen am Beginn eines jeden neuen Tages zugewiesen.
Unvorhergesehene Ereignisse können auftreten,
wahrscheinlich aufgrund Ihrer Unvorbereitetheit auf den Tag,
aber dies ist der Moment, in dem Sie die Kontrolle
übernehmen.
Es spielt keine Rolle, wie viele Jahre vergangen sind. Die
Jahre, die Sie nicht genutzt haben, aufgrund von mangelnder
Selbstdisziplin oder aus anderen Gründen, sind nicht Ihre
Schuld. Sie wussten es nicht. Viele Menschen können sich nie
für den größeren Erfolg öffnen, den sie in der Zukunft
erreichen können, weil sie an den Fehlern der Vergangenheit
festhalten, bis zum Schluss. Anstatt sich an die langen Jahre
zu klammern, die ihnen noch bleiben, und alle Fehler
loszulassen, die sie begangen haben, klammern sie sich an den
bequemen Schmerz, nicht genug zu sein.
Der erste Schritt, um sich zu befreien und gute
Gewohnheiten zu entwickeln, die den Erfolg fördern, ist also,
die Kontrolle zu übernehmen.
Begraben Sie die Vergangenheit und wachen Sie aus dem
Zustand des Erstickens und der endlosen Möglichkeiten
dieses neuen Tages auf. Die Tatsache bleibt bestehen: "Jeder
Mensch kann erreichen, was er sich vorstellen kann." Vor
vielen Jahrhunderten wäre es undenkbar gewesen, sich
vorzustellen, einen Menschen auf dem Mond landen zu
lassen. Obwohl es die Anstrengungen vieler Generationen
erforderte, die konsequent daran arbeiteten, wurde es

schließlich erreicht. Ein Mensch ist auf dem Mond gelandet! Es gibt so viele Dinge, die Sie tun können, und die Wahrheit ist, dass die einzige Person, die tun kann, was Sie tun können, auf Ihre einzigartige Weise, Sie sind.

Jeder neue Tag ist eine Gelegenheit, Großes zu tun, etwas Großartiges zu erreichen, Erfolg zu haben, zu bauen, zu lernen, Neues auszuprobieren und zu leben. Jeder neue Tag ist Teil einer Reise zum Ziel namens "Ambition". Also, beginnen Sie jetzt damit, sich selbst für etwaige Fehler zu verzeihen, die Sie begangen haben könnten. Ehrlich gesagt, wussten Sie es nicht. Jetzt wissen Sie es jedoch. Und jetzt werden Sie das Steuer übernehmen.

Dies ist die wertvollste Lektion, um aus den Mustern auszubrechen. Was auch immer das Erfolgsmodell sein mag, das Sie entwickeln werden, es ist am besten, wenn es auf der Idee basiert, dass "solange ich am Leben bin, kann ich meine Ziele erreichen. Ich verdiene sie und werde sie erreichen." Ihr Geist ist jetzt frei, aus Ihrem inneren Reservoir zu schöpfen.

Beginnen Sie den Tag früh! Die Energie, die Sie in den ersten Stunden des Tages investieren, sagt viel darüber aus, wie Ihr Tag verlaufen wird. Viele Menschen stehen morgens auf und bleiben dann noch dreißig Minuten im Bett liegen. "Die Bettdecke ist warm und angenehm, und der Morgen ist kalt." Andere trauen sich sogar zu sagen: "Heute gehe ich nicht zur Arbeit", und aus welchem Grund auch immer Sie sich entscheiden, nicht früh genug aufzustehen und Ihre morgendliche Energie optimal zu nutzen, haben Sie wahrscheinlich den Zauber der Kohärenz verloren, der aus einer großartigen Morgenstärke resultiert.

Die Prokrastination ist eines der Hauptprobleme der heutigen Generation. Viele Ablenkungen tragen zu diesem großen Feind bei. Glücklicherweise beginnt die Lösung der Prokrastination damit, was Sie morgens tun.

Viele Menschen glauben, dass Prokrastination bedeutet, Aufgaben zu verzögern, insbesondere schwere und monotone Aufgaben. Projekte oder Büroaufgaben sollten seit Beginn des Urlaubs oder des Wochenendes erledigt worden sein. Sie erkennen jedoch nicht, dass Prokrastination damit beginnt, dass Sie nicht aus dem Bett aufstehen, wenn Sie morgens aufwachen, und dass Sie das Frühstück aufschieben, bis Sie hungrig sind. Die Prokrastination ist eine Gewohnheit, die auf Bequemlichkeit basiert: Auf dem Sofa liegen und nichts Produktives tun.

Die Überwindung der Prokrastination bedeutet, damit zu beginnen, auf die kleinen Dinge zu achten, die unwichtig erscheinen mögen: rechtzeitig Zähne putzen, früh duschen und sich darauf vorbereiten, den Morgen bestmöglich zu nutzen.

Prokrastination wird überwunden, indem man frühzeitig aufsteht, um die Arbeit zu erledigen. Schmutz wird durch ein Bad beseitigt, mangelndes musikalisches Talent durch ausgiebiges Üben und Anleitung. Schlechte Gewohnheiten müssen durch neue ersetzt werden.

Abhängigkeiten sind eine der häufigsten Gewohnheiten, aus denen Menschen ausbrechen möchten. Oft hört man: "Ich habe alles versucht, um aufzuhören, aber ich kann es nicht loswerden." Nun, wenn Sie versucht haben aufzuhören und es nicht funktioniert hat, glauben Sie nicht, dass es besser ist, sich an eine Freiheitsmentalität zu klammern?

In allen Fällen, in denen es funktioniert hat, eine Abhängigkeit zu überwinden, war es notwendig, sich an etwas anderes zu klammern.

Echte Erfolgsmodelle schaffen

Menschen werden nicht reich, indem sie mutig erklären, dass sie "finanziell reich sind". So bequem es auch erscheinen mag, es funktioniert nie. Um reich zu werden, muss man arbeiten.

Hier ist die Idee: Die meisten Menschen möchten reich werden, um sich alles leisten zu können, was sie sich schon immer gewünscht haben. Das ist keine schlechte Sache! Aber die Kehrseite ist, dass reich werden, zum Beispiel durch einen Zufall (wie das Gewinnen in der Lotterie), nur die Augen dafür öffnet, was man schon immer haben wollte. Ohne die Fähigkeit, Reichtum zu vermehren, landen sie bald wieder bei Null oder schlimmer noch, in Schulden.

Um reich zu werden, wie bei jedem anderen Streben, das jemand haben möchte, muss man einen klar definierten und wissensbasierten Prozess verfolgen:

1. Wissenserwerb: Wissen ist der richtige Weg, um jedes Ziel zu erreichen. Um ein erfolgreiches Modell zu erstellen, muss eine Person so viele Informationen wie möglich sammeln. Diese Informationen werden aus Büchern, Meditation, Gesprächen, Konferenzen, formaler und informeller Bildung gewonnen. Alle Informationen sind relevant und können auf die eine oder andere Weise dabei helfen, die eigenen Ziele zu erreichen.

2. Befolgen Sie den Prozess: Dies ist der Moment, in dem Sie die gesammelten Informationen internalisieren, denn je mehr Informationen Sie haben, desto besser. Beachten Sie, dass jeder dazu in der Lage ist. Deshalb müssen Sie sich hinsetzen und Ihre Strategie festlegen, um Ihre Ziele zu erreichen. Dieser Prozess kann auch erfordern, mit Menschen zu sprechen, die bereits den Weg gegangen sind, den Sie gehen möchten. Hören Sie auf ihre Ratschläge und passen Sie Ihre Pläne an. Füllen Sie jede Lücke, hinterfragen Sie das "Wie", das "Wann" und das "Warum" Ihrer Ziele. All dies ist ausreichend, um Sie in die Endphase zu motivieren.

3. Führen Sie den Plan aus: Alles, was Sie bis zu diesem Zeitpunkt getan haben, ist nicht umsonst, selbst wenn es am Ende nicht ausgeführt wird. Lassen Sie niemanden Sie mit der Einstellung des Scheiterns quälen. Der Plan kann von Ihrem Kind in den kommenden Jahren oder von jemand anderem ausgeführt werden. Also, Gratulation zu der bisher geleisteten Arbeit. Dennoch müssen Sie bis zum Ende gehen. Obwohl die Zufriedenheit für das, was Sie bisher getan haben, garantiert ist, glaube ich nicht, dass Sie bis zu diesem Punkt gekommen sind, indem Sie dieses Buch gelesen haben, wenn Sie bereit sind, sich mit weniger zufrieden zu geben.

Stehen Sie auf und setzen Sie Ihre Pläne um. Es ist Ihr Plan! Es ist Ihre kreative Kraft! Ihr Kind kann auf Ihrem Fundament aufbauen. Es ist ein besseres Erbe, einem Menschen einen Plan auf einem Blatt Papier anzubieten.

Gute Gewohnheiten werden jeden Tag neu geschaffen

Nachdem Sie Ihr Erfolgsmodell strukturiert haben, empfiehlt es sich, es in Teile zu zerlegen und es täglich in die Praxis umzusetzen. Denken Sie daran, dass der Fortschritt darin besteht, die richtigen und produktiven Dinge, die Sie sich selbst gegeben haben, konsequent zu wiederholen, bis sie Teil von Ihnen werden. Wenn Sie gegen mangelnde Hygiene kämpfen, erstellen Sie eine Routine für Körperpflege und Hautpflege, einen ausgewogenen Ernährungsplan, Herz-Kreislauf- oder Muskelübungen oder jeden anderen Plan, den Sie für sich selbst festlegen.

Führen Sie Ihre täglichen Routinen aus. Wie in einer Schlacht werden schlechte Gewohnheiten nach und nach durch gute ersetzt, Tag für Tag, bis die guten Gewohnheiten die schlechten vollständig überwinden. Gute Gewohnheiten, die auf alles ausgerichtet sind, sind bekannt für ihre Eigenschaft, Menschen immer auf den Weg zum Erfolg zu bringen. Die Idee ist also, jeden neuen Tag die gleichen Dinge zu wiederholen, bis Sie die schlechten Gewohnheiten vollständig loswerden.

Ihre Reise zum Erfolg gehört nur Ihnen und ist kein Wettbewerb gegen andere Menschen.
Oft fühlen wir uns besiegt, weil wir hart arbeiten und andere wenig tun, aber dennoch viel erreichen, insbesondere im finanziellen Rennen um mehr Geld zu verdienen. Das erste, was Sie in diesem Aufsatz bemerken sollten, ist, dass Sie dem Prozess vertrauen können. Selbst Menschen, die ihren Erfolg durch die positive nepotistische Macht ihrer reichen und berühmten Eltern oder durch ihren politischen Freund erlangt haben, müssen jeden Tag hart arbeiten, um den Erfolg aufrechtzuerhalten.

Ihr Rennen gehört nur Ihnen. Und die einzige Person, mit der es sich lohnt, Ihren Fortschritt zu vergleichen, sind Sie selbst.

Wie geht das?
Es ist einfach. Nehmen Sie ein Tagebuch oder einen Notizblock und dokumentieren Sie Ihren Fortschritt. Jeden Tag schreiben Sie die Pläne und Ziele auf, die Sie am Ende des Tages erreichen möchten. Am Ende jedes Tages notieren Sie die Bewertungen und setzen die Häkchen. Dieses Buch hilft Ihnen dabei, Ihre Pläne im Auge zu behalten und sie richtig umzusetzen.

Kapitel 9: Das Schema zur Bildung von Gewohnheiten: Signal-Gewohnheit-Belohnung

Oft wird betont, wie wichtig es ist, gute Gewohnheiten zu entwickeln. Von der Grundschule bis zu einem gewissen Punkt in unserem Leben können sie es uns wahrscheinlich nicht oft genug sagen. Viele Menschen haben den Nutzen einer guten, konsequenten Gewohnheit erkannt. Und obwohl sie weiterhin mit alten ungesunden Gewohnheiten kämpfen, erkennen sie den unschätzbaren Wert guter, beständiger Gewohnheiten zweifelsohne an. Dennoch hat ihnen dies nicht geholfen, die alten schlechten Gewohnheiten loszuwerden.

Um Gewohnheiten umgestalten zu können, muss eine Person zunächst verstehen, wie sie entstehen. Dies ist vergleichbar mit allem anderen in unserem täglichen Leben und auch beruflich in unserer Arbeit. Um in einem Spiel besser zu werden, muss man zuerst verstehen, wie es funktioniert.

Die Physiologie, das Verhaltensmuster, kognitive Fähigkeiten und grundlegende Gewohnheiten werden im Allgemeinen von zwei Faktoren im Leben geformt: den geerbten genetischen Merkmalen (Natur) und der Umwelt (Kultur). Die Struktur eines Menschen, die es ihm ermöglicht zu handeln, zu denken und zu sprechen, ist eine Funktion sowohl seines genetischen Erbes als auch der Umweltfaktoren, die ihn umgeben. Während wir aufwachsen, erkennen wir, dass die Natur und die Erziehung einen entscheidenden Einfluss auf die Fähigkeiten und Gewohnheiten hatten, die wir entwickelt haben. Diese Einflüsse waren jedoch noch nicht alles. Es kann vorkommen, dass Menschen ohne musikalisches familiäres Umfeld aufwachsen, in einer Gesellschaft, in der Musik oder Musikinstrumente nicht geschätzt oder gefördert werden. An

Tag null treffen sie zufällig auf ein Musikinstrument, und am Tag 200 haben sie bereits eine Beherrschung darüber entwickelt. Nach weiteren 200 Tagen haben sie ihre Spielweise perfektioniert. Die Ereignisse zwischen Tag null und Tag 200 sind nicht auf Genetik oder Umwelteinflüsse zurückzuführen; die Macht der Gewohnheiten hat diese Person geformt, um ein Instrument in einer Zeit zu beherrschen, die jemand als "kurz" bezeichnen könnte.

In der Evolutionsforschung schuf Jean-Baptiste Lamarck das Gesetz der Nutzung und Nichtnutzung. Dieses Gesetz mag auf den ersten Blick nicht relevant erscheinen, um darüber zu sprechen, wie Gewohnheiten entstehen, aber ein Gesetz hat Neurologen ermutigt, den Körper in eine völlig neue Richtung zu betrachten.

Das Gesetz erklärte, wie Organismen einen natürlichen Drang zur Perfektion hatten. Die ständige Verwendung eines Organs auf eine bestimmte Weise würde dazu führen, dass es sich perfekt an den Zustand oder die Aktivität anpasst, für die es benötigt wird. Der letzte Teil von Lamarcks Gesetz war der Beweis dafür, dass diese entwickelten Organe oder Merkmale nun eindeutig an die Nachkommen weitergegeben werden (was erklärt, wie die Giraffe ihren langen Hals und ihre langen Gliedmaßen erhalten hat). Aber dieser letzte Teil ist nicht der Punkt. Der Punkt ist, dass Lamarck in der Lage war, den Idealismus hinter Gewohnheiten zu erkennen. Vielleicht wusste er es nicht perfekt, aber er hatte auf jeden Fall recht mit der natürlichen Neigung der Menschen zur Perfektion. Gewohnheiten entstehen durch ständige Wiederholung einer Handlung oder Aktivität auf eine bestimmte Weise.

Im Allgemeinen beruht die Bildung einer Gewohnheit also auf der konstanten Wiederholung einer Handlung über einen bestimmten Zeitraum hinweg. Gemäß dem Gesetz der Nutzung und Nichtnutzung erklärte Lamarck auch, dass

Organe (oder die dominante Hälfte unseres Körpers), die wir häufiger nutzen, stärker und geschickter werden; vernachlässigte Organe werden schließlich verkümmern. Die Auswirkungen dieses Gesetzes können physiologisch im menschlichen Körper erst dann sichtbar werden, wenn sie in den Gewohnheiten, die wir entwickeln, aktiv beobachtet werden.

Die betonten Gewohnheiten sind besser und vollkommener ausgebildet. Und wenn sie vernachlässigt werden, gehen wir von der Fähigkeit, die wir in dieser Fertigkeit bereits seit langem erreicht haben, bis hin zum Verlust des Niveaus der Perfektion, das wir erreicht hatten.

Signal, Gewohnheit, Belohnung

Als Neurowissenschaftler, Psychologen und andere Verhaltensmediziner Fälle von Patienten mit viraler Enzephalitis entdeckten, die nach der Operation ihr Gedächtnis verloren hatten, und von verschiedenen Patienten mit Amnesie, die zu Hause in der Lage waren, aufzustehen und das Badezimmer zu finden, wenn sie angeregt wurden, oder vom Wohnzimmer zum Schlafzimmer zu gehen, ohne sich zu verirren, erkannten sie, dass in der Großhirnrinde viel mehr vor sich ging, als man dachte. Diese Patienten waren Menschen, die nicht in der Lage waren, das Essen zu benennen, das sie am Abend zuvor gegessen hatten, oder wie sie auf die Couch gekommen waren. Sie hatten nichts; dennoch waren sie irgendwie in der Lage, sich in ihrem gesamten Zuhause zu orientieren, vollständige Mahlzeiten zu kochen und verschiedene Haushaltsaufgaben ohne offensichtliche Komplikationen in ihrem (Gedächtnis-) Bankfach durchzuführen.

Dies führte die Neurowissenschaftler dazu, das Experiment mit Mäusen und Käse zu entwickeln, um herauszufinden, wie dies möglich sein könnte und wie es zur Behandlung dieser psychischen Störungen genutzt werden könnte und die Kraft von Gewohnheiten zu verstehen.

Um die Studie zu beginnen, wurden ausgewählte Labormäuse einem über fünfstündigen Eingriff unterzogen, bei dem winzige neurosensorische Sender in ihre Gehirne eingeführt wurden. Dieser neurosensorische Sender konnte die Gehirnaktivität in Wellenform erkennen und die Daten der Ergebnisse an einen Computer übertragen, wo sie ausgewertet und studiert wurden.

Zu Beginn der Experimente wurden die Mäuse an einem Ende eines dunklen, T-förmigen Tunnels platziert, der hinter einer Barrikade geschlossen war, und ein Stück Käse befand sich am linken gekrümmten Ende des Tunnels. Ein Timer wurde eingestellt, und mit einem lauten Knall bei null Sekunden wurde die Barrikade geöffnet. Die Maus konnte den Geruch des Käses wahrnehmen, konnte jedoch den Tunnel nicht durchqueren. Dieses Experiment wurde über mehrere Monate hinweg täglich mit verschiedenen Mäusen wiederholt.

In den ersten Wochen des Experiments bewegten sich die Mäuse vorsichtig von rechts nach links durch den Tunnel. Sie stießen gegen die Tunnelwände und bewegten sich langsam durch den Tunnel. Ihr propriozeptives Gefühl war nicht scharf genug, um ihre Position in Bezug auf den begehrten Käse wahrzunehmen.

Nach den ersten Wochen stießen die Mäuse weniger gegen die Tunnelwände und bewegten sich schneller auf den Käse zu. Am Ende der Experimente stürzten die Mäuse bei dem lauten Knall, der die Barrikade öffnete, mit Höchstgeschwindigkeit auf die genaue Position des Käses zu.

Mit diesem Experiment konnten der Neurowissenschaftler und der Psychologe eine grundlegende Erkenntnis unter vielen anderen demonstrieren. Die motivierendste Triebkraft für die Bildung einer Gewohnheit ist die Belohnung.

Im experimentellen Aufbau war der laute Knall das Signal. Heute sind Signale Empfindungen, die eine Handlung auslösen. Hunger oder der Drang zu urinieren sind typische Beispiele für Signale. Diese Signale bringen uns in Bewegung und bestimmen, ob wir die Belohnung des Essens oder die Erleichterung der vollen Blase wollen oder nicht.

Hier wird die Bildung von Gewohnheiten interessant. Unsere Reaktion auf diese Signale, die wir erhalten, in der genauen Art und Weise, wie wir reagieren, bildet die Gewohnheit.

Nicht sofort aus dem Bett aufzustehen, um auf die Toilette zu gehen, wenn wir aufgefordert werden, ist eine Form der Gewohnheitsbildung, die unterdrückend wirkt. Es lehrt das Gehirn, die Dringlichkeit des Signals zu lindern. Obwohl dies langfristig schädliche Auswirkungen auf den Körper haben kann (insbesondere auf die Harnwege), ist die Gewohnheit, die sich um dieses Signal herum bildet, unterdrückend.

Gewohnheiten können so präzise und perfektioniert sein, dass sie mit minimalem Gehirnaufwand ausgeführt werden. Zum Beispiel ist Tyler Mclaughlin ein englischer Jongleur. Er begann im Alter von fünf Jahren mit dem Jonglieren. Und obwohl es ihm fünfzehn Jahre gedauert hat, die Fertigkeit zu beherrschen, kombiniert er heute das Jonglieren mit vielen anderen mentalen Prozessen wie dem Beantworten eines Telefonanrufs, dem Fahrradfahren und vielen anderen Dingen.

Die Idee ist folgende: Das menschliche Gehirn besteht aus vielen Abteilungen, die unterschiedliche Zwecke erfüllen. Das

Kleinhirn und die Stirnrinde sind in langweilige Aufgaben und kreative Denkprozesse verwickelt. Sie lösen Problementscheidungen und schaffen neue Grundlagen für neue Gewohnheiten. Wenn das Gehirn effizient darin wird, eine Aufgabe auszuführen, verwendet es weniger Gehirnaktivität. Bald, wenn die Beherrschung der Aufgabe und die Konstanz erreicht sind, wird der Teil des Gehirns, der diese Funktion reguliert, kleiner, aber deshalb nicht weniger leistungsstark, die Basalganglien. Die Basalganglien sind der Bereich, der für die Erregung, einige limbische Funktionen und vor allem die Ausführung von Aufgaben "zu einfach" für das Gehirn verantwortlich ist.

Zum Beispiel das Kehren oder das Fahren eines Autos. Oft werden sie von derselben Gehirnregion, den Basalganglien, kontrolliert. Das menschliche Gehirn entwickelt eine Gewohnheit um eine solche Aufgabe herum, um sie zu einfach zu machen.

So konnte der Patient mit retrograder Amnesie (Gedächtnisverlust), der nach der Operation mit viraler Enzephalitis auftrat, schnell das Badezimmer finden und komplette Mahlzeiten ohne offensichtliche Komplikationen oder Mängel in seinem Gehirn zubereiten, weil es sich um eine Gewohnheit handelte, die im Laufe der Jahre ständig wiederholt wurde und nicht mehr vom Gehirn, sondern von den Basalganglien kontrolliert wurde. Die Basalganglien sind nicht von der Amnesie betroffen, da es sich um eine Erkrankung des Gehirns handelt.

Kapitel 10: Selbstbild

Was ist Ihnen durch den Kopf gegangen, als Sie das Buch durchgeblättert und dieses Kapitel geöffnet haben? Haben Sie sich vorgestellt, was das Selbstbild bedeuten könnte? Haben Sie sich selbst als kleines Kind vor dem Spiegel bewundert?

Das Selbstbild ist einfach ein mentales Bild, das sich nur schwer verändern lässt. Es repräsentiert nicht nur Ihre physischen Merkmale (Größe, Haare, Gewicht usw.), sondern auch das, was Sie bereits über sich selbst gelernt haben, sowohl aus Ihrer persönlichen Erfahrung (Stärken, Schwächen, Fähigkeiten usw.) als auch aus der Perspektive anderer.

Das Selbstbild ist die innere Enzyklopädie, die Ihnen alles über sich selbst erzählt. Es beeinflusst, wie Sie über sich selbst denken. Es zeigt Ihnen, wie schön, intelligent, faul, gierig usw. Sie sind. Ihr Selbstbild ist entscheidend, da es Ihnen hilft, über sich selbst nachzudenken, sich selbst zu verstehen und mit sich selbst und der Außenwelt zu interagieren.

Haben Sie schon einmal bemerkt, dass Sie sich selbst anhand dieser drei Dinge beurteilen? Das physische Erscheinungsbild (wie sehe ich aus?), Beziehungen (werde ich geschätzt?) und Leistung (mache ich genug?).

Ein gesundes Selbstbild bedeutet, dass Sie stolz auf sich sind und sich wichtig nehmen.

Die Art und Weise, wie Sie sich selbst sehen, kann von einem der folgenden Faktoren abhängen:
- **Wie Sie sich selbst sehen**
- **Wie andere Sie sehen**

- Wie Sie die Beurteilung anderer über sich
interpretieren
- Wie Sie sich selbst wahrnehmen

Forschungen besagen, dass diese vier Möglichkeiten, sich
selbst zu sehen, möglicherweise keine genaue Beschreibung
einer Person darstellen. Alle, einige oder keine dieser
Möglichkeiten könnten wahr sein.

In der Terminologie der kognitiven und sozialen Psychologen
wird das Selbstbild als "Selbstschema" bezeichnet. Laut ihnen
sammelt das Selbstschema Wissen oder Informationen und
beeinflusst, wie Sie denken und sich erinnern. Es wird auch
als die Art und Weise definiert, wie Sie sich selbst definieren.

Wie hat sich das Selbstbild entwickelt und zwei Arten von Selbstbildern

Das Bild, das Sie von sich selbst haben, hat sich im Laufe der
Zeit aufgrund dessen entwickelt, was Sie gelernt haben.
Faktoren aus der frühen Kindheit wie Eltern, Betreuer,
Lehrer usw. spielten eine wichtige Rolle in Ihrem Selbstbild.
Diese Beziehungen haben Ihre Denkweise geprägt. All diese
Faktoren haben auch das aufgebaut, was Sie Ihre Stärken und
Schwächen nennen.

Negatives Selbstbild

Ein negatives Selbstbild entsteht aus den Kritiken, die Sie im
Laufe der Zeit erhalten haben, von Kindheit an bis zur
gegenwärtigen Phase des Wachstums. Diese Sichtweise kann
tief in Ihr Inneres eindringen, sodass Sie schließlich daran
glauben und dadurch Ihr Selbstbild beeinträchtigen.

Als Kinder wären Sie anfälliger dafür, negative Meinungen
und Urteile von Autoritätspersonen wie Ihren Eltern, älteren

Menschen in Ihrer Nachbarschaft oder Gemeinschaft und anderen bedeutsamen Menschen anzunehmen. Sie waren anfälliger, weil Sie nur ein Kind waren und im Gegensatz zu heute nur wenige oder gar keine Entscheidungen für sich selbst treffen konnten. Sie mussten diese Urteile und Meinungen akzeptieren, weil sie von Menschen stammten, die Sie Ihr ganzes Leben lang respektiert haben. Sie hatten keine Fähigkeit, sie zu verarbeiten und zu bewerten.

Während des Heranwachsens in der Adoleszenz könnten Sie unter "Body Shaming" gelitten haben, wenn die Meinung anderer über Ihr physisches Erscheinungsbild Sie herausforderte und Sie sich unwohl in Ihrem Körper fühlten. Menschen, die kein oder ein geringes Selbstwertgefühl haben, neigen in der Regel dazu, eine soziale Störung zu entwickeln.

Im Allgemeinen hat jemand mit einem negativen Selbstbild folgende Denkweise:

- **Übermäßig selbstkritisch**
- **Vergleich mit anderen, insbesondere mit Gleichaltrigen**
- **Negative Selbstgespräche**
- **Glaubt, dass jeder, der ein positives Kompliment macht, lügt.**
- **Sieht sich immer als Versager.**

Hinweis: Bitte beachten Sie, dass Selbstwertgefühl und Selbstbild eng miteinander verbunden sind, aber verschiedene Konzepte darstellen. Das Selbstwertgefühl ist das Maß an Wertschätzung und Akzeptanz, das Sie sich selbst gegenüber empfinden, während das Selbstbild Ihre Überzeugungen und Vorstellungen darüber umfasst, wer Sie sind. Beide können sich jedoch gegenseitig beeinflussen und sind für Ihr Wohlbefinden von großer Bedeutung.

Faktoren, die zu einem negativen Selbstbild beitragen:

- Die Werte und Schönheitsnormen der Gesellschaft: Jede Gesellschaft hat ihre eigenen Grundwerte, Vorschriften, Ethik, Tabus usw. Oftmals entwickelt sich automatisch ein negatives Selbstbild, wenn man nicht den "körperlichen Erwartungen" seiner Gesellschaft entspricht.

- **Persönlichkeit:** Viele Menschen haben sehr hohe Erwartungen an sich selbst, bis zu dem Punkt, an dem sie unrealistische Ziele setzen. Sie haben eine perfektionistische Denkweise, die keinen Raum für eine "Bewertung B" lässt. Sie wollen die perfekte Größe, eine schlanke Taille, markante Hüften, eine breite und muskulöse Brust usw. Diese Art von Menschen neigt dazu, ein negatives Selbstbild zu entwickeln, wenn sie ihre gesetzten Ziele nicht erreichen oder wenn ihr Körper nicht dem mentalen Bild entspricht, das sie im Kopf haben. Haben Sie eine solche Persönlichkeit? Man kann nur dann als gescheitert betrachtet werden, wenn man aufhört zu versuchen und sich selbst Raum gibt.

- **Kindheitserfahrungen:** In einer Situation, in der jemand eine sehr kritische Kindheit erlebt hat, kann ein negatives Selbstbild entstehen. Die Person wird häufiger kritisiert als geschätzt. Diese Kritik kann von Eltern, Lehrern, Freunden usw. stammen. Haben Sie solche Erfahrungen gemacht?

- **Krankheit:** Eine Person, die an einer chronischen Krankheit oder genetischen Störung leidet, hat normalerweise ein negatives Selbstbild. Sie fühlt sich weniger privilegiert und unerwünscht. Auch Menschen, die an einer psychischen Erkrankung wie Depression, Trauma, Angststörung usw. leiden, haben oft ein negatives Selbstbild.

Ein negatives Selbstbild führt dazu, dass man sich auf seine Grenzen, Schwächen, Misserfolge usw. konzentriert und nicht erkennt, dass es immer einen Ausweg gibt und eine positive Seite zu jeder Geschichte gehört.

Positives Selbstbild:

Wie der Titel schon sagt, ist ein positives Selbstbild einfach das Gefühl, die Vorstellung und den Eindruck von sich selbst zu mögen. Wenn Sie sich selbst als glückliche und gesunde Person sehen, sich selbst als wünschenswerte und attraktive Persönlichkeit wahrnehmen, glauben, die ideale Version Ihrer selbst zu sein, sich mit all Ihren positiven Eigenschaften einverstanden erklären, glauben, dass andere genauso gut von Ihnen denken wie Sie von sich selbst, dann kann man sagen, dass Sie ein positives Selbstbild haben.

Wenn Sie ein positives Selbstbild besitzen, haben Sie die Fähigkeit, zwischen Stärken und Schwächen, Perfektion und Mängeln zu unterscheiden.
Ein positives Selbstbild aufbauen und bewahren:

Das menschliche Verhalten ist ständigen Veränderungen unterworfen, ebenso wie das Selbstbild. Die Fähigkeit, sich selbst auf eine positive Weise zu sehen, kann erlernt werden. Der Aufbau eines positiven Selbstbildes beginnt mit der Selbstakzeptanz und der Liebe zu sich selbst sowie der Akzeptanz der Liebe von Menschen in unserer Umgebung.

Hier sind einige Möglichkeiten, ein positives Selbstbild aufzubauen und zu bewahren:

- Definieren Sie Ihre persönlichen Ziele. Sind sie erreichbar, realistisch und messbar?

- Vermeiden Sie den Vergleich mit anderen Menschen.

- Kontrollieren Sie Ihre Gedanken und vermeiden Sie negative Selbstgespräche.

- Halten Sie Ihre Erfolge schriftlich fest und belohnen Sie sich dafür.

- Listen Sie auf, welche Dinge Sie an sich selbst lieben. Schreiben Sie sie auf.

- Sprechen Sie mit Ihrem inneren Kind und ersetzen Sie negative Gedanken durch positive.

- Nutzen Sie Ihre Stärken und inneren Fähigkeiten.

- Verwenden Sie positive Affirmationen, sie sind sehr hilfreich.

- Lieben Sie sich selbst. Wenn Sie sich selbst nicht lieben, können Sie die Liebe anderer nicht erkennen und annehmen.

- Pflegen Sie Freundschaften mit positiven Menschen und lassen Sie toxische Beziehungen los.

- Bewegung und körperliche Aktivität sind wichtig.

- Lassen Sie Ihre Vergangenheit los und nehmen Sie sich Zeit zur Heilung.

- Schreiben Sie Ihre eigene Geschichte neu und eliminieren Sie die Negativität anderer.

- Achten Sie auf Ihr Selbstbild.

In der Zusammenfassung dieses Kapitels könnte man sagen, dass "ein positives Selbstbild Gold wert ist". Ein positives Selbstbild hilft dabei, Selbstvertrauen aufzubauen, Ziele zu erreichen, ein gesundes Leben zu führen und Träume zu verwirklichen.

Kapitel 11: Warum sind wir faul?

Faulheit tritt irgendwann im Leben jedes Menschen auf, und Sie sind keine Ausnahme. Kann Faulheit als Persönlichkeitsmerkmal, Eigenschaft, Gewohnheit oder Verhalten klassifiziert werden? Faulheit ist das Ergebnis vieler Dinge. Menschen haben im Allgemeinen unterschiedliche Persönlichkeiten und Eigenschaften. Weniger durchsetzungsfähige Persönlichkeiten sind wahrscheinlich ihre ersten Opfer.

Faulheit kann auf verschiedene Arten interpretiert werden: Mangel an Interesse an etwas, fehlende Motivation, Unwilligkeit, Aufgaben zu erledigen, usw. Mit anderen Worten, Faulheit kann auf den Lebensstil einer Person, physische oder psychologische Probleme wie Depression, Angst oder Angstzustände zurückzuführen sein.

Genau wie ein Parasit dringt sie in den Geist ein und hält ihn in Geiselhaft. Sie betritt Ihr Leben und beginnt, Ihnen Befehle zu geben. Manchmal täuscht sie Sie, indem sie glauben lässt, dass Sie eine Pause verdienen, und dann fangen Sie an, Pausen zu machen. Dann übernimmt sie vollständig und wird ein Teil von Ihnen. Sie ist der größte Feind von uns selbst.

Warum sind wir faul?

Warum können Sie plötzlich nicht das tun, was Sie tun sollten, obwohl Sie alles haben, was Sie brauchen? Ein gutes Verständnis für das Problem und alles, was damit einhergeht, würde Ihnen helfen, es zu vermeiden, bevor es Sie einholt. Lassen Sie uns jedoch sehen, warum wir faul sind.

- Ablenkung: Während Sie arbeiten, könnten viele Dinge Sie
von Ihrer Arbeit ablenken und Sie denken, Sie werden später
weitermachen. Manchmal können Sie sich um etwas Sorgen
machen, das Ihr Interesse automatisch an allem verlieren
lässt; Sie könnten hungrig werden und nach Essen suchen;
nach dem Essen könnten Sie schläfrig werden und denken,
dass Sie später zur Arbeit zurückkehren werden. Würden Sie
zur Arbeit zurückkehren?
- Schlechte Entscheidungsfähigkeit: Selbstständige
Entscheidungen zu treffen, lässt Sie sich verantwortlich,
befähigt und im Besitz Ihres Lebens fühlen. Wenn Ihr Geist
selten bereit ist und Sie andere Kräfte die Kontrolle
übernehmen lassen, werden Sie sich immer faul fühlen, Dinge
für sich selbst zu erledigen, bis hin zur
Entscheidungsfindung.
- Depression: In einem deprimierten Herzen gibt es immer
diesen Mangel an Willen und Verlust der Hoffnung. Diese
Stimmung ist oft eine Ursache für Faulheit.
- Prokrastination: Es gibt eine Kraft und Motivation, die vom
sofortigen Handeln ausgeht. Wenn Sie ständig Aufgaben
aufschieben, die Sie erledigen möchten, erzeugt dies Faulheit.
Manchmal sagen Sie sich auch, dass es nicht dringend ist und
Sie es später machen können. Wenn Sie kleine Aufgaben wie
das Aufräumen des Zimmers, Waschen von Kleidung,
Abwaschen von Geschirr immer aufschieben, könnte das
Wunder der letzten Minute nicht funktionieren, wenn Sie
wichtigere Dinge zu tun haben. Im Laufe der Zeit werden Sie
Schwierigkeiten haben, selbst die wichtigsten Aufgaben zu
erledigen.
- Ihr Lebensstil: Ein unorganisiertes Leben lässt oft Raum für
Faulheit. Wenn Sie ohne einen geplanten Zeitplan oder eine
Liste von Dingen, die Sie an einem Tag erledigen möchten,
schlafen, essen und ausgehen, kann dies dazu führen, dass Sie
sich zu müde und zu schwach fühlen, um irgendetwas zu tun.
Wenn Sie keinen geplanten Zeitplan haben, kann jedes
Ereignis einfach auftauchen, und Sie lassen es einfach zu; oft

führt dies dazu, dass angenehmere Dinge Raum einnehmen und wichtige Dinge vernachlässigt werden.

- Motivation und Verantwortung: Die Verantwortung gegenüber einer Gruppe von Menschen oder jemandem motiviert Sie, etwas zu tun. Das Fehlen von Prioritäten und Bedeutung für das, was Sie tun müssen, lässt automatisch das Maß an Motivation schwinden.

- Übermäßige Arbeitsbelastung: Wenn Sie viele Aufgaben zu erledigen haben, kann das alleinige Denken daran entmutigend sein. Sie verlieren automatisch die Motivation oder die Toleranz, irgendeine Aufgabe abzuschließen, und ziehen es vor, zu schlafen.

Bekämpfung der Faulheit

Jetzt, da Sie einige Tore der Faulheit erkannt haben, wie können Sie dieses Tor in Ihrem Leben optimal schließen?

- Was ist das eigentliche Problem: Eine der ersten Dinge, die Sie tun sollten, wenn Sie Faulheit identifizieren, ist, sie wie ein Puzzle zu lösen. Fühlen Sie sich zu überwältigt von Ihrer Aufgabe? Sind Sie es leid, es zu tun? Fehlt die Inspiration? Oder haben Sie einfach keine Energie? Natürlich, wenn Sie nicht bereit wären, die Faulheit zu überwinden, wären Ihre Augen und Ihr Verstand nicht auf dieses Kapitel gerichtet. Nachdem Sie herausgefunden haben, wie Sie über Ihre Aufgabe denken, finden Sie einen Weg, sich davon zu befreien.

- Selbstwertgefühl: Der Wert, den Sie sich selbst und Ihren Projekten beimessen, ist entscheidend dafür, wie sehr Sie zulassen, dass die Faulheit Sie behindert. Sie könnten auf YouTube nach inspirierenden Beispielen suchen, die Selbstwertgefühl und Priorisierung Ihrer Ziele behandeln. Machen Sie positive Selbstbekräftigungen, umgeben Sie sich mit Menschen, die ein zielorientiertes Leben führen. Schätzen Sie sich selbst und Ihre Ziele.

- **Nutzen Sie Ihre Stärken:** Was denken Sie, stärkt Ihre Willenskraft, wenn Sie Ihre Ziele setzen? Wenn Sie sich auf Ihre Stärken konzentrieren, tragen Sie zur Steigerung der Produktivität bei.

- **Holen Sie sich Hilfe:** Wenn Sie weiterhin versuchen, die Dinge alleine zu verstehen, könnten Sie am Ende gar nichts tun. Es gibt viele Menschen, die weiter sind als Sie und bereits die Ziele erreicht haben, die Sie erreichen möchten. Wenn Sie denken, dass Ihre Aufgabe zu kompliziert ist und deshalb faul sind, suchen Sie Hilfe. Wenn Sie Hilfe suchen, erhöhen Sie die Chancen, Dinge zu erledigen, und treffen Menschen, die bereit sind, Ihnen zu helfen.

- **Organisieren Sie sich:** Haben Sie sich jemals ein Jahr ohne Kalender vorgestellt? Der Kalender hilft Ihnen, Ihr Alter zu kennen, Schulen, ihren akademischen Kalender zu planen, Menschen, ihre Jahrestage zu feiern, usw. Das Planen von sich selbst hilft, Ihrem Leben einen Sinn zu geben. Sie sollten in der Lage sein, einen Zeitplan für alles zu erstellen und ihn streng einzuhalten. Um dies zu erreichen, können Sie eine Zeitplan-Tabelle erstellen. Welche Bereiche Ihres Lebens denken Sie, müssen Sie sich konzentrieren? Und was sind die Dinge, auf denen Sie aufbauen müssen? Wenn Sie bereits einen Kalender haben, ist das großartig; wenn nicht, können Sie einen besorgen. Setzen Sie sich Ziele, arbeiten Sie daran, sie zu erreichen, und lassen Sie die Faulheit beiseite. Die Organisation beginnt mit kleinen Dingen wie das Aufräumen des Zimmers, das Waschen von Kleidung, das Abwaschen von Geschirr, usw. Dies kann Sie motivieren, zu arbeiten.

- **Fordern Sie nicht zu viel von sich selbst:** Wenn Sie viel von sich selbst erwarten, setzen Sie oft unrealistische langfristige Ziele. Die Last der Aufgaben würde Sie erdrücken und Sie davon abhalten, überhaupt anzufangen. Vermeiden Sie das "Perfektionismus-Syndrom". Überlasten Sie sich nicht, seien Sie nicht zu selbstkritisch, schätzen Sie Ihre kleinen Erfolge und streben Sie immer höher.

- **Ein gesundes Leben führen:** Stress bewältigen, gut essen und körperliche Betätigung können dazu beitragen, Ihre

Psyche aufzubauen. Sie können das Maß an Motivation, Intellekt und Energie erhöhen, um Ihren Schreibtisch zu befreien. Vermeiden Sie Überanstrengung, essen Sie gut, schlafen Sie und gönnen Sie Ihrem Körper die notwendige Erholung, wenn nötig.

Endresultate der Faulheit

Vielleicht wird es Ihnen nach dem Betrachten der Konsequenzen dessen, was "weil Sie faul sind" passieren könnte, helfen, sich davon zu befreien. Hier sind sie:

- **Es zerstört:** Viele Menschen hatten großartige Ideen für Unternehmen und Projekte, aber die Faulheit hat sie daran gehindert, sie umzusetzen. Aber bevor sie es merkten, hatte jemand anderes, der hart arbeitete, dieselbe Idee und setzte sie schneller um. Haben Sie sich jemals in dieser Situation befunden? Haben Sie auch eine Gelegenheit ergriffen, sie aber aufgrund von Nichtbeachtung der Fristen verpasst? Die Faulheit hat definitiv ihren Tribut gefordert. Es zerstört Chancen, Ideen, Zielerreichung und sogar Wohlstand.

- **Beeinflusst die Gesundheit:**
Faulheit ist genauso schädlich für die mentale Gesundheit einer Person wie jeder andere Fehler. Es ist eine Krankheit für sich. Eines der Dinge, die das Gehirn dazu anregen, aktiver zu sein, ist, wenn es in Aufgaben und Aktivitäten, insbesondere neuen, engagiert ist. Wenn Sie faul sind, funktioniert das Gehirn nicht so, wie es sollte. Es würde länger dauern, um einige Informationen zu verarbeiten, und sogar auf einige Fragen, insbesondere bildliche, zu antworten. Vorbeugen ist immer besser als heilen.

- **Macht zu Sklaven:** Ein Sklave hat normalerweise keine eigenen Rechte; er schläft und isst nur, wenn ihm gesagt wird. Die Faulheit tut dasselbe mit ihren Opfern, indem sie immer wieder Gründe dafür findet, warum nichts getan werden sollte.

- Tötet Träume, Ambitionen und Ziele: Für jeden Traum, den Sie verwirklichen möchten, jede Aspiration, die Sie erreichen möchten, und jeden Zweck, den Sie erreichen möchten, sind Monate oder Jahre kontinuierlicher Arbeit erforderlich. Wenn die Faulheit in Ihrem Leben dominant ist, wird das Ergebnis Träume sein, die nicht durch Handlungen unterstützt werden, Wünsche, die nie erfüllt werden können, Frustration, Negativität und Stagnation.

Kapitel 12: Warum wir Prokrastinierer sind

Wenn Sie vor Gericht wegen Prokrastination angeklagt wären, wären Sie sicherlich schuldig. Manchmal hat man das Gefühl, dass die Arbeit, die erledigt werden muss, später erledigt werden könnte. Haben Sie sich jemals gefragt, warum Sie genau prokrastinieren? Sie könnten Aufgaben aus Gründen wie Faulheit, Desinteresse, Langweiligkeit oder Schwierigkeit der Aufgabe, negative Gefühle und Gedanken, die Sie beim Versuch, sie zu erledigen, verspüren, vermeiden oder aufschieben.

Die vier Arten von Prokrastinierern

Es gibt hauptsächlich vier Arten von Prokrastinierern; lassen Sie uns sie analysieren:

- **Derjenige, der sich sehr beschäftigt fühlt:** Diese Kategorie leidet unter dem "beschäftigt"-Syndrom. Das Beschäftigtsein wird ihre größte Ausrede, um Aufgaben nicht zu erledigen. Sie füllen ihre To-Do-Listen unvernünftigerweise mit einer Menge von Aufgaben, und anstatt jede Aufgabe anzugehen oder einfach zu sagen, dass sie nichts tun wollen, fühlen sie sich nicht frei genug. Wenn Sie ständig sagen, dass Sie beschäftigt sind, ist das ein Zeichen dafür, dass Sie nichts tun wollen. Manchmal fühlen Sie sich sogar von den Aktivitäten erstickt, mit denen Sie sich überladen haben, und dann schieben Sie die Schuld auf die vielen wichtigen Aufgaben. Sind Sie wirklich beschäftigt oder vermeiden Sie etwas?

- **Derjenige, der ständig neue Ideen hat:** Sie gehören zu dieser Kategorie von Prokrastinierern, wenn Sie ständig neue Aufgaben erhalten, aber nie eine davon abschließen. Oft sind

Sie nicht geduldig genug, um sie zu Ende zu bringen und Ergebnisse zu sehen. Sie sind sehr gut darin, Maßnahmen zu ergreifen, um Ihre Ideen umzusetzen, verlieren jedoch langfristig das Interesse oder werden gelangweilt.

- Derjenige, der denkt, dass er unter Druck gut ist: Wenn Sie zu dieser Kategorie von Prokrastinierern gehören, ist eine Ihrer größten Schwierigkeiten, Aufgaben zu beginnen. Sie haben wahrscheinlich die Zeit, um eine bestimmte Aufgabe abzuschließen, verkürzt. In den meisten Fällen geschieht dies, weil Sie ziemlich geschickt sind und darauf vertrauen, die Aufgabe in zehn Minuten oder weniger abzuschließen. Sie glauben an das Wunder der letzten Minute. Allerdings ist das Hobby, sich selbst unter Druck zu setzen, nicht ratsam, und es ist immer am besten, die richtigen Dinge zur richtigen Zeit zu tun.

- Diejenigen, die sich zu faul fühlen, um irgendetwas zu tun: Es ist seltsam, aber diese Prokrastinierer sind im eigentlichen Sinne des Wortes nicht faul. Sie haben einfach kein Interesse daran, irgendetwas zu tun oder sind zu müde. Wenn sie erkennen, dass sie genug Zeit mit Faulenzen verbracht haben, setzen sie sich hin und erledigen ihre Aufgaben. Wenn Sie zu dieser Gruppe gehören, sollten Sie einfach ehrlich und nachsichtig mit sich selbst sein. Wenn Sie das Gefühl haben, keine Zeit zum Ausruhen zu haben, dann ruhen Sie sich aus und kehren gestärkt zurück, um Ihre ausstehenden Aufgaben zu erledigen.

Sieben Gründe für Prokrastination

Menschen prokrastinieren aus verschiedenen Gründen, und im Folgenden sind sieben Gründe aufgeführt, warum dies geschieht:

1. Perfektionismus-Syndrom: Oft stellt dies eine Hürde für Ihre Aufgaben dar. Es ist großartig, eine perfekte und saubere Arbeit zu leisten. Aber Schwierigkeiten entstehen, wenn unrealistische Ziele gesetzt werden, um sie zu erreichen. Der Druck, den Sie auf sich selbst ausüben, mindert Produktivität und Effizienz und führt auch zu Selbstverurteilung. Fortschritt ist wichtiger als Perfektion. Letztendlich erreicht man die Perfektion, indem man sich bemüht, sich zu verbessern.

2. Angst vor dem Scheitern: Manchmal möchte man Dinge erledigen, hat aber Angst davor, Fehler zu machen, und lässt deshalb alles so, wie es ist. Es ist nichts Falsches daran, es zuerst zu versuchen; Wie soll man großen Erfolg erfahren, wenn man es nie versucht?

3. Fehlendes Ziel: Wenn Sie kein Ziel oder keine Leidenschaft für die Dinge haben, die Sie erreichen möchten, nehmen Sie Ihre Aufgaben nicht ernst. Wie sehen Sie sich in den nächsten fünf Jahren? Welche Schritte müssen unternommen werden, um dorthin zu gelangen? Wie sehr wünschen Sie sich Erfolg? Warum prokrastinieren Sie dann noch?

4. Die Länge und Schwierigkeit der Aufgabe: Auch dies ist ein entmutigender Faktor. Die Unklarheit der Aufgabe kann auch nur durch den Start entmutigend sein. Es lässt Sie Ihre Fähigkeiten und Fertigkeiten in Frage stellen und hinterlässt Sie in einem Zustand der Überwältigung.

5. Wie beginnen Sie Ihren Tag? Der Beginn des Tages bestimmt, wie sehr Sie Ihre Aktivitäten aufschieben. Wie lange bleiben Sie im Bett, nachdem Sie aufgewacht sind? Was tun Sie unmittelbar nach dem Aufwachen? Das Beantworten von Anrufen zu Beginn des Tages kann eine schlechte Idee sein. Ihre kleinen Entscheidungen bestimmen das Maß Ihrer Aktivitäten an diesem Tag.

6. Fehlende klare Frist: In diesem Fall sagen Sie sich immer wieder, dass Sie es "morgen" erledigen werden. Eine klare Frist ist ein Schlüssel, der Sie motiviert, Dinge zu tun. Prokrastination tritt also auf, wenn diese fehlt.

7. Fehlende Motivation: Manchmal kann es Ihre Denkweise sein, die Ihnen einen Streich spielt. Mit der Aufgabe in Gedanken legen Sie sich auf das Bett oder das Sofa, ohne Lust, irgendetwas zu tun. Oft sucht man nach Motivation, um Aufgaben zu erledigen, wenn man stattdessen den eigenen Geist kontrollieren und Aufgaben abschließen muss.

Im Allgemeinen prokrastinieren Menschen aus vielen anderen Gründen, von der Unfähigkeit, die richtigen Prioritäten zu setzen, bis zur Unentschlossenheit, zur Unordnung, zur Veränderung der Neuropsychologie usw.
Die Überwindung der Prokrastination

Die folgenden Ratschläge sind einige Tipps, um Ihnen bei der Bewältigung der Prokrastination zu helfen:

- Programmieren Sie Ihren Geist, um Ihre Aufgaben als attraktiv zu sehen: Einer der Hauptgründe, warum Sie Ihre Aufgaben immer wieder aufschieben, ist oft, dass sie für Sie normalerweise nicht attraktiv sind. Sie könnten Ihre Aufgaben attraktiver gestalten, indem Sie sie als Herausforderung betrachten (wie viele Kapitel können Sie in einer Stunde lesen?) oder sie unterhaltsamer gestalten (wenn Sie gerne Musik hören, während Sie arbeiten, nutzen Sie dies, oder wenn Sie gerne essen, während Sie arbeiten, nutzen Sie auch das. Versuchen Sie etwas aus).
- Verantwortung übernehmen: Verantwortlich gegenüber jemand anderem zu sein, macht Sie sehr bewusst über Ihre ausstehenden Aufgaben. Es verleiht Ihnen dasselbe Gefühl

wie das Festlegen einer Frist für sich selbst. Haben Sie Menschen um sich, die ähnlich denken wie Sie? Es könnte ein Freund, ein Kollege oder einfach jemand sein, der möchte, dass Sie wachsen und Sie motiviert. Sie könnten sogar ähnliche Aufgaben haben, sich gegenseitig verpflichten und sich gegenseitig zur Rechenschaft ziehen. Auf diese Weise üben Sie nicht nur einen subtilen Druck oder Anreiz auf sich selbst aus, sondern können auch Ihre Aufgaben genießen und von ihnen lernen, anstatt sie eilig zu beenden.

- Ablenkungen und Selbstdisziplin: Es gibt viele Dinge, die uns mitten in einer Aufgabe ablenken können. Zum Beispiel könnten Sie mitten in einer Aktivität sein, die Internet erfordert, und dann sehen Sie einen Trailer für einen aufregenden Film oder ein Freund schickt Ihnen eine Nachricht. Ihre Aufmerksamkeit könnte leicht abwandern; Sie sagen sich vielleicht, dass die Aufgabe immer warten kann und dass Sie sie wahrscheinlich nie wieder aufnehmen werden, oder dass es länger dauern wird, sie abzuschließen. Ablenkungen können auch von innen kommen: Vermeiden Sie es, zu viel nachzudenken oder sich Sorgen über andere Dinge zu machen. Diese Dinge verlängern die Zeiten für die Fertigstellung dessen, was getan werden muss, oder lassen Sie langfristig gelangweilt zurück. Wenn es darum geht, Ablenkungen zu vermeiden, sagen Sie sich nicht "Ich kann nicht Nein sagen", sondern schalten Sie sie am besten aus, bis Sie fertig sind.

- Delegieren Sie die Aufgabe an jemand anderen: Sie können nicht immer alles alleine erledigen. Versuchen Sie nie, die Rolle des Superhelden zu spielen. Wenn eine Aufgabe umfangreich ist oder Sie sich müde fühlen, wäre es keine schlechte Idee, sie jemand anderem zu übertragen. Auf diese Weise entledigen Sie sich des Stresses und des Drucks, etwas tun zu müssen.

- Versuchen Sie Multitasking: Multitasking hilft dabei, das Motivations- und Energielevel aufrechtzuerhalten. Weisen Sie jeder Aufgabe eine bestimmte Zeit zu. Auf diese Weise scheinen Ihre Aufgaben interessanter zu sein, und Sie können in einem festgelegten Zeitrahmen eine größere Anzahl von Aufgaben erledigen. Wenn Sie jedoch ein Typ sind, der nicht gut im Multitasking arbeiten kann, sollten Sie sich nicht dazu zwingen.

- Setzen Sie Fristen: Eine Sache, die Fristen Ihnen helfen, zu tun, ist, dass sie Ihnen einen subtilen Druck verleihen, Sie herausfordern und Sie daran erinnern, dass Sie eine Aufgabe innerhalb eines bestimmten Zeitraums abschließen müssen. Ohne Frist würde es Ihnen vorkommen, als hätten Sie die ganze Zeit der Welt, während die Zeit konstant verrinnt. Nachdem Sie Ihre Aufgaben in Teilaufgaben aufgeteilt haben, setzen Sie für jede Aufgabe eine Frist. Das Erreichen von Zielen wird einfacher und schneller, wenn Sie kurzfristige anstelle von langfristigen Zielen setzen. Sie fühlen sich weniger unter Druck gesetzt und die Motivation bleibt bis zur Fertigstellung der Aufgaben erhalten. Achten Sie außerdem darauf, sich selbst zu belohnen, wenn Sie Ihre Aufgaben abschließen.

Der Schlüsselpunkt bei der Bewältigung der Prokrastination bleibt, dass sie einer der größten Feinde all Ihrer Lebensergebnisse ist.

Kapitel 13: Verlassen Sie Ihre Komfortzone

Haben Sie jemals das Gefühl gehabt, eine Aufgabe erledigen zu müssen, aber keine Lust dazu gehabt? Ihr Körper ist schuld an diesem Gefühl. Der menschliche Körper liebt es, gepflegt zu werden. Er mag es nicht, gestresst zu sein; die meiste Zeit fühlt er sich träge, wenn es darum geht, einen Schritt weiter zu gehen. Aber warum wollen Sie Ihre Ziele erreichen? Zum Beispiel hat ein Unternehmer das Ziel, hohe Gewinne zu erzielen, daher setzt er Ziele und ergreift konkrete Schritte, um seine Pläne umzusetzen.

Ihre Komfortzone ist wie eine Zeitbombe, die darauf wartet, jede goldene Gelegenheit in die Luft zu sprengen und Sie dann den Reuegefühlen zu überlassen. Haben Sie jemals eine Gelegenheit verpasst? Wie haben Sie sich gefühlt?

Warum gibt es die Komfortzone? Warum kämpft Ihr Körper darum, diesen Raum zu behalten, dieses Gefühl, nichts zu tun, wenn Sie genau wissen, dass Sie Dinge tun müssen? Sie wollen einfach diesen Raum für sich selbst haben.

Gründe, warum Sie Ihre Komfortzone nicht verlassen möchten

Manchmal ist es in Ordnung, in einer Situation zu bleiben, auch wenn ein Teil von Ihnen weiß, dass es falsch ist, aber Sie entscheiden sich trotzdem dafür zu bleiben, weil Sie Angst vor Stress oder Versagen haben.

- **Prokrastination:** Prokrastination hängt mit Faulheit zusammen. Sie verschieben alle Ihre Aktivitäten, weil Sie Ruhe brauchen. Und dann verschieben Sie es weiter. Es ist alles eine Frage der Mentalität. Jemand, der Ziele erreicht, erkennt Prokrastination aus der Ferne und beseitigt sie, bevor sie näherkommt.

- **Faulheit:** Es macht Sie träge und unstet. Kein echter Erfolgsmensch hat Faulheitssyndrom, weil er weiß, dass es nur eine Falle ist. Faulheit findet ihre Opfer und ernährt sich davon. Stehen Sie einfach auf! Auf diese Weise besiegen Sie die Faulheit. Sie können damit beginnen, indem Sie spazieren gehen, springen oder joggen. Machen Sie Ihre Routine flexibel. Dann legen Sie los.

- Geringes Selbstwertgefühl: Warum fühlen Sie sich oft unfähig, wenn Sie es eigentlich können? Warum hören Sie auf die negativen Selbstgespräche in Ihrem Kopf und von anderen? Misserfolg ist der Beweis dafür, dass Sie etwas tun. Erinnern Sie sich an einige Ihrer Erfolge? Sicher, es war genauso. Sie haben dem Misserfolg ins Auge gesehen und das Ziel erreicht. Warum denken Sie, dass Sie es nicht noch einmal tun können? Lernen Sie von jedem "Misserfolg" und überlegen Sie, wie Sie ihn als Werkzeug für den Erfolg nutzen können.

Die Gründe, warum Sie Ihre Komfortzone nicht verlassen möchten, sind nur Fantasien, während Ihre Realität darin besteht, zu handeln. Unterhalten Sie diese Gedanken nicht in Ihrem Kopf, sondern vermeiden Sie sie wie die Pest.

Drei Arten, wie Ihre Komfortzone Sie erschöpft

Abraham Maslow hat ein berühmtes Zitat geprägt, das wie folgt lautet: "Jeder kann wählen, zur Sicherheit zurückzukehren oder vorwärts zum Wachstum zu gehen. Das Wachstum muss jedoch jedes Mal gewählt und die Angst jedes Mal besiegt werden."

Es gibt ein Ziel zu erreichen, einen Erfolg zu erzielen, einen Zweck zu erfüllen. Ihre größten Feinde sind die Dinge, die Sie sich zu bequem fühlen lassen. Davon wegzukommen, ist der erste Schritt, um Ihre Ziele zu erreichen und die Zufriedenheit zu erlangen, die Sie verdienen. Beachten Sie, dass je länger Sie sich zurückhalten, desto mehr entleeren Sie sich selbst. Hier sind einige Möglichkeiten, wie Sie sich unbewusst erschöpfen:

1. Verlust von Erfahrungen und Chancen: Eine Sache, die das Leben aufregend und schön macht, ist die Erkundung! Wie Sie sich auf Gelegenheiten vorbereiten, wird bestimmen, wie gut Sie sie nutzen. Wenn Sie niemals diese Idee oder dieses Konzept ausprobieren, verpassen Sie nicht nur Chancen, sondern auch Ergebnisse, Erfahrungen und Wachstum. Entwickeln Sie eine Leidenschaft für Ihre Aktivitäten; nutzen Sie Ihre Stärken. Dies wird Sie sehr weit bringen.

2. Es hält Sie statisch: Als Menschen hat das Leben viele Phasen. Jede Phase zu durchlaufen bedeutet, dass ein Wachstum stattgefunden hat, um sich für die nächste Phase zu qualifizieren. Wahrscheinlich gibt es keine Freude wie die, die Sie empfinden, wenn Sie offensichtliche Fortschritte in Ihren Lebensunternehmungen machen. Wenn Sie wachsen, bedeutet das, dass Sie Fortschritte machen, und wenn Sie Fortschritte machen, bedeutet das, dass Sie große Schritte in Richtung Ihrer Ziele machen. Wenn Sie sagen, dass Sie wachsen, können Sie sagen, dass Sie Maßnahmen ergriffen, Ziele erreicht und Chancen ergriffen haben. Aber was ist mit den Zeiten, in denen Sie es abgelehnt haben, einen Schritt nach vorne zu machen? Das ist genau das Gegenteil von dem, was Sie gerade gelesen haben. Wenn Sie sich nicht bewegen, bedeutet das einfach, dass Sie nicht vorankommen. Mit anderen Worten, Sie sind statisch und auf die Ereignisse der äußeren Welt beschränkt. Ziele blieben unverändert und jede Gelegenheit, die Ihnen gehören sollte, wurde zur Person neben Ihnen.

3. Sie würden sich immer mit weniger zufriedengeben: Haben Sie jemals bemerkt, dass unter den dominierenden Zielen Eifer und Leidenschaft sind? Es gibt immer diese Stimme, die ihnen sagt: "Es gibt mehr, suche danach." In Ihrer Spur zu bleiben, wird Sie immer dazu ermutigen, sich mit weniger zufrieden zu geben. Sie sind mehr als weniger; weniger lässt Sie sich mit einem Leben zufrieden geben, das Sie unglücklich macht und Sie mit dem "Hätte ich gewusst"-Syndrom erfüllt.

Es ist nichts Falsches daran, es zu versuchen. Dem Ruf dessen, wonach Ihr Körper verlangt, zu folgen, ist ein tödliches Virus für jemanden, der wie Sie Ziele setzt. Stehen Sie auf! Sich mit wenig zufrieden zu geben, lässt Sie "überleben", anstatt zu "leben".

Sieben Verhaltensweisen, um Ihre Komfortzone zu verlassen

- Von weniger zu mehr übergehen: Jetzt ist die Zeit, die Dinge richtig zu machen. Beginnen Sie nach der Erstellung Ihrer Liste mit den Zielen, die Ihnen erreichbar und realistisch erscheinen. Beginnen Sie mit den einfachsten Aufgaben und versuchen Sie, Spaß an dem zu haben, was Sie tun. Die Psychologie hat dies immer wieder gezeigt. Der Punkt ist: Versuchen Sie etwas zu tun. So klein es auch sein mag, auch wenn es etwas ist, das Sie eine Weile vermieden haben, tun Sie es. Überprüfen Sie jeden Task, wenn Sie ihn abschließen; sagen Sie sich, dass Sie fast fertig sind. Dies wird Sie stolz auf sich selbst machen. Sie können das Buch, das Sie gerade in der Hand haben, beiseite legen, eine kleine aufgeschobene Aufgabe erledigen und dann zur Buchlektüre zurückkehren.

- Hören Sie nicht auf sich zu bewegen: Vielleicht bemerken Sie es nicht, aber diese kleine Aufgabe, die Sie gerade erledigt haben, hat Sie einen Schritt nach vorne gebracht. Wenn Sie dies konsequent tun, dringt Energie und Vertrauen durch und der Wunsch, mehr zu tun, überwiegt die Unlust dazu. Setzen Sie Ihre Liste fort und erledigen Sie die zweite, die dritte, die vierte, die fünfte ... und so weiter. Bewegen Sie sich, als ob Ihr Leben davon abhängen würde. Bewegen Sie sich, als ob auf Sie geschossen wird, wenn Sie stehen bleiben. Es wäre schwer, anstrengend und herausfordernd. Ihr Körper würde Ihrem Gehirn signalisieren, dass Sie eine Pause brauchen. Jetzt liegt es an Ihrem Ehrgeiz und Ihrer inneren Stärke, diesem Signal entgegenzuwirken. Wie fühlen Sie sich?

- Stellen Sie sich selbst Herausforderungen, um sich anzuspornen: Es wird sicherlich Bereiche in Ihrem Leben geben, die Sie verbessern möchten, oder eine Liste, auf der Sie alle Punkte als "erledigt" abhaken möchten. Was sind die Dinge, von denen Sie denken, dass Sie Angst haben, sie zu tun? Welche Aufgaben denken Sie, dass Sie nie erledigen können? Es gibt nur eine schmale Trennlinie zwischen dem Erreichen und dem Nichterreichen. "Ihre Entscheidung", Ihr Selbstvertrauen, ist ein Unterdrücker für Ihren Unterdrücker. Gehen Sie weiter.

- Erstellen Sie eine Liste der aufgeschobenen Aufgaben: Welche Aufgaben haben Sie aufgeschoben? Welche Ausreden haben Sie sich gegeben, um sie nicht zu erledigen? Es könnten Aktivitäten wie das Aufräumen des Zimmers, das Erstellen eines Podcasts, das Schreiben eines Blogbeitrags, das Entwickeln einer Marketingstrategie usw. sein. Seien es große oder kleine Aufgaben, schreiben Sie sie auf.

- Finden Sie einen neuen Raum für sich: Manchmal kann die Umgebung, in der Sie leben, der Grund sein, warum Sie sich zu entspannt fühlen. Ablenkungsfaktoren wie Fernsehen, Freunde oder Geschwister, soziale Medien usw. könnten vorhanden sein. Niemand wird jemals verstehen, warum Sie die Dinge, die Sie tun müssen, nicht zur richtigen Zeit erledigt haben. Zum Beispiel verlassen einige Studenten ihre Wohnheime, um zur Schulbibliothek zu gehen und sich zu konzentrieren. Welcher Ort kann als Bibliothek dienen?

- Positivität: Alles und jeder, der Ihnen einredet, dass Sie unfähig sind, ist negativ. Eliminieren Sie alles, was Negativität signalisiert, einschließlich Ihrer inneren Stimme. Üben Sie sich, stellen Sie sich vor den Spiegel und sprechen Sie positive

Affirmationen aus. Sie könnten auch ein Video aufnehmen und es immer abspielen, wenn Sie sich unten fühlen. Stellen Sie sich vor, wie Ihre Worte Sie ansprechen.

- Sprechen Sie mit jemandem: Mit einer vertrauenswürdigen Person über Ihr Herz zu sprechen, hilft sehr dabei, Spannungen abzubauen. Diese Person kann ein guter Freund, ein Mentor, ein Verwandter usw. sein. Versuchen Sie, Ihre Lasten mit ihnen zu teilen, und Sie werden sehen, wie magisch es ist.

Lassen Sie uns dieses Kapitel abschließen, indem wir sagen, dass die Welt auf Ihre Auswirkungen angewiesen ist und Leben von Ihren Ergebnissen abhängen. Viel Glück!

Kapitel 14: Suchen Sie Ihr Ziel

"Wir müssen ein Thema, ein Ziel, einen Zweck in unserem Leben haben. Wenn du nicht weißt, wohin du willst, hast du kein Ziel." - Mary Kay Ash

Was bin ich dazu bestimmt zu tun? Was gibt meinem Leben Sinn? Wie möchte ich zur Welt beitragen? Die Bedeutung und Wesentlichkeit eines Zwecks hat dazu geführt, dass seine Suche zur Pflicht des Menschen wurde. Es sollte ein Lebensmotto und -ziel für jeden sein, der noch atmet. Ich benutze das Wort "sollte", weil die Suche nach einem Zweck, so grundlegend sie auch sein mag, eine Wahl ist. Auch wenn es eine Wahl ist, ist der durchschnittliche Mensch immer bereit, sich in Themen zu engagieren, die ihm eine Richtung geben und Frieden in sein Leben bringen. Viele möchten nicht ohne Zweck existieren; sie brauchen einen Anstoß, der sie in schwierigen Zeiten unterstützt; sie brauchen ein Gefühl der Erfüllung und eine Quelle der Freude. Niemand sollte seinen Zweck in einer Atmosphäre der Unwissenheit und in einer Umgebung ohne Licht suchen. Die Notwendigkeit, Weisheit und Verständnis zu erlangen, kann nicht genug betont werden.

Der Grund, warum etwas getan oder geschaffen wird oder warum etwas existiert, ist der Zweck, und er muss gesucht werden. Der Begriff "Suche" in "Suche nach dem Zweck" bedeutet nicht, dass man nach etwas sucht, das im Dunkeln verloren gegangen ist, sondern "die Suche nach Ihrer Essenz in Ihnen". Sie suchen Ihre Essenz in sich selbst, nicht außerhalb. Sie suchen den Grund für Ihre Existenz aus Ihrem inneren Antrieb und Ihrer Leidenschaft. Es erfordert eine konzentrierte Anstrengung, um zu suchen, und die Suche ist ein Akt des Findens, des Findens in sich selbst. Lassen Sie sich nicht von der Verwendung von "in Ihnen" verwirren, die in diesem Zusammenhang als Unterbewusstsein und

Bewusstsein verwendet wird. Diese Suche sollte frei von Emotionen sein, obwohl Emotionen im Laufe der Zeit eine Rolle spielen. Sie suchen Ihren Zweck, nicht das, was die Welt Ihnen sagt, nicht das, was Ihre Eltern sagen, sondern das, wofür Sie existieren.

Ohne einen Zweck werden Sie sich blockiert fühlen, denn ein Leben ohne Zweck dreht sich immer im Kreis. Der Zweck des Lebens ähnelt dem Kompass, der den Seefahrer über die Ozeane führt. Ebenso wird Ihr Zweck Sie fokussiert halten.

Lieber Freund, du musst danach suchen. Der Zweck geht über die Grenzen deiner Bildung, deines Reichtums, deines Einflusses, deiner Macht hinaus, obwohl alle eine Rolle spielen und gleichzeitig eine Ablenkung darstellen, die dich von deiner Erfüllung und der Freude, die sich daraus ergibt, entzieht. Man kann sagen, dass dein Zweck der Grund ist, warum du dich in alles stürzen möchtest, was dir in den Weg kommt; es ist die treibende Kraft in deinem Leben.

Warum suchen? Warum ein Zweck?

Im Buch "Spirit of Leadership" erzählt Dr. Myles Munroe die Geschichte eines Löwen, der viele Jahre unter Schafen lebte und nicht das tun konnte, was ein Löwe tut. Es wurde gesagt, dass der Löwe von klein auf dem Schafbesitzer anvertraut wurde und mit den Schafen aufgewachsen war. Eines Tages gingen die Schafe ans Flussufer, um zu trinken, und der junge Löwe war bei ihnen, als ein größerer Löwe auf der anderen Seite des Flusses brüllte. Die Schafe liefen weg, aber der junge Löwe erkannte, dass der brüllende Löwe auf der anderen Seite des Flusses wie sein Schatten aussah, den er im Wasser sah, als er trank. Dies war der Beginn der Selbstentdeckung für das Löwenjunge, bis zu dem Tag, an dem es zu dem

Löwen ging, wo es hingehörte, und nie mehr zu den Schafen zurückkehrte.

Der Zweck und das Potenzial des jungen Löwen waren in ihm, wurden aber von der Mittelmäßigkeit und der mangelnden Inspiration seiner Umgebung verdeckt. Ich kann mir nicht vorstellen, wie es ist, ein Löwe zu sein und jahrelang wie ein Schaf zu leben, aber so haben einige Menschen gelebt. Wenn Sie Ihren Zweck kennen, ist der Missbrauch Ihrer Existenz unvermeidlich. Suchen Sie Ihren Zweck, damit Sie nicht wie ein Schaf leben, wenn Sie ein Löwe sind. Sie blöken nicht, wenn Sie brüllen sollten. Sie möchten die Welt nicht davon abhalten, an Ihrer Einzigartigkeit und Essenz teilzuhaben, und unsere Welt braucht Sie jetzt. Ich werde Ihnen einige Gründe erläutern, warum Sie das Verlangen haben sollten, Ihren Zweck zu suchen.

- Erfüllung: Freude in Ihrem Leben ist von grundlegender Bedeutung. Es ist sicherer, Dinge zu vermeiden, die Ihre Freude und Ihren Frieden rauben könnten. Erfüllung dreht sich nicht um die Belohnung, die Sie aus dem ziehen, was Sie erreicht haben, sondern um die Freude und den Frieden, die Sie aus positivem Feedback ziehen. Ich glaube, es ist sicherer zu sagen, dass die Belohnung das positive Feedback Ihrer Bemühungen ist, also das Ergebnis. Wenn Sie suchen, finden Sie und handeln nach Ihrem Zweck, dann ist die Erfüllung unermesslich.

- Maximierung der Identität und des Potenzials: Nichts hilft Ihnen mehr, Ihre Identität und Ihr Potenzial zu maximieren, als ein Gefühl des Zwecks; es macht Sie verantwortlich und altruistisch. Zweck lenkt Ihr Potenzial in die richtige Richtung, und Ihre Identität wird bis zum Höhepunkt genutzt. Der Zweck ist auch ein Enthüller verborgenen Potenzials und ein Zerschmetterer geringen Selbstwertgefühls. Das Wissen um Ihren Zweck erhöht den Wert und das Selbstwertgefühl.

- **Richtung**: Sie tun die Dinge nicht, weil andere sie tun; Sie tun sie, weil es ein Ziel gibt, das Sie erreichen möchten, das mit Ihrem Zweck in Einklang steht. Sie folgen nicht mehr der Menge, weil Ihr Ziel in den Felsen gemeißelt ist.

Diese Gründe und viele andere sollten Sie dazu ermutigen, zu suchen, bis Sie Ihren Zweck finden und ihn als Realität leben. Suchen Sie in sich selbst, und diese Suche kann mit dem Graben nach einem Schatz gleichgesetzt werden. Graben Sie, weil Sie sicher sind, dass der Schatz in dieser Erde, in Ihnen, liegt, suchen Sie mit der Gewissheit, ihn zu finden. Wenn Sie nicht suchen, werden Sie ihn nicht finden. Wenn Sie ihn nicht finden, werden Sie keinen Nutzen aus einem Leben ziehen, das voll von Zielen ist. Jetzt wissen Sie, warum Sie suchen müssen, und der nächste Schritt ist, zu lernen, wie man sucht.

Wie man einen Zweck sucht

1.	**Glauben:** Man muss an etwas glauben, bevor man es erlangen kann. Sie haben ein Handy gekauft, weil Sie glauben, dass es Ihren Bedürfnissen gerecht wird. Sich bemühen, nach etwas zu suchen, an das man nicht glaubt, ist ein sinnloser Ansatz; man wird zu dem, was man denkt. Die Suche nach Ihrem Zweck oder die Entdeckung Ihres Zwecks ist ein Prozess, und seine Enthüllung erfolgt schichtweise. Das Glauben ist eine bedeutende Vereinbarung darüber, dass der Zweck wesentlich ist und es wert ist, danach zu suchen.

2.	**Was können Sie mühelos tun?** Wir alle haben Stärken und Schwächen. Wir haben Bedürfnisse, die wir mühelos und uneigennützig erfüllen. Vielleicht betreffen sie uns direkt oder indirekt. Bedürfnisse, die wir immer erfüllen möchten, und für die wir keine Mühen scheuen. Altruismus ist eine große Eigenschaft von Menschen, die mit einem Zweck leben. Schauen Sie in sich hinein, suchen Sie in Ihrem Herzen nach etwas, das Ihnen Zufriedenheit bringt, selbst wenn es keine finanzielle Belohnung bietet. Dies könnte der Indikator sein, den Sie benötigen.

3.   Identifizieren Sie Ihre Leidenschaft: Wenn ich in diesem Kontext von Leidenschaft spreche, meine ich nicht Emotionen, sondern Überzeugung. Ich spreche nicht von einem Mittel zum Zweck, sondern von dem Zweck selbst. Ich verstehe, dass wir eine einzigartige Qualität oder Fähigkeit haben, für die wir eine starke Leidenschaft empfinden; wir lieben es auch, es zu tun. Das ist schön, aber es ist nicht das, worum es geht. Es ist ein Mittel, um ein Ziel zu erreichen. Zum Beispiel habe ich Leidenschaft für das Schreiben, aber meine größte Leidenschaft ist es, Menschen ihren Zweck entdecken zu sehen. Ich kann sagen, dass mein Zweck darin besteht, Menschen ihren Zweck entdecken zu sehen, und ich werde jeden Weg nutzen, um das zu tun. Zweck ist die Essenz der Seele. Schauen Sie in sich hinein und finden Sie auch Ihren.

Nachdem Sie alles gesagt und getan haben, handeln Sie! Es kann etwas Zeit, Anstrengung und vielleicht sogar einen größeren Löwen wie den jungen Löwen, von dem ich zuvor gesprochen habe, erfordern, um zu erkennen, dass Sie ein Löwe sind und keine Schaf. Wenn das, was Sie antreibt, das Lesen ist, dann lesen Sie. Wenn es Sie antreibt, sich zurückzuziehen, dann ziehen Sie sich zurück. Nehmen Sie diese Informationen nicht einfach nur auf, sondern handeln Sie; Es gibt nichts, was zu viel ist, um etwas zu erlangen, das die Erfüllung des Lebens wert ist.

Kapitel 15: Baue dein Anti-Stress-System auf

"Es ist nicht der Stress, den wir erleben, der uns tötet, sondern unsere Reaktion auf den Stress." - Hans Selye

Stress ist ein emotionales oder physisches Zwangsmoment, das Menschen erleben. Er kann aus jeder Handlung oder jedem Gedanken entstehen, die sie frustriert, wütend oder nervös machen. Stress ist ein belastendes Gefühl, das den Geist und den Körper beeinflusst; er lässt den Geist träge und schwerfällig werden. Eine geringe Menge an Stress ist notwendig und nützlich, wenn es darum geht, ein Ziel zu erreichen oder eine Frist einzuhalten. Es kann erforderlich sein, sich für kurze Zeit unwohl zu fühlen, um die Dinge in Ordnung zu bringen. Wenn der Stress jedoch in langanhaltenden Verpflichtungen anhält und außer Kontrolle gerät, wird er gefährlich. Der Körper setzt Hormone als Reaktion auf Stress frei; diese Hormone machen das Gehirn vorsichtig, die Muskeln angespannt und den Herzschlag erhöht. Stress ist keine Krankheit, aber die Vernachlässigung seiner Opfer begünstigt sein Wachstum.
Es gibt zwei Arten von Stress: akuter Stress und chronischer Stress. Akuter Stress ist eine Art von positivem Stress, der aufregend ist und ein Gefühl der Ekstase im Körper auslöst. Chronischer Stress kann verschiedene Krankheiten verursachen, die weitere emotionale und körperliche Symptome aufweisen können. In einigen Fällen wissen Sie möglicherweise nicht, warum Sie sich aufgrund von Stress krank und müde fühlen. Hier sind einige Beispiele für Krankheiten und Symptome, die darauf hinweisen können, dass Sie gestresst sind:

- Verstopfung
- Durchfall
- Kopfschmerzen
- Müdigkeit
- Sexuelle Probleme
- Vergesslichkeit
- Mangel an Energie
- Schlaflosigkeit
- Gewichtsverlust oder Gewichtszunahme
- Magenschmerzen
- Häufige Schmerzen

Im Jahr 2017 haben wir einen geschätzten Professor unseres Fachbereichs verloren. Das letzte Mal, als ich ihn sah, lächelte er und war voller Lebensfreude. Es war schockierend zu erfahren, dass er gestorben war, nachdem er zusammengebrochen war, bevor er die nächstgelegene Klinik erreichte. Es wurde behauptet, dass Stress der Hauptfaktor war, der seine Gesundheit ruiniert hatte. Es ist leicht zu erkennen, dass er aufgrund seiner Verpflichtungen und Arbeitsbelastung gestresst war. Es ist schockierend, dass eine so exponierte Person wie er seine eigene Gesundheit ignorieren und nicht unter Kontrolle halten konnte. Wir haben ihn aufgrund von Ignoranz und mangelndem Bewusstsein verloren; Der Stress hat ihn nicht getötet, sondern seine Reaktion. Das Verschleiern von emotionalem oder körperlichem Stress mit einem Lächeln und einer erhöhten Arbeitsbelastung verkürzt die Lebensdauer einer Person. Ich sehe Menschen, die übermäßig unter diesem Gesichtspunkt gestresst sind: "Sie schätzen ihr Leben nicht." Unwissenheit und ein schwankendes Verhalten sind die beiden Hauptgründe, warum Menschen vom Stress verzehrt werden und das Leben verlieren. Ignoranz ist auch ein Treibstoff, der das Feuer der Selbstzerstörung befeuert. Aber dies ist das Informationszeitalter, eine Zeit, in der es möglich ist, das Internet zu nutzen, um Krankheiten im Zusammenhang mit verdächtigen Symptomen zu überprüfen;

Niemand sollte im Dunkeln über Stress und seine negativen Auswirkungen bleiben. Ich möchte glauben, dass jeder, der Opfer von Stress ist, es ernst nimmt. Sie müssen wissen, wann chronischer Stress einsetzt, welche Symptome damit einhergehen, seine zahlreichen Nebenwirkungen kontrollieren und wie Sie Stress abbauen können.

1. Meditieren: Studien legen nahe, dass tägliches Meditieren die neuronalen Pfade im Gehirn verändern kann, was Sie stressresistenter macht", sagt die Psychologin Robbie Maller Hartman, Ph.D., Gesundheits- und Wellnesscoach in Chicago. Meditieren bedeutet nicht, sich Sorgen zu machen oder zu denken, und Menschen machen oft diesen Fehler. Wenn Sie immer noch darüber nachdenken, wie schlecht Ihr Tag gelaufen ist, was Sie morgen essen sollen oder wie sehr Ihre Frau Sie belästigt, dann meditieren Sie nicht. Hören Sie auf, sich über Dinge Gedanken zu machen, die nicht gelöst werden können; Sorgen sind eine unnötige Last in Ihrem Herzen.

Befreien Sie Ihren Geist, indem Sie Ihr Herz über die aktuelle Situation hinaussehen lassen, lassen Sie Ihre Vorstellungskraft von Freude und Erfüllung sein und lassen Sie sie 30-45 Minuten lang weitermachen. Der Körper wird von der Schwere befreit und der Geist von der Ungeschicklichkeit. Üben Sie diese Praxis in einer ruhigen und friedlichen Umgebung.

2. Tiefes Atmen: Tiefes Atmen bekämpft die Auswirkungen von Stress, indem es die Herzfrequenz verlangsamt und den Blutdruck senkt", sagt die Psychologin Judith Tutin. Wenn das Herz schnell schlägt, sei es weil Sie viel gelaufen sind, eine plötzliche und aufwühlende Erfahrung gemacht haben oder eine stressige Woche hatten, zeigt dies Stress an. Solche Erfahrungen lassen uns oft den Verstand verlieren, und das Herz schlägt abnormal schnell. Die beste Vorgehensweise besteht darin, 30 Sekunden oder eine Minute lang tief einzuatmen und dann die Luft abzulassen. Machen Sie das weiter, bis sich Ihre Herzfrequenz normalisiert hat.

3. Mit anderen in Kontakt treten: Es ist wichtig, Zeit mit Freunden zu verbringen, die Sie zum Lächeln bringen und von Ihren Sorgen oder Ihrer Arbeit ablenken. Sie können Menschen anrufen, die Ihnen zuhören, ohne Sie zu verurteilen, um das loszuwerden, was Sie stresst. Ein geteiltes Problem ist eine Lösung gegen Stress. Nehmen Sie sich Zeit, um sich zurückzuziehen, und nutzen Sie diese Gelegenheit, um sich zu entspannen und sich von Dingen zu retten, die Sie ablenken, indem Sie eine neue Möglichkeit finden, effektiv zu sein, ohne Stress anzuhäufen.

4. Laut lachen: Normalisieren Sie das Lachen und Lächeln, lachen oder lächeln Sie einfach aus heiterem Himmel; niemand muss Sie dazu inspirieren. Wenn Sie sich daran erinnern, dass Sie lachen sollten, dann lachen Sie. Schauen Sie sich lustige Szenen an, wenn nötig, lesen Sie humorvolle Artikel und verbringen Sie Zeit mit Menschen, die Sie viel zum Lachen bringen. Lachen macht sogar strahlender, und beachten Sie, dass es nicht dazu dient, den Stress zu verbergen, sondern Sie von Stress befreit.

5. Dankbarkeit: Eine der wichtigen Dinge, die für einen Menschen wertvoll sein sollten und die wir nicht schätzen, ist Dankbarkeit. Wir verlieren das Gefühl der Dankbarkeit, weil wir es nicht in Betracht ziehen, sondern uns nur auf das konzentrieren, was wir nicht haben. Was wir nicht haben, ist der Hauptgrund, warum wir unseren Geist und Körper stressen. Holen Sie sich ein Dankbarkeitstagebuch, notieren Sie alles Gute, was Ihnen während des Tages, der Woche und des Monats passiert. Diese werden eine Quelle der Hoffnung sein, wenn die Dinge schwierig und anspruchsvoll werden. Positivität fördert auch das Gefühl der Dankbarkeit, selbst für Dinge, denen wir keine Bedeutung beimessen. Dies ist eine massive und direkte Erleichterung gegen Stress.

6. Essen: Es ist erstaunlich, wie Menschen ihren Körper nutzen, ohne eine gute ausgewogene Mahlzeit zu sich zu nehmen. Ein effizienter Motor ohne gutes Ölen wird beschädigt. Überspringen Sie keine Mahlzeiten; einige Leute tun dies mühelos. Sie können den ganzen Tag arbeiten, ohne zu essen, was langfristig das Körpersystem beeinträchtigen kann. Essen, gutes Essen, kann Stress lindern. Essen Sie auch Obst, dessen Vitamine dazu beitragen können, Ihr Gehirn aufblühen zu lassen. Essen Sie nicht zu viele ungesunde Lebensmittel.

7. Schlaf: Schlafen bedeutet nicht, sich auf ein Bett zu legen und die Augen zu schließen. Schlafen ist eine lange Ruhezeit. Eine der Schönheiten des Schlafes ist, dass man zu viel Druck loswird. Die Nerven entspannen sich, das Herz schlägt regelmäßig und die Gelenke des Körpers sind ruhig. Wenn Sie wissen, dass Sie nachts nicht schlafen können, weil Sie beschäftigt sein werden, finden Sie Zeit zum Schlafen, wenn auch nur zwei Stunden am Tag und umgekehrt. Nichts kann Schlaf ersetzen, außer Schlaf. Kennen Sie die Art der Umgebung, in der Sie schlafen, und bleiben Sie dabei. Machen Sie vor dem Schlafengehen ein heißes Bad und nehmen Sie es als Gewohnheit. Ein warmes Bad ist eine Art Erfrischung und beruhigt den Geist und den Körper.

Ein eigenes Anti-Stress-System aufzubauen, ist wichtig für jeden, der sein Leben liebt und die Früchte seiner Arbeit genießen möchte. Stress kann einen Menschen nicht allein zum Scheitern bringen, er braucht die Zustimmung des Menschen. Ihre Reaktion auf Stress wird bestimmen, ob Sie es sind, der es ruiniert, oder ob es Sie ruiniert. Sie leben nur einmal, also ist es gut, wenn es stressfrei ist.

Kapitel 16: Unser Ruf: Wie wir uns selbst sehen, spiegelt sich nach außen

Ich habe Standards, ich habe Werte, und ich verpflichte mich nicht zu Aktivitäten oder Verpflichtungen, die meinen Ruf schmutzig machen könnten. Eine meiner grundlegenden Werte ist Integrität, und ich habe einen Namen zu schützen; daher werde ich nichts tun, was meinen Namen oder meinen Ruf beeinträchtigen könnte.

Die Wahrheit ist, dass unsere Persönlichkeiten unsere Ideen und Werte widerspiegeln.
John ist Personalverantwortlicher in einer Bank und sagte, dass eine der Arten, wie er neue Mitarbeiter interviewt und die Glaubwürdigkeit ihres Rufs misst, darin besteht, ihnen zufällige Fragen zu stellen, wie: "Was würden Sie tun, wenn Sie auf dem Weg zur Arbeit eine Brieftasche mit 1.000 Dollar finden würden?" Er sagte, dass er oft die Antwort erhält: "Ich würde es behalten".
Er sagte, er habe auch andere Fragen gestellt wie: "Würden Sie jemanden für 10.000 Dollar mit Ihrem Partner schlafen lassen?". Er sagte auch, dass Menschen unterschiedliche Antworten gegeben haben, und oft hat er den idealen Mitarbeiter gefunden, indem er ihre Antworten überprüft hat.
Ihr Ruf geht Ihnen voraus; er spricht von Ihren Werten und Ihrer Integrität.
Warum ein guter Ruf wichtig ist
Es ist offensichtlich, dass ein guter Ruf im Leben eines Menschen von grundlegender Bedeutung ist. Heutzutage triumphieren viele Unternehmen, Marken und Organisationen aufgrund eines guten Rufs. Gleichzeitig sind Marken mit hohem sozialen Ansehen erfolgreicher als Marken ohne Ansehen. Außerdem verleiht ein guter Ruf den Menschen Glaubwürdigkeit. Hier sind einige Vorteile eines guten Rufs:

- Ein guter Ruf macht Sie jeden Tag zur besten Wahl, jedes Mal. Haben Sie jemals versucht, sich für einen Job zu bewerben, bei dem es viele Mitbewerber gibt? Haben Sie jemals gekämpft, um von jemandem empfohlen oder für eine Position empfohlen zu werden? Wenn Sie zu irgendeinem Zeitpunkt in Ihrem Leben Schwierigkeiten hatten, diese Ergebnisse zu erzielen, sollten Sie vielleicht Ihren Ruf überdenken. Was kann die Gesellschaft über Sie sagen? Was kann die Leute über Ihren Charakter und Ihre Einstellung sagen?

- Dies lässt Menschen leicht an Sie glauben oder Ihnen vertrauen. Ich musste Leute für einen Job empfehlen und als Referenz dienen, aber ich empfehle nie Leute, an die ich nicht glaube. Wenn ich an Menschen glaube, tue ich gerne mehr, als ich sollte, weil ich weiß, dass sie mich gut in ihren verschiedenen Positionen vertreten werden.

Das Geschäft mit einem guten Ruf

Stellen Sie sich vor, Sie könnten Ihren Ruf verkaufen: Wie viel wäre er wert? Ein guter Ruf ist ein gutes Geschäft, denn er kostet mehr als Geld. Ein guter Ruf hilft Ihnen dabei, diejenigen anzuziehen, die Ihnen vertrauen oder an Sie glauben. Dank Ihres Rufs haben Sie die Möglichkeit, Empfehlungen für Jobs, Engagements und Verträge zu erhalten.

Wenn Sie außerdem ein erfolgreicher Unternehmer sein möchten, müssen Sie in Ihren Ruf investieren.

Wie man in den Ruf investiert

- Nehmen Sie aktiv am Gemeindedienst auf lokaler Ebene teil.
- Bieten Sie sich als Freiwilliger für Positionen und Verantwortlichkeiten an, die es Ihnen ermöglichen, der Welt Ihren Wert zu zeigen.
- Seien Sie bereit, Netzwerke zu bilden und Kontakte zu knüpfen.

- Bitten Sie Freunde und Familie, Sie jemandem zu empfehlen, der Ihre Dienste benötigen könnte.
Ihr Ruf ist genauso wichtig wie Ihr Name; investieren Sie geduldig in Ihren Ruf und Sie werden in Ihrem persönlichen Leben großartige Ergebnisse erzielen.

Kapitel 17: Zu 100% leben - die beste Version von sich selbst sein

Haben Sie jemals Menschen um sich herum angesehen und gewünscht, wie sie sprechen oder Probleme bewältigen zu können? Wenn ja, bedeutet das, dass Sie wissen, was Sie wollen, und dass Sie eine erfolgreiche und großartige Person sein möchten. Aber die Wahrheit ist, dass viele Menschen oft nicht aus dem Grund bewundern, denken Sie, warum die meisten Menschen erfolgreiche Menschen bewundern und begehren. Ich habe erkannt, dass die meisten Menschen bewundern und begehren, nicht weil sie dasselbe tun wollen wie diese erfolgreiche Person, sondern weil sie das Gefühl haben, nicht die gleiche Stärke wie diese Person zu haben. Jedes Mal, wenn ich Sätze höre wie: "Ich wünschte, ich könnte sein wie sie", "Ich wünschte, ich könnte so brillant sein wie sie", "Ich wünschte, mein Vater wäre Bill Gates oder Barack Obama, dann hätte ich mehr Erfolg", leben viele Menschen jeden Moment ihres Lebens mit Wünschen und Träumen, die sich möglicherweise nie erfüllen werden. Es besteht die Möglichkeit, dass Prominente wie Barack Obama und Bill Gates erwachsene Kinder adoptieren, aber es ist sehr selten, dass jemand bereit ist, Erwachsene als Kinder zu adoptieren. Was sagt Ihnen das? Einige Ihrer Wünsche werden sich möglicherweise nie erfüllen, nicht weil Sie nicht fleißig sind, sondern weil solche Wünsche nur in Ihrer Vorstellung und Fantasie existieren können. Sich danach zu sehnen und laut danach zu verlangen, der beste Freund von Donald Trumps Sohn zu sein, oder ein Bekannter von Mark Zuckerberg zu sein, oder das Patenkind von Brian Tracy zu sein, ist nur eine Illusion; es würde Sie nirgendwohin bringen. Warum konzentrieren Sie sich nicht auf Ihr eigenes Wachstum? Warum möchten Sie nicht die Person sein, die andere inspiriert? Ich habe verstanden, dass wir die beste Version von uns selbst sein können, nur wenn wir bereit sind,

uns mehr in unser Leben und unsere Aktivitäten
einzubringen.

Wissen Sie, dass auch einige Menschen so sein möchten wie
Sie? Diese Menschen respektieren Sie und möchten eines
Tages die gleichen Privilegien genießen wie Sie. Das ist die
Ironie des Lebens: Während Sie denken, dass Sie nichts
Gutes in sich haben, sieht jemand anderes das Gute, das
Beste und das Beste in Ihnen und bewundert es. Es ist schön,
im Kopf zu behalten, dass einige Menschen um Sie herum Sie
bewundern, aber vergessen Sie nie, dass Sie bereits ein gutes
Leben führen und die beste Version von sich selbst leben
können. Die beste Version von sich selbst zu leben, geht
nicht nur darum, wie viel Geld Sie haben oder wen Sie
kennen; es geht darum, zu erkennen, dass Sie alles haben, was
Sie brauchen, um im Leben erfolgreich zu sein.

Wer sind Sie? Was können Sie tun? Was haben Sie? Das sind
Fragen, auf die Sie antworten müssen, wenn Sie im Leben
erfolgreich sein möchten. Die Antworten auf diese Fragen
werden Ihnen helfen, ein besseres Leben zu führen und die
besten Positionen im Leben zu erreichen. Die beste Version
von sich selbst zu werden, ist nicht schwer und kann leicht
erreicht werden, aber Sie müssen bereit sein, einige
Veränderungen vorzunehmen, widerstandsfähig zu sein und
niemals Ihren Traum aufzugeben.

Wie man die beste Version von sich selbst lebt

Erkennen Sie, dass das Ziel sein sollte, die beste Version von
sich selbst zu sein, und nicht die von anderen.

Stellen Sie sich vor, wenn die Eltern von Bill Gates gewollt
hätten, dass er ein Techniker und eine reiche Person wird.
Aber er war nicht daran interessiert, sich auf Informatik und
Technologie zu spezialisieren; er wollte stattdessen Sänger
werden. Glauben Sie, Bill Gates wäre heute berühmt und
reich, wenn er den Traum seiner Eltern verwirklicht hätte? Er

hätte möglicherweise Erfolg gehabt, wenn er den Traum seiner Eltern gelebt hätte; jedoch wäre er nicht so erfüllt gewesen wie bei der Verfolgung seines eigenen Traums. Sie müssen Ihre Träume zur Priorität machen; Warten Sie nicht darauf, dass jemand anderes Ihre Träume für gültig erklärt. Lieber Freund, Ihre Träume sind gültig. Ihre Träume sind real und können wahr werden, also geben Sie niemals auf, egal was passiert.

Haben Sie keine Angst, von vorne anzufangen
Eine der Eigenschaften, die ich immer bei Menschen beobachtet habe, die immer noch ihre Leben wie andere leben wollen, ist, dass sie immer Angst haben, anzufangen. Zum Beispiel sagt ein Mädchen, dass sie die First Lady von Amerika sein möchte, und andere Menschen können wünschen, die Kinder von Will Smith zu sein, und viele andere Wünsche. Die Wahrheit ist, dass diese Menschen Angst vor dem Neuanfang haben. Diese erfolgreichen Männer und Eliten haben ihren Anteil an Misserfolgen, Kämpfen und anderen schwierigen Zeiten im Leben gehabt. Diese Männer haben ihren Reichtum nicht über Nacht angehäuft, noch haben sie einfach Geld von jemand anderem erhalten: Sie haben hart dafür gearbeitet. Diese Leute haben geweint, Geld und Freundschaft verloren. Schauen wir uns das Leben von Oprah Winfrey an, die heute eine der reichsten und mächtigsten Frauen der Welt ist; leider wurde sie als Teenager Opfer sexuellen Missbrauchs. Heute würden Tausende von Mädchen und Frauen gerne den Einfluss und den Reichtum haben, den sie hatte, aber ich habe nie jemanden gehört, der durch die Kämpfe gehen möchte, die sie im Leben durchgemacht hat.
Ich muss es auch sagen: Sie können die beste Version von sich selbst nur erreichen, wenn Sie besser werden als zuvor. Was bedeutet das? Die beste Version kommt nach der Verbesserung. Obwohl ich das Verlangen, wie alle anderen zu sein, nicht völlig verurteilen kann, muss ich sagen, dass Sie auch an sich selbst arbeiten sollten, um die beste Version zu

erreichen, von der Sie jemals geträumt haben. Der Schlüssel ist, die kleinen Anfänge und die Reise bisher zu akzeptieren. Konzentrieren Sie sich auf sich selbst!!

Wer sind Sie? Was wollen Sie? Was ist Ihr größter Traum? Was ist Ihr zukünftiges Streben? Der Weg, um Ihr bestes Leben zu leben, besteht darin, sich auf sich selbst zu konzentrieren, die Nebengespräche über Geheimnisse und Mysterien zu ignorieren. Es gibt kein spezielles Geheimnis, um Ihr bestes Leben zu leben, denn Sie können nicht dieselbe Methode oder Methodik verwenden. Ihr bestes Leben zu leben, kann nur geschehen, wenn Sie sich selbst entdecken, also achten Sie einfach auf Ihre Fähigkeiten und jedes angeborene Talent.

Sei ehrlich zu dir selbst

Es gibt nichts Mächtigeres als ehrlich zu sich selbst zu sein. "Wie ich bereits sagte, ist das erste, was zu tun ist, ehrlich zu sich selbst zu sein. Sie können niemals einen Einfluss auf die Gesellschaft haben, wenn Sie sich selbst nicht verändert haben. Große Friedensstifter sind alles integere, ehrliche Menschen, aber auch demütig". - Nelson Mandela

Ich liebe Nelson Mandelas Zitat über Ehrlichkeit zu sich selbst, und ich habe erkannt, dass die größte Täuschung, die Sie haben können, ist, im Selbstbetrug zu leben. Lügen Sie sich niemals an. Ob Sie faul, fleißig, lügnerisch oder loyal sind, Sie wissen, wer Sie sind und was Sie tun. Seien Sie ehrlich zu sich selbst, lügen Sie sich nicht darüber, wie Sie sich fühlen, hören Sie auf, in der Verleugnung zu leben. Es wird gesagt, dass heute viele Menschen in der Verleugnung leben; sie tun sich schwer damit, ihre eigenen Fehler und Schwächen zu akzeptieren. Sich als schwach oder fehlerhaft zu akzeptieren, macht Sie nicht schwächer oder weniger menschlich, sondern besser.

Feiern Sie Ihre kleinen Siege

Eine der Gewohnheiten, die ich gelernt habe, ist, meine kleinen Siege zu feiern. Ich glaube, dass kein Sieg zu klein ist, um gefe iert zu werden, sei es der kleine Verkauf einer 5-Dollar-Dienstleistung oder der große Gewinn eines millionenschweren Vertrags. Das Feiern kleiner Siege hilft Ihnen dabei, Ihre Ziele zu erreichen, Ihre Denkweise auf Erfolg auszurichten und sich geliebt zu fühlen. Ab sofort machen Sie es sich zur Gewohnheit, Ihre kleinen Siege zu feiern, egal wie klein sie auch sein mögen.

Reflexionsübung
Der Zweck dieser Übung ist es, Sie über Ihr Leben und wie nahe Sie Ihren Zielen sind, nachdenken zu lassen.
- Ich lade Sie ein, fünf Dinge aufzuschreiben, die Sie als Individuum besser machen möchten, und die Maßnahmen zu notieren, die Sie ergreifen können, um sich zu verbessern.

Abschließende Gedanken: Auf dem Weg zur besten Version von uns selbst

In diesem Buch haben wir viele Ideen und Strategien erkundet, um die beste Version von uns selbst zu werden. Wir haben darüber gesprochen, wie wichtig es ist, unsere eigenen Träume und Ziele zu verfolgen, an uns selbst zu glauben und ehrlich zu uns selbst zu sein. Wir haben gelernt, dass es keinen universellen Weg gibt, um unser bestes Leben zu führen, sondern dass wir unsere eigenen einzigartigen Pfade gestalten müssen.

Die Reise zur besten Version von uns selbst ist kein gerader Weg. Es gibt Höhen und Tiefen, Herausforderungen und Siege, aber es ist eine Reise, die es wert ist. Es ist eine Reise, auf der wir uns ständig weiterentwickeln, lernen und wachsen. Es ist eine Reise, auf der wir unsere Stärken und Schwächen kennenlernen und akzeptieren.

Eines der Schlüsselelemente auf dieser Reise ist die Fähigkeit, unsere kleinen Siege zu feiern. Wir haben gelernt, dass kein Erfolg zu klein ist, um gefeiert zu werden, und dass diese Feiern dazu beitragen, unsere Motivation aufrechtzuerhalten und uns auf dem richtigen Weg zu halten.

Es ist auch wichtig, sich daran zu erinnern, dass es keinen "perfekten" Zustand gibt. Die beste Version von uns selbst zu sein, bedeutet nicht, ohne Fehler oder Schwächen zu sein. Es bedeutet, unsere Einzigartigkeit und Menschlichkeit anzuerkennen und trotzdem unser Bestes zu geben.

Die Reise zur besten Version von uns selbst ist auch keine einsame Reise. Wir können uns von anderen inspirieren lassen, Unterstützung von Freunden und Familie erhalten und unser Wissen und unsere Erfahrungen teilen, um anderen auf ihrem Weg zu helfen.

Abschließend möchte ich Sie ermutigen, Ihre Reise zur besten Version von sich selbst fortzusetzen. Bleiben Sie neugierig, bleiben Sie entschlossen und glauben Sie an sich selbst. Die Reise mag herausfordernd sein, aber sie ist es wert. Ihr Leben wird reicher, erfüllter und bedeutsamer sein, wenn Sie Ihr Bestes geben, um die beste Version von sich selbst zu sein.

Vielen Dank, dass Sie dieses Buch gelesen haben, und viel Erfolg auf Ihrer Reise!

9 798866 628032